# A FOTOGRAFIA A SERVIÇO DE CLIO

FUNDAÇÃO EDITORA DA UNESP

*Presidente do Conselho Curador*
Marcos Macari

*Diretor-Presidente*
José Castilho Marques Neto

*Editor Executivo*
Jézio Hernani Bomfim Gutierre

*Conselho Editorial Acadêmico*
Antonio Celso Ferreira
Cláudio Antonio Rabello Coelho
Elizabeth Berwerth Stucchi
Kester Carrara
Maria do Rosário Longo Mortatti
Maria Encarnação Beltrão Sposito
Maria Heloísa Martins Dias
Mario Fernando Bolognesi
Paulo José Brando Santilli
Roberto André Kraenkel

*Editores Assistentes*
Anderson Nobara
Denise Katchuian Dognini
Dida Bessana

CARLOS ALBERTO SAMPAIO
BARBOSA

# A FOTOGRAFIA A SERVIÇO DE CLIO

## UMA INTERPRETAÇÃO DA HISTÓRIA VISUAL DA REVOLUÇÃO MEXICANA (1900-1940)

© 2006 Editora UNESP

Direitos de publicação reservados à:
Fundação Editora da UNESP (FEU)
Praça da Sé, 108
01001-900 – São Paulo – SP
Tel.: (0xx11) 3242-7171
Fax: (0xx11) 3242-7172
www.editoraunesp.com.br
feu@editora.unesp.br

CIP – Brasil. Catalogação na fonte
Sindicato Nacional dos Editores de Livros, RJ

B28f

Barbosa, Carlos Alberto Sampaio, 1966-
A fotografia a serviço de Clio: uma interpretação da história visual da Revolução Mexicana (1900-1940) / Carlos Alberto Sampaio Barbosa. São Paulo: Editora UNESP, 2006.
principalmente il;

Anexos
Inclui bibliografia
ISBN 85-7139-673-6

1. México - História - Revolução, 1900-1940 - Obras ilustradas. 2. México - História - Obras ilustradas. 3. México - Condições sociais - Obras ilustradas. 4. Revolucionários - México - Obras ilustradas. I. Título.

06-2814. CDD 972.081
CDU 94(72)"1900-1940"

Este livro é publicado pelo projeto *Edição de Textos de Docentes e Pós-Graduados da UNESP* – Pró-Reitoria de Pós-Graduação da UNESP (PROPG) / Fundação Editora da UNESP (FEU)

Editora afiliada:

Asociación de Editoriales Universitarias de América Latina y el Caribe

Associação Brasileira de Editoras Universitárias

# AGRADECIMENTOS

Este livro é resultado de minha tese de doutorado, defendida em 2004, no Departamento de História da Faculdade de Filosofia, Ciências e Letras da Universidade de São Paulo. Pequenas alterações foram feitas no texto e suprimi alguns trechos e notas de rodapé cujas informações se restringiam ao cumprimento das exigências acadêmicas originais.

Num trabalho como este, desenvolvido durante anos de pesquisa e que envolveu várias pessoas e instituições imprescindíveis para a investigação, alguns agradecimentos se fazem necessários. Sem esse apoio, o livro não teria se concretizado. Em primeiro lugar, quero agradecer à minha orientadora, a Profª. Drª. Maria Helena Rolim Capelato; sua orientação se constituiu em exemplo de dedicação e seriedade intelectual, além do que nossa convivência e amizade enriqueceram minha vida e minha prática docente. Agradeço, ainda, aos professores que participaram da banca, por suas sugestões: Maria Ligia Coelho Prado, Boris Kossoy, José Luis B. Beired e Maria Aparecida Souza Lopes. Outros professores foram importantes em diversos momentos dos meus estudos e contribuíram para a realização desta pesquisa: Ulpiano Bezerra T. de Meneses e Júlio César Pimentel, além de Fernando Torres-Londoño meu amigo e incentivador de sempre.

Diversos colegas acompanharam de perto este trabalho e deram apoio e compartilharam as dificuldades dessa caminhada: Camilo, Marq, Amon, Felipe, Rafael, Mary, Tânia e Stella. Outros amigos também estiveram presentes de diversas formas neste trabalho: Caio, Edson, Telma, Luizinho, Marcelo Pedro, João, Tânia e Ival; a eles, meu agradecimento pela troca de idéias, sugestões e conversas. Agradeço em especial ao Raphael Sebrian, não só pela digitalização e diagramação das imagens do álbum, mas também pelo apoio em sua fase difícil. Em relação à minha família, onde tudo começou, quero agradecer ao meu pai, em memória, à minha mãe Íris, ao meu irmão Eduardo e ao meu sobrinho Tiago.

Aos colegas do Departamento de História da Faculdade de Ciências e Letras da UNESP, Campus de Assis, Carlos Eduardo, Antonio Celso, Áureo, Hélio, Ricardo, Milton, Célia, Tânia, além da Clarice, agradeço a ajuda em diversos momentos.

Algumas instituições me apoiaram ao longo desse tempo, como o CNPq, pela concessão de bolsa durante um período da pesquisa, a Biblioteca do Memorial da América Latina e a Fototeca Nacional do México.

Enfim, à minha esposa, Daisy de Camargo, historiadora, amiga e companheira de vida. Este livro é dedicado a ela.

# Sumário

Prefácio   9
Introdução   13

1  História visual da Revolução Mexicana   33
2  Narrativa fotográfica e representação visual da Revolução   79
3  A construção, a consolidação e o espetáculo do poder   149
4  Da invisibilidade ao visível – O social   191
5  O olho da história – Fotografia e memória   221

Considerações finais   243
Referências bibliográficas   247
Anexos   257
Lista de fotos   269

# PREFÁCIO

Este texto que o leitor terá o prazer de conhecer é produto da tese de doutorado de Carlos Alberto Sampaio Barbosa, que realizou uma pesquisa muito original sobre a Revolução Mexicana, contando a sua história por meio da fotografia. O autor já havia realizado um trabalho anterior sobre um romance referente a essa experiência histórica intitulado *Los de Abajo* do mexicano Mariano Azuela. Com esses dois trabalhos, o historiador brasileiro Carlos Alberto tornou-se um especialista num dos temas mais importantes da historiografia latino-americana, o que significa uma contribuição para os estudos dessa área, antes tão carente, mas que tem se desenvolvido muito nos últimos anos.

A bibliografia sobre a Revolução Mexicana é muito ampla e diversificada, e o fato de um estrangeiro enfrentar o desafio de procurar abordar o assunto por um viés original merece destaque. Também deve ser ressaltado o fato de que a escolha de um objeto como a fotografia e de fontes visuais para interpretar esse acontecimento histórico significou um desafio porque até recentemente os historiadores viam com desconfiança esse tipo de abordagem. Ao enveredar por esse caminho de pesquisa, o autor foi obrigado a mergulhar numa reflexão metodológica específica que o conduziu à leitura de textos de outras áreas com a das artes e comunicação que o auxi-

10 CARLOS ALBERTO SAMPAIO BARBOSA

liaram no entendimento da fotografia por diversos ângulos, sem perder de vista a perspectiva histórica.

O objetivo central da pesquisa foi reconstituir o significado dos eventos políticos e sociais mexicanos entre os anos 1900 e 1940, mediante a análise do álbum *História gráfica de la Revolución Mexicana*, resultado do trabalho de uma família de fotógrafos. O projeto do álbum, esclarece o autor, foi idealizado por Gustavo Casasola e veio a público, na forma de fascículos durante a década de 1940. Para sua primeira edição em livro, o que ocorreu em 1960, foram utilizadas fotografias do "Arquivo Casasola", um rico acervo com cerca de seiscentas mil peças, colecionadas pelo pai, Augustin Casasola, e por outros membros da família.

Com ênfase na história política, embora analisando a construção de uma representação da luta revolucionária e de questões sociais, a análise procura interpretar as várias imagens do poder que, no México, foi se modificando ao longo desse período. Uma das representações mais expressivas da política retratada no álbum refere-se aos "retratos solenes" feitos por ocasião da posse de novos governantes na presidência do país. Além desses rituais de transmissão de poder, o álbum abriga cenas da vida cotidiana do primeiro mandatário e muitas delas os mostra próximos do povo criando uma "ilusão", segundo o autor, de intimidade entre o representante do poder e seus representados. Os homens públicos desse período também são retratados de forma a transmitir uma imagem de dinamismo, vitalidade, coragem e eficácia, tanto no campo de batalha como no trato da coisa pública.

A obra se estrutura a partir de alguns temas que, no conjunto do álbum, se sobressaem: o autor interpreta imagens relacionadas às transformações do poder referentes aos dez últimos anos do governo ditatorial de Porfírio Diaz e primeiros anos da Revolução vitoriosa que o destituiu do cargo de primeiro mandatário; analisa fotografias da luta armada e as que mostram a passagem do período da guerra civil para a institucionalização da nova ordem; os retratos da violência que acompanham as diversas rebeliões do período e os confrontos políticos também fazem parte dessa análise.

Seguindo as pistas indicadas por autores que teorizaram sobre as representações do poder, como Ernst Kantotowicz, Claude Lefort e outros, Carlos Alberto reflete sobre o lugar do poder, bem como seus sinais visíveis e invisíveis por meio de fotografias que traduzem cenas da política mexicana no referido período. Procurou explicitar como se manifesta a dupla mediação dos fotógrafos e editores dos álbuns na produção de imagens que trazem implícita a posição política e ideológica desses mediadores, contribuindo, dessa forma, para desmistificar a idéia de que a fotografia representa a reprodução fiel da realidade.

O livro, em vez de retratar realisticamente momentos da Revolução Mexicana, interpreta uma certa leitura que dela fizeram os produtores de imagens fotográficas plenas de sentido, expostas nos diversos capítulos do álbum.

A leitura de *A fotografia a serviço de Clio*, além de prazerosa, mostra como a ousadia dos novos historiadores em se embrenhar pelos caminhos nada lineares do passado por meio de fontes inexploradas até algumas décadas atrás, conduz a uma instigante viagem pela história mexicana, pouco conhecida entre nós, da qual retornamos com uma bagagem de conhecimento e reflexões estimulantes.

*Maria Helena Rolim Capelato*

# Introdução

O objetivo central deste livro é compreender como se constituiu uma representação fotográfica da Revolução Mexicana por intermédio do álbum *Historia gráfica de la Revolución Mexicana*. A investigação pretende analisar as representações dos protagonistas revolucionários, seus líderes e demais participantes, e verificar como foram elaboradas imagens do poder político, da sociedade e da Revolução nesse álbum. Busca também entender como foi representada visualmente a formação do novo Estado. Procuramos, aqui, estabelecer a vinculação entre representantes das várias instâncias de poder, artistas e intelectuais, tomando como eixo central a família Casasola, e como fonte de análise suas publicações.

Por meio das representações fotográficas contidas nos álbuns, pretendemos reconstituir o imaginário da Revolução. Partimos do princípio de que a narrativa visual da Revolução em seus vários momentos contribuiu de forma significativa para a construção desse imaginário social que ainda está presente na sociedade mexicana. As imagens da guerra, dos rituais do poder, das ações simbólicas constituem os elementos-chave da representação histórica da Revolução.

A investigação a respeito da representação da Revolução Mexicana tem sido nosso objeto de estudo desde a dissertação de mestrado, quando buscamos analisar as representações literárias da Revolu-

14 CARLOS ALBERTO SAMPAIO BARBOSA

ção, reinterpretando-as à luz do contexto político do México na década de 1920 (Barbosa, 1996). Em um certo sentido, a atual investigação é um desdobramento desse nosso trabalho anterior. Se naquela pesquisa a baliza cronológica final eram os anos 1920, as novas leituras feitas desde então propuseram uma ampliação do período a ser investigado. O interesse em compreender a Revolução Mexicana por meio de novas abordagens explica-se por um diálogo com uma historiografia recente, que se propôs rever as interpretações relativas à periodização, às causas e conseqüências da Revolução e ao papel dos principais protagonistas.

Algumas leituras foram de fundamental importância para reavaliar as linhas da investigação da representação da Revolução. Para John Mason Hart (1990), a Revolução Mexicana foi um movimento de massa e de caráter nacionalista ante a penetração imperialista. Nesse sentido, foi um dos primeiros levantamentos contra a penetração econômica e o controle político dos Estados Unidos. Uma das inovações introduzidas pelo autor foi considerar que esse fenômeno histórico possuía uma causalidade mundial com outros movimentos ocorridos no começo do século XX, tais como: Irã, China e Rússia (1905). Esses macrofenômenos caracterizavam-se por serem reativos contra o imperialismo britânico ou norte-americano. Sem descuidar da importância que tiveram os camponeses, Hart valorizou a atuação dos operários industriais urbanos. Para o autor, ocorreram três revoluções dentro da Revolução Mexicana: a primeira, uma revolução camponesa; a segunda, de aspecto mais nacional, apoiada pela pequena burguesia; e a terceira, uma incipiente revolução proletária.

Já o estudo de Alan Knight (1986) buscou registrar microscopicamente o multiforme e polifacético processo revolucionário mexicano. Para esse autor, os conceitos de classe da teoria marxista não davam conta dessa realidade histórica, e ele propôs uma nova tipologia e divisão dos grupos sociais revolucionários entre "serranos" e "agraristas". Os primeiros foram definidos não tanto por sua localização geográfica e mais porque se encontravam relativamente independentes do centro político do país e reagiram a uma centralização política ocorrida durante o porfiriato; já os segundos eram relacionados aos camponeses que lutavam por uma revisão da questão da terra. Com essa perspectiva, Knight privilegiou fatores políticos e culturais em detrimento de uma análise classista como a feita por Hart. Para o autor, as forças motrizes da Revolução estavam nos fatores endógenos como os movimentos sociais locais e regionais e surgiram mais como um processo do que como uma série de programas sociopolíticos, medidas legislativas ou fatores exógenos, a exemplo da intervenção norte-americana, que teriam um papel secundário. Já para Hans Werner Tobler (1994), a Revolução teria de ser vista num processo de "longa duração". Segundo ele, os acontecimentos da década de 1930 estavam interligados com o processo revolucionário, por isso sua periodização abarca de 1910 até o governo Lázaro Cárdenas (1934-1940). Esse último governo foi o principal responsável pelo atendimento de diversas demandas sociais surgidas durante a luta armada e assim deu um caráter social à Revolução, permitindo maior tranqüilidade e estabilidade ao sistema político mexicano durante os anos subseqüentes.

Esses estudos lançaram novas questões a respeito da Revolução, e foi com base na problemática levantada por eles que partimos para a análise de uma publicação muito particular, como o álbum histórico fotográfico. Como esse álbum representou a Revolução? Quais foram as causas e os principais protagonistas desse movimento em seu ponto de vista? Como ele periodizou esse passado conflituoso. Esperamos, com isso, que nosso estudo seja uma contribuição, considerando uma análise da história cultural, para a compreensão da Revolução Mexicana e seus desdobramentos, a partir de um novo ângulo de visão.

A periodização da pesquisa balizou-se entre 1900 e 1940. A opção pelo álbum se justificava pela sua abrangência (1900-1970), permitindo uma reflexão da Revolução dentro de um recorte temporal de longo prazo, que abrangia o período a ser investigado, ou seja, dos movimentos precursores até o governo Lázaro Cárdenas. Pretendemos analisar, com mais profundidade, os volumes primeiro ao sétimo que abrangem o período da pesquisa. A exclusão dos três úl-

16 CARLOS ALBERTO SAMPAIO BARBOSA

timos volumes (oitavo, nono e décimo) explica-se também porque esses se tornam extremamente oficiais, e sem a mesma dinâmica que encontramos nos outros. Outro argumento que justifica esse corte é o fato de que, a partir da década de 1940, teve início uma fase de mudança no fotojornalismo, a passagem da reportagem fotográfica para o fotojornalismo moderno, que mudou os padrões fotográficos no México.

Algumas leituras apontaram para a importância da problemática da imagem no México e na América Latina. Serge Gruzinski (1995), em seu livro *La guerra de las imágenes...*, indicou que a imagem ocupava um papel central na sociedade mexicana desde a sua conquista e colonização até o período contemporâneo. Já o estudo comparado da propaganda política do varguismo e do peronismo presentes no livro de Maria Helena Capelato (1998, p.25-6) mostrou as possibilidades de exploração de temas relacionados às representações políticas constituídas por imagens.

Outro livro que contribuiu para nossa investigação foi o de Claude Lefort (1987, p.76 e 79), *A invenção democrática...*, alertando para o caráter simbólico do poder e que não se deveria reduzi-lo simplesmente a um instrumento a serviço das forças sociais, no sentido de definir que o poder necessita obter a obediência e a fidelidade por meio da criação de representações legitimadoras.

Para o conceito de representação, baseamo-nos em Roger Chartier (1990, p.17-28), ao afirmar que as representações são determinadas pelos interesses de grupos e aspiração à universalidade, mas se colocam em termos da relação entre poder e dominação. Chartier, embora mais preocupado com a utilização do conceito na literatura, já alertava para a relação de representação com "imagem", imaginação e memória. A fotografia pela sua própria história é um instrumento poderosíssimo de produção de representações.

O diálogo com uma bibliografia que discute a fotografia também foi de fundamental importância para a estruturação do projeto. Consideramos que a fotografia é uma imagem social e historicamente construída, portanto criada segundo escolhas culturais, técnicas e de divulgação do autor. Poderíamos acrescentar que a fotografia cor-

A FOTOGRAFIA A SERVIÇO DE CLIO   17

responde a uma transformação do real, um produto realizado segundo critérios ideológicos, culturais e sociais. Afinal, os próprios princípios que nortearam a construção do aparelho fotográfico estão ligados a uma noção de espaço e objetividade elaborados anteriormente à invenção da fotografia. Assim, a fotografia é um produto do desenvolvimento humano, e não pode ser dissociado da sua significação e projeto histórico (Damish, 2001, p.8-9). Desde a época de sua descoberta, a fotografia adquiriu um certo *status* de credibilidade. Esse suposto caráter de testemunho do real se deve aos *usos sociais* designados a ela historicamente, de acordo com as épocas e sociedades, como mostrou Pierre Bourdieu (1965). Assim, julgamos que as fotografias constituem uma realidade própria, como bem definiu Boris Kossoy (1999): "uma *segunda realidade*, construída, codificada, sedutora em sua montagem, em sua estética, de forma alguma ingênua, inocente, mas que é, todavia, o elo material do tempo e espaço representado, pista decisiva para desvendarmos o passado". As imagens fotográficas, bem como outros meios de comunicação, foram um dos instrumentos importantes na conquista de corações e mentes.

O *corpus* documental é basicamente formado pelos dez volumes desse álbum; sendo assim, no Capítulo 1 procuramos apresentar as trajetórias de Agustín Casasola, seu irmão Miguel e seu filho e principal continuador, Gustavo Casasola Zapata. O projeto do álbum foi executado basicamente por Gustavo Casasola e lançado em forma de fascículos durante a década de 1940. Ampliado continuamente, sua primeira publicação em livro se deu em 1960, e a segunda edição, em 1973, pela Editorial Trillas. Para a sua edição foram utilizadas fotografias do "Arquivo Casasola", um rico acervo com cerca de seiscentas mil peças, colecionadas pelo pai e por outros membros da família. Esse acervo, enriquecido com a compra de fotografias de outros fotógrafos, hoje se encontra na Fototeca de Pachuca, vinculada ao Instituto Nacional de Antropologia e História, órgão do Estado mexicano.

Procuramos traçar um rápido perfil do que denominamos "dinastia Casasola" e analisamos a relação entre fotografia e imprensa,

18    CARLOS ALBERTO SAMPAIO BARBOSA

visto que a atividade principal da família foi voltada para esse ofício, mesmo porque esse trabalho fez surgir o "Arquivo". Apresentamos ainda um balanço dos álbuns: sua divisão, organização e um levantamento sistemático dos temas fotografados.

No Capítulo 2, procuramos analisar a elaboração de uma estrutura ou estratégia de representação narrativa fotográfica da luta armada. Essa estrutura se deu por meio da representação dos personagens principais, secundários e coletivos, da utilização de uma ambientação, do espaço dos acontecimentos, da própria ação da Revolução e da violência. Essa estrutura narrativa vai ser utilizada com pequenas variações no decorrer de todo o álbum.

Os personagens principais foram representados como figuras simbólicas ou emblemas narrativos. Eles foram essenciais nessa criação da estrutura narrativa da Revolução, e podemos dividi-los em: líderes revolucionários políticos (Francisco Madero, Venustiano Carranza e Álvaro Obregón); revolucionários militares populares (Francisco Villa e Emiliano Zapata) e anti-revolucionários (Porfírio Díaz e Victoriano Huerta). Os líderes revolucionários transformaram-se em heróis fundadores do México moderno.

No Capítulo 3, procuramos abordar a questão da representação fotográfica da política. Privilegiamos alguns rituais políticos que se mostram ricos para uma análise da problemática do poder no México das últimas reeleições de Porfírio Díaz até a eleição de Lázaro Cárdenas em 1934. Destacamos para análise pormenorizada as campanhas para as eleições presidenciais e o ritual de tomada de posse dos novos mandatários. Analisamos ainda dois eventos políticos que se apresentaram como cruciais no embate para a instituição de um novo ordenamento legal: a Convenção de Aguascalientes (outubro de 1914 a outubro de 1915) e o Congresso Constituinte de Querétaro (dezembro de 1916 a janeiro de 1917). Investigamos também a violência política na sociedade mexicana das décadas de 1920 e 1930.

As fotografias que tiveram como assunto central o social foram interpretadas no Capítulo 4. Procuramos seguir a estrutura do álbum, assim enfocamos as questões do problema religioso, do mundo do trabalho e a problemática étnica e camponesa. O acompanhamento das mudanças na edição do álbum referentes a questões sociais permitiu perceber melhor o lugar social dos Casasola, na medida em que podemos estabelecer com maior precisão as posturas políticas e a enunciação de uma narrativa sobre temas candentes da política mexicana entre os anos de 1920 e 1940.

No Capítulo 5, analisamos a concepção de história e nação que orientou essa família de fotógrafos expressa na edição do álbum, em especial pela análise dos rituais comemorativos como dos centenários da Independência. Também analisamos as celebrações dos heróis revolucionários a partir da década de 1920 e como eles foram representados no álbum. Essa releitura do passado impressa nas páginas dessa publicação se constituiu em um "lugar de memória", e a sua análise permite perceber como se deu essa elaboração.

Antes de entrar diretamente na discussão dessas questões apresentadas, cabe uma explanação sucinta da Revolução Mexicana e dos momentos mais significativos do contexto histórico mexicano abarcado pelas balizas temporais deste estudo. Por se tratar de um movimento que envolve uma gama variada de facções sociais e políticas em luta, julgamos conveniente realizar essa síntese dos acontecimentos para auxiliar o leitor no acompanhamento da análise. Em alguns momentos do texto voltaremos a eles com o objetivo de aprofundar a análise das fontes pesquisadas.

Existe um certo consenso em caracterizar o governo de Porfírio Díaz (1865-1911) como o responsável pelo grande desenvolvimento econômico mexicano, assim como pelo aprofundamento das divisões sociais, em razão de um processo de ampliação da concentração de propriedades e riquezas em torno de uma elite nacional e de investidores estrangeiros. A integração do México ao comércio mundial deu-se predominantemente a partir das relações com os Estados Unidos, o que acarretou uma vinculação mais estreita da economia mexicana com os ciclos capitalistas mundiais. Essa penetração do capital internacional afetou um setor das elites provinciais mexicanas marginalizadas do processo de modernização, e que passaram a se opor a Díaz. Concomitantemente, uma centralização política concentrou o poder político nas mãos de um estrito número de pes-

20 CARLOS ALBERTO SAMPAIO BARBOSA

soas em detrimento de grupos políticos tradicionais. As camadas populares sofriam as conseqüências da exploração econômica que o avanço do capitalismo no campo produziu. O México desse período era essencialmente rural, e os camponeses tiveram de enfrentar as conseqüências do processo expropriações de suas terras comunais. Nas regiões de predomínio da mineração, uma crise internacional causou um grande desemprego.

A Revolução Mexicana eclodiu entre os anos de 1910 e 1911, quando se aproximava mais um período de eleições presidenciais. Apesar de ter anunciado que se aposentaria em 1910, Porfírio Díaz lançou-se como candidato a uma nova reeleição, a sétima, para o mandato de 1910-1914. Mas dessa vez encontrou um candidato obstinado: Francisco Madero. Esse era filho de uma família tradicional do Estado de Coahuila prejudicada pela competição das empresas norte-americanas. Antes mesmo das eleições ocorrerem, foi preso, acusado de sedição, mas fugiu para os Estados Unidos e lançou um manifesto – Plano de San Luis Potosí – aos mexicanos, para que se sublevassem contra a ditadura porfirista.

Foi uma das poucas revoluções ocorridas com data e horário marcados para começar: dia 20 de novembro de 1910, às 18 horas. Essa primeira tentativa de levante foi um fracasso. Díaz novamente se elegeu mas não impediu que o chamado de Madero fosse ouvido e respondido pelos mais diferentes grupos descontentes com o governo. Iniciava-se o que se convencionou chamar de Revolução Maderista, definida como a fase política da Revolução que se desenrolou entre novembro 1910 e fevereiro de 1913.

A Revolução transformou-se num emaranhado de forças políticas e sociais, e Madero não conseguiu ter um controle efetivo sobre os grupos que se uniram à sua causa. Dois grupos formavam as tropas maderistas: um liderado por Pascual Orozco e outro composto por guerrilheiros liderados por Francisco Villa. Uma outra revolução iniciou-se no Sul, mais precisamente no Estado de Morelos, comandada por Emiliano Zapata e orientada a partir da proposta de restituição das terras comunais dos *pueblos* expropriados pelas grandes fazendas da região.

A FOTOGRAFIA A SERVIÇO DE CLIO 21

Os grupos revolucionários se multiplicavam principalmente no Norte, desencadeando vários movimentos heterogêneos entre si. Depois de cinco meses de conflito, Porfírio Díaz renunciou, no dia 25 de maio de 1911. Foi substituído por Francisco Léon de la Barra como presidente provisório até a convocação de novas eleições. Essa primeira fase da Revolução não causou grandes danos à economia mexicana, principalmente porque a luta armada ficou restrita a regiões específicas do país. As eleições ocorreram no dia 1° outubro de 1911 e Francisco Madero foi eleito com 53% dos votos, pelo Partido Progressista Constitucional (ex-Partido Anti-Reeleicionista).

Durante o curto governo de Francisco Madero (novembro de 1911 a fevereiro de 1913), esse enfrentou uma violenta oposição. Zapata e seus camponeses continuaram em armas, ocorreram revoltas do general Bernardo Reyes, de Emilio Vasquez Gomez e Pascual Orozco, esse último um de seus primeiros partidários. As duas últimas revoltas tiveram como palco o Estado de Chihuahua. Havia também uma oposição dos antigos porfiristas.

Ocorreram ainda tentativas de golpe. A primeira, em outubro de 1912, comandada por Félix Díaz, sobrinho de Porfírio Díaz, em Veracruz, foi debelada e seu líder, preso. A segunda, comandada pelo general Manuel Mondragón, na capital, em 9 fevereiro de 1913. O objetivo dessa insurreição era libertar os generais Bernardo Reyes e Félix Díaz e, em seguida, tomar o Palácio Nacional. O primeiro intento foi alcançado, mas a tomada do palácio não foi bem-sucedida e ainda causou a morte de Reyes. Os golpistas retrocederam para um local conhecido como Ciudadela, e ali se entrincheiraram. Victoriano Huerta, que havia sido designado como comandante das tropas federais, foi enviado para reprimir o *cuartelazo*. Esses acontecimentos marcaram o início do que ficou conhecido como *Decena Tragíca* (Dezena Trágica). Durante dez dias, de 9 a 18 de fevereiro, a cidade viveu sob ataques. No final, Huerta traiu a confiança que Madero depositara nele, prendendo e assassinando o presidente e seu vice. Na seqüência, assumiu a presidência e, dessa forma, após dois golpes fracassados, as facções militares, os conservadores e os partidários remanescentes do porfiriato conseguiram retornar ao poder.

## 22 CARLOS ALBERTO SAMPAIO BARBOSA

A partir de fevereiro de 1913, iniciou-se o governo de Victoriano Huerta e uma nova fase revolucionária. Não existiu nenhuma resistência ao golpe, da parte do exército, da justiça ou da maioria dos governadores, sinal inequívoco da fragilidade do governo de Madero. Apenas o governador Venustiano Carranza, do pequeno Estado de Coahuila, localizado no Nordeste do país, desconheceu o novo governo. Em seguida, as forças políticas do Estado de Sonora também se uniram a Carranza, chamado daí em diante de "Primeiro Chefe". As forças zapatistas em Morelos, que permaneceram continuamente em luta mesmo durante o governo Madero, mantiveram sua autonomia. Os governos internacionais se posicionaram de forma ambígua e não reconheceram, de imediato, o novo mandatário.

Apesar de o exército federal chegar a contar com 250 mil homens, a Revolução cresceu e obteve vitórias. O não-reconhecimento da administração de Huerta por parte das potências internacionais e a invasão de Veracruz pelos fuzileiros navais norte-americanos enfraqueceram o governo, e em 8 de julho de 1914 se deu a renúncia, logo após a queda da cidade de Guadalajara. Os comandantes do exército federal assinaram em agosto os tratados de Teoliuacan com as forças revolucionárias representadas por Obregón. O tratado estipulava que as Forças Armadas seriam dissolvidas e Venuntiano Carranza assumiria como presidente.

Entre agosto de 1914 e outubro de 1915, o México viveu o período mais intenso da Revolução. Nessa fase se deu a fragmentação das forças revolucionárias em várias facções e ocorreu o acirramento das forças camponesas. John Womack Jr. (2002, p.137) definiu muito bem esse período:

> as forças vitoriosas estavam indefinidas com relação ao tipo de regime que deviam construir. O conflito entre elas era mais profundo do que a rivalidade pessoal. Como os grandes exércitos revolucionários haviam se desenvolvido em regiões diferentes tanto material quanto socialmente, Nordeste, Noroeste, Norte e Sul, cada um deles representava uma configuração particular de forças sociais. Três dos quatro exércitos se desenvolveram de maneira tão diferente que a luta para construir o novo

A FOTOGRAFIA A SERVIÇO DE CLIO 23

regime teria de começar como uma guerra, embora secreta, em torno das relações sociais da produção. E, como se desenvolveram separadamente, as diferentes forças não tinham um partido em que pudessem confiar para mediar o conflito.

Na realidade, a divisão das forças constitucionalistas já havia ocorrido meses antes, quando praticamente houve o rompimento entre Villa e Carranza. Uma última esperança de manter a união foi feita com o Pacto de Torreon, em que as várias facções se comprometeram a convocar uma assembléia assim que fosse derrotado o inimigo comum.

Se, economicamente, o país conseguiu passar sem problemas pelas duas primeiras etapas da Revolução, na etapa seguinte ele se encontrava numa situação caótica. Havia ocorrido um colapso das transações comerciais e políticas tanto nacionais como regionais e locais. O país perdeu o crédito internacional, o tesouro foi levado à exaustão nos seguidos esforços de guerra, a dívida externa atingiu patamares estrastosféricas. O sistema bancário foi à bancarrota, as estradas de ferro foram destruídas, a mineração foi interrompida e a agricultura mergulhou na crise.

Nesse momento, podemos dividir as forças revolucionárias em ação em dois grandes grupos: constucionalistas e camponeses. As forças constitucionalistas – compostas pelos exércitos do Nordeste e do Noroeste, que se assemelhavam, pois ambos foram formados a partir de corpos mais ou menos profissionais – ganhavam soldo, e seus líderes, todos então generais, eram, à época das suas entradas nas tropas revolucionárias, jovens saídos das classes média e alta de comerciantes e fazendeiros (médios ou pequenos). Eles se aproximaram das organizações trabalhistas, mas não davam muita atenção para a questão agrária, não se interessavam pela situação do peão, não possuíam propostas sociais e eram profundamente anticlericais, um traço característico dos liberais mexicanos desde o século XIX.

As forças camponesas eram formadas pela Divisão do Norte que, contando com cerca de trinta mil soldados, era uma força heterogê-

24  CARLOS ALBERTO SAMPAIO BARBOSA

nea de camponeses, mineiros, vaqueiros, ferroviários, desempregados e bandidos, e possuía um vago projeto social; e pelo exército do Sul que, com quinze mil soldados regulares e aproximadamente dez mil guerrilheiros, todos ligados ao Estado de Morelos e seus arredores, se aferrava ao Plano Ayala propondo a devolução das terras expropriadas pelas grandes fazendas de açúcar do Estado. Essas eram as principais forças militares do país em outubro de 1914, apesar de existirem grupos independentes. Foram esses grupos heterogêneos que fizeram a primeira tentativa de estabelecer um ordenamento jurídico para o país com a convocação de uma Convenção Revolucionária, a se reunir na Cidade do México, a partir dessa data. Os villistas não aceitaram o local – segundo eles, não era uma cidade neutra. A solução encontrada foi transferir a Convenção para a cidade de Aguascalientes, mais ao norte. A Convenção voltou a se reunir e convidou representantes zapatistas, que até aquele momento não haviam sido chamados. A assembléia logo se declarou soberana, depôs Carranza e elegeu Eulálio Gutiérrez como presidente provisório. O primeiro chefe não reconheceu a sua deposição e, tendo em vista que não conseguiria defender a capital, abandonou a cidade, fugindo para Veracruz, que nesse período havia sido também abandonada pelos norte-americanos.

Em dezembro de 1914, as forças da Convenção, ou seja, os exércitos camponeses comandados por Francisco Villa e Emiliano Zapata, ocupam a Cidade do México. Por pouco tempo, pois no final de janeiro as tropas de Obregón retomaram a cidade para as forças constitucionalistas. No decorrer do ano de 1915, a Divisão do Norte, o exército villista, sofreu algumas derrotas decisivas para o futuro de suas ambições nas batalhas de Celaya e de Léon, para as forças denominadas constitucionalistas, dirigidas por Álvaro Obregón, que haviam unido os exércitos do Noroeste e do Nordeste. Em outubro desse ano o governo de Carranza foi reconhecido internacionalmente.

O ano de 1915 representou um recuo das forças camponesas do Sul e do Norte e uma reconquista do território nacional pelas tropas dos exércitos do Nordeste e do Noroeste. Se no campo militar houve avanços, na área econômica a crise continuou. Obregón celebrou

A FOTOGRAFIA A SERVIÇO DE CLIO  25

alianças com a Casa del Obrero Mundial, organização sindical que aglutinava os sindicados mexicanos do período, buscando maior base social de sustentação ao governo Carranza, o que não impediu a repressão de algumas greves. A reconstrução nacional não era tão fácil em razão da fragmentação militar regional de alguns generais que passaram a dominar alguns Estados. Podemos afirmar, resumidamente, que no campo constitucionalista existiam três grupos desses generais: os que apoiavam Carranza (Candido Aguilar e Cesáreo Castro); os independentes (Álvaro Obregón e Pablo González), e outros, acantonados em redutos regionais (Plutarco Elias Calles, em Sonora, Luis Caballero, em Taumalipas, Manuel Diéguez, em Jalisco, Jesus Castro, em Oaxaca, e Salvador Alvarado, com o seu Partido Socialista, em Yucatan). O ano de 1916, apesar da retomada de algumas atividades tanto por parte de Villa em Chihuahua como de Zapata em Morelos, foi marcado pela ampliação do controle militar e político pelo governo estabelecido. Foi nesse contexto que Pablo González e Álvaro Obregón fundaram o Partido Liberal Constitucionalista, e em setembro foram convocadas eleições para uma Assembléia Constituinte, a ser realizada em Querétaro, entre dezembro desse ano e janeiro de 1917.

A Assembléia Constituinte contou com a participação de aproximadamente duzentos deputados. A direção, em princípio, foi carrancista, mas depois foi substituída por uma obregonista. Muitos estudos dessa Constituinte dividem-na em uma ala liberal, ou jacobina, e outra conservadora. Como veremos mais adiante, essa divisão não é tão simples. As alianças ocorreram muito mais por vínculos pessoais e regionais que políticos. Promulgada a Constituição, foram convocadas eleições, pelas quais Venustiano Carranza foi eleito para o mandato entre 1917 e 1920. O Partido Liberal Constitucionalista (PLC) elegeu também todos os deputados para a Câmara Legislativa (Smith, 1973).

A partir da posse de Carranza, em maio de 1917, pode-se falar em um governo constitucional. A economia mostrava sinais de recuperação pelo aumento da demanda dos produtos mexicanos, prin-

26 CARLOS ALBERTO SAMPAIO BARBOSA

cipalmente motivada pela guerra e também por uma maior arrecadação de impostos. Entretanto, o governo se mostrou profundamente conservador. Devolveu terras expropriadas aos seus antigos donos e continuou a repressão aos movimentos sindicais. Nos Estados, vários generais tornaram-se governadores.

Por meio do PLC, Obregón se preparava para se candidatar à presidência da República. Fez duras críticas à administração de Carranza. Esse, por seu lado, fundou o Partido Nacional Cooperativista (PNC) e lançou um candidato de sua confiança, Alfredo Robles Domingues. O rompimento entre dois dos grandes líderes da Revolução se avizinhava. Não obstante, os rebeldes villistas e zapatistas mantiveram-se atuantes nos núcleos de suas regiões. Em maio de 1918 foi fundada a Confederação Regional Obrera Mexicana (Crom), central sindical que procurava unificar as organizações trabalhistas mexicanas.

Entre novembro de 1918 e junho de 1920, ocorreu uma onda de violência, em parte resultado da briga política pelo poder entre Obregón e Carranza. Esse último manobrava para se manter como comandante supremo da política mexicana, apoiando candidatos da sua confiança aos governos estaduais. Obregón também se manteve atuante, conquistando o apoio de Partido Socialista (PS) de Yucatan, de Salvador Alvarado, negociando com a Crom, com o Partido Laborista Mexicano (PLM), com Calles, em Sonora, e com líderes zapatistas remanescentes. Pablo González lançou-se também na disputa pela presidência por meio da Liga Democrática; contava com o apoio de alguns poucos generais.

Quando Carranza tentou intervir no Estado de Sonora, base política de Obregón, esse lançou o Plano de Agua Prieta, em 22 de abril de 1920. Era o inicio da "Revolução Constitucionalista Liberal". O comando das tropas ficou a cargo de Adolfo de la Huerta, governador de Sonora. Pablo González, procurando antecipar-se a Obregón, tentou dar um golpe, tendo como base o Estado de Puebla, sua principal base de apoio no exército. Sua convocação aos militares caiu no vazio, as alianças feitas anteriormente por Obregón já haviam atraído a maioria dos generais. O presidente, seu ministério, o Supremo

A FOTOGRAFIA A SERVIÇO DE CLIO  27

Tribunal e muitos congressistas embarcaram num trem rumo a Veracruz, esperando reorganizar suas forças. Nunca chegaram a essa cidade, pois na região de Puebla foram cercados. Carranza e seus seguidores mais próximos tentaram fugir a cavalo, mas foram aprisionados e mortos. No dia 12 de maio, Obregón e González selaram um acordo em que os dois reconheciam De la Huerta como presidente provisório. De la Huerta foi designado presidente provisório em maio de 1920 e convocou eleições para setembro. Obregón concorreu às eleições por uma coligação de partidos contra Robles Domingues. A chegada de De la Huerta ao poder e, em seguida, a ascensão de Obregón marcaram a imposição do domínio político do que veio a ser conhecido como Dinastia de Sonora. Álvaro Obregón tomou posse em 1º de dezembro de 1920. A década que se iniciava foi conhecida como "anos da reconstrução nacional", e foi dominada pelos presidentes sonorenses Adolfo de la Huerta (1920), Álvaro Obregón (1920-1924) e Plutarco Elias Calles (1924-1928). Esse grupo político tinha hábitos seculares e anticlericais, era extremamente pragmático e não titubeava em utilizar a violência para atingir seus objetivos. Em parte por causa dessa postura, alguns conflitos eclodiram, como contra a Igreja Católica, as companhia petrolíferas e no seio da própria "família revolucionária", com as insurreições de 1923, 1927 e 1929 e as crises sucessórias de 1928-1929. Mas essa foi também a década da formação do Estado mexicano moderno.

O governo de Álvaro Obregón, entre 1920 e 1924, foi marcado por problemas nas relações entre o México e os Estados Unidos. Os norte-americanos recusavam-se a reconhecer a nova administração enquanto ela não resolvesse a questão petrolífera, afetada pela nova constituição, que dava amplos poderes ao Estado sobre as riquezas minerais. As companhias petrolíferas julgavam-se prejudicadas e queriam que essa lei valesse apenas para os novos campos e que houvesse uma compensação financeira pelas perdas sofridas.

Internamente, a nova administração buscava o restabelecimento de uma autoridade federal perdida com os anos de luta. Procurou

28 CARLOS ALBERTO SAMPAIO BARBOSA

também estabelecer uma ampla base social atraindo para a sua órbita de influência as organizações trabalhistas como a Crom, o Partido Laborista Mexicano, as organizações agraristas, como as Ligas Agrárias e o Partido Nacional Agrarista vinculados com as forças zapatistas remanescente, e o exército. A ideologia que amalgamava esse amplo leque de apoio era o nacionalismo.

No campo cultural, essa administração foi marcada pela indicação de José Vasconcelos para a Secretaria de Educação Pública. Ele iniciou uma campanha pela erradicação do analfabetismo, fundou bibliotecas e contratou uma série de artistas para pintarem as paredes de edifícios das repartições públicas, dando origem à Escola Mexicana de Pintura ou muralismo.

Obregón indicou Plutarco Elias Calles como seu sucessor; essa escolha causou um descontentamento dentro das fileiras revolucionárias, pois Adolfo de la Huerta, ex-presidente, supunha que seria o escolhido. Ademais, De la Huerta contava com amplo apoio entre os militares e acabou rebelando-se no final de 1923 contra o regime. O levante militar foi controlado, mas deixou um saldo de sete mil mortos e acarretou um grande expurgo no exército revolucionário.

A presidência de Calles (1924-1928), no seu início, foi palco de uma polêmica no meio cultural entre os "intelectuais de má-fé", ou seja, aqueles que combatiam o nacionalismo cultural em voga e que por isso eram considerados traidores, e os "intelectuais de boa-fé", que davam apoio ao regime e à cultura adotada com forte conteúdo social.

Calles, então com 47 anos, era uma figura obscura, tinha sido governador provisório do Estado de Sonora, em 1917, ministro do Interior na administração Obregón, e possuía fama de ser radical e socialista. Era homem de confiança de Obregón, que continuou mantendo influência política no governo. Foi sua a idéia de realizar reformas na Constituição, permitindo a reeleição de um ex-presidente e o aumento do mandato de quatro para seis anos. Durante o governo de Calles, eclodiu o conflito com a Igreja que desembocou na Rebelião Cristera, entre 1926 e 1927. Seu período presidencial foi marcado ainda pela continuidade da tensão com as companhias

A FOTOGRAFIA A SERVIÇO DE CLIO 29

petrolíferas pela não-resolução das questões relacionadas aos artigos constitucionais.

Obregón candidatou-se para um novo mandato, então ampliado para seis anos, e saiu vitorioso nas eleições de 1928. Quando comemorava a sua vitória, foi assassinado por um militante católico em um restaurante nas proximidades da capital. Como presidente interino, a governar até a realização de novas eleições em 1929, o Congreso indicou um político do Estado de Taumalipas, Emilio Portes Gil.

O grupo político ligado a Obregón desconfiava que o assassinato de seu líder havia sido tramado por Calles e tentou, em 1929, um *putsch* num evento que ficou conhecido como Rebelião Escobarista, mas foi rapidamente sufocado.

No período que se seguiu à morte de Obregón, o México foi governado por três presidentes: Emilio Portes Gil, Pascual Ortiz Rubio e Abelardo Rodríguez. Esse período ficou conhecido na história do México como o "Maximato", alusão ao domínio político exercido por Calles, o chefe máximo da Revolução. Assim, em um intervalo de quinze anos, a política mexicana havia sido dominada essencialmente por duas figuras: Obregón e Calles.

As seguidas crises sucessórias eram sintomas da fragilidade do sistema político vigente. Calles, pensando em aperfeiçoar o sistema, criou o Partido Nacional Revolucionário (PNR), em 1929. O primeiro candidato escolhido para representar o partido foi Pascual Ortiz Rubio. O principal oponente era o ex-ministro de Obregón, José Vasconcelos. Esse, antes mesmo do final da campanha, deixou o país após denunciar fraude no processo eleitoral em favor do candidato oficial que realmente veio a ganhar as eleições.

Pascual Ortiz Rubio governou de 1929 até setembro de 1932, quando renunciou. Ficou conhecido como o presidente sem poder. Para completar os dois últimos anos do período presidencial foi escolhido o general Abelardo Rodriguez. Do ponto de vista econômico, o país passava por uma fase de reestruturação em que foram criados o Banco Central, diversas instituições bancárias e financeiras e pela execução de grandes obras públicas. Na organização sindical

30 CARLOS ALBERTO SAMPAIO BARBOSA

predominava a Crom, do líder Luis Napoleon Morones. Esse havia rompido com Obregón em 1924, mas manteve estreitas ligações com Calles e foi ministro da Indústria, Comércio e Trabalho durante a sua administração. Essa central predominou no movimento sindical até 1928, quando então gradativamente perdeu apoio.

Nas eleições de 1934, foi eleito para o sexênio seguinte o general Lázaro Cárdenas. Foi um dos primeiros presidentes, desde o fim da luta armada, que não provinham do Norte do país, mas do altiplano central. Havia sido governador do Estado de Michoacan e fez parte da liderança do PNR. O seu governo teve três fases distintas. A primeira durou da sua posse até o rompimento com Calles e a subseqüente mudança do gabinete ministerial na virada do ano de 1935 para 1936. Quando assumiu, não possuía uma posição política forte e independente. Calles acreditava que continuaria com uma posição de domínio político, mas não contava com a autonomia de Cárdenas. Os dois entraram em choque especialmente em razão da posição desse com relação à política sindical. Cárdenas conseguiu conciliar uma série de alianças com caudilhos locais, exército e sindicatos, o que isolou Calles e marcou o fim do "Maximato".

A segunda fase do governo Cárdenas corresponde aos anos de 1936 até 1938, quando da implantação de uma série de políticas sociais como a reforma agrária, a nacionalização das ferrovias e das companhias petrolíferas e a promoção dos sindicatos por parte do Estado. A relação entre Estado e os sindicatos foi um dos pilares do regime. O governo aproveitou a fragmentação da Crom e atraiu lideranças sindicais, apresentando-se como uma opção à política conservadora de Calles. Conseguiu atrair setores dos sindicatos de esquerda e marxistas. Foi nesse cenário que surgiu a Confederação Trabalhista Mexicana, em fevereiro de 1936. A política de nacionalização ampliou a sua influência no meio sindical. Apoiou também a formação das Ligas Agrárias e colocou líderes agraristas em postos- chave da administração federal.

A terceira fase, de 1938 até o final de seu mandato, em 1940, foi um período de consolidação da política e de tentativa de manutenção das conquistas. A pressão política interna causada pela alta na inflação e os problemas com o abastecimento levaram a uma diminuição do ritmo das reformas sociais. A situação política também pesou com o acirramento de uma oposição de direita dentro da própria família revolucionária, levando Cárdenas a uma posição mais cautelosa. Foi nesse contexto que ele escolheu seu sucessor, Manuel Avila Camacho, um político identificado com a ala mais moderada que deu outro rumo para o país.

# 1
# HISTÓRIA VISUAL DA REVOLUÇÃO MEXICANA

*"¡Oiga usted, yo creo que es cuestión de sangre.*
Luego, luego nos da por la cámara.
*Parece que nos amamantaron com revelador!"*
(Agustín Casasola Jr., apud Rodríguéz, 1946, p.21)

## A Dinastia Casasola

Quando falamos de fotografia da Revolução Mexicana, o primeiro nome que nos vem à mente é o de Agustín Víctor Casasola. Mas por trás desse nome e sobrenome temos, na verdade, um clã familiar que se dedicou ao ofício de fotografar. Em muitas publicações ressalta-se apenas o nome do fundador dessa dinastia, Agustín Victor; no entanto, a família Casasola não se resume ao seu patriarca. Neste capítulo, pretendemos esclarecer essa questão, procurando apresentar a trajetória dos Casasola e como se deu a montagem da coleção de imagens e outros documentos que vieram a formar o "Arquivo Casasola", comprado pelo governo mexicano em 1976, inaugurando a Fototeca de Pachuca, órgão vinculado ao Instituto Nacional de História e Antropologia (INAH).

34  CARLOS ALBERTO SAMPAIO BARBOSA

Agustín Víctor Casasola nasceu na Cidade do México, em 28 de julho de 1874. Órfão aos seis anos, na adolescência começou a trabalhar em oficinas tipográficas e de encadernação. Em 1894, ingressou no jornal *El Liberal*, depois no *El Popular* e, finalmente, no "El Mundo Ilustrado", semanário ilustrado do jornal *El Imparcial*. Assim, no final do século XIX e início do XX, era repórter em vários jornais, tais como *El Globo, El Popular, El Universal, El Imparcial* e *El Tiempo*.

Posteriormente, tornou-se redator do jornal conservador *El Tiempo*, diário católico da Cidade do México, e do jornal *El Imparcial*, outro grande periódico da capital mexicana. Freqüentava o meio intelectual da cidade. Segundo seu filho Gustavo, em 1900 sentiu a necessidade de ilustrar suas reportagens, comprou a primeira câmera e começou a fotografar. Assim, no mesmo ano, rapidamente transformou-se de repórter em fotógrafo de imprensa no jornal *El Imparcial*, de Rafael Reyes Spíndola, e em seguida, no *El Tiempo*, de Victoriano Agüeros (Casasola, 1973, v.I, p.V).[1]

Em 1903, então como repórter fotográfico, fundou junto com seu irmão Miguel Casasola e H. J. Gutiérrez a Asociación Mexicana de Periodistas, posteriormente denominada Sociedad de Fotógrafos de Prensa. As criações dessas associações profissionais mostram a preocupação de Agustín com o ofício de fotógrafo e demonstram sua intenção de defender os interesses dos fotógrafos de imprensa. Agustín Casasola foi um dos grandes incentivadores e defensores do fotojornalismo. Isso fica evidente em vários trechos de seus álbuns, nos quais se refere às dificuldades enfrentadas pelos trabalhadores de imprensa. Nos álbuns, que analisaremos mais adiante, vários capítulos foram dedicados ao oficio de repórter e de fotógrafo.

A partir de 1905, ele e seu irmão mais novo, Miguel Casasola,[2] trabalharam sistematicamente na área de fotojornalismo no jornal *El*

---

1  A partir de agora, *Historia gráfica de la Revolución Mexicana* será citada apenas como HGRM e os respectivos volumes. Segundo Ignacio Gutiérrez Ruvalcaba (1996), as primeiras fotografias datadas com precisão são de 1902.

2  Não há muitas informações sobre Miguel Casasola, a data de seu nascimento é desconhecida, sabe-se que ele era mais novo do que Agustín e que ingressou na carreira, provavelmente, pelas mãos do irmão mais velho.

A FOTOGRAFIA A SERVIÇO DE CLIO    35

*Imparcial.* Esse jornal, fundado em 1896, era subsidiado pelo governo, dava apoio às aspirações de progresso da época e publicava imagens dos acontecimentos oficiais nas suas edições diárias e em seu suplemento semanário cultural e social "El Mundo Ilustrado". Foi considerada a primeira empresa jornalística moderna do México: introduziu tecnologia fotomecânica e proporcionou, para um grande público, imagens tornadas viáveis graças às primeiras máquinas de linotipos e rotativas importadas dos Estados Unidos, o que permitiu grandes tiragens a preço módico visando um grande público (cf. Martínez, 1988, v.II, p.1069; Cuevas-Wolf, 1996, p.196).

Nesse mesmo ano, os irmãos abriram um estúdio denominado Casasola Fotógrafos, na Rua República do Chile. Miguel, nessa época, fotografava diferentes eventos como casamentos, cerimônias religiosas, primeira comunhão, retratos individuais e coletivos. Miguel ainda conseguiu um contrato com a prefeitura da Cidade do México para registrar os trabalhos de construção do sistema de abastecimento de água do complexo de Xochimilco, entre os anos de 1906 e 1912 (cf. Ruvalcaba, 1996, p.191).

Os historiadores da fotografia no México inserem o trabalho de Agustín e Miguel Casasola, durante a primeira década do século XX, no contexto ideológico de construção de uma representação pública da nação. Segundo alguns autores, eles seguiam os ditames dos códigos visuais que determinavam a forma de fotografar, ou seja, retratar a elite e o poder. Portanto, tornaram-se fotógrafos "oficiais" da ditadura de Porfirio Díaz (cf. Klahr, 1986; Debroise, 2001 e 2005). Outros, como Mario Luis Altúzar, argumentam que não existiam afinidades políticas ou ideológicas entre os Casasola e os governantes. O jornal *El Imparcial* era meramente o empregador deles no início de suas carreiras. Um grupo mais apologista do trabalho fotográfico dos Casasola argumenta que eles tinham sua própria agenda e registravam a história da nação independentemente de qualquer partido ou ideologia, porque acreditavam na concepção positivista de "história objetiva".[3]

---

3   Essa visão encontra-se na publicação de 1988, produzida pelo Partido Revolucionário Institucional, Comitê Ejecutivo Nacional e Secretaría de Información

36 CARLOS ALBERTO SAMPAIO BARBOSA

Ignacio Ruvalcaba (1996, p.191) menciona a existência de fotografias anteriores à Revolução retratando imagens nas quais o povo aparece de forma natural, como se não soubesse da presença da câmara, o que caracterizaria uma visão crítica ao porfirismo. Apesar da existência dessas imagens populares, isso não significa que fundamentalmente alteraram as práticas das reportagens fotográficas estabelecidas antes da Revolução.

Em 1910, os irmãos cobriram as comemorações do Centenário da Independência, grande celebração organizada pelo governo. Agustín tinha 36 anos nessa época, e já mostrava o seu agudo senso não só comercial, mas também político. Em dezembro desse ano, organizou uma exposição denominada "Primera exposición de arte fotográfico en México"[4] com os trabalhos dos fotógrafos filiados à Asociacion Mexicana de Periodistas, que foi visitada pelo líder liberal Francisco Madero, em campanha presidencial. Apesar dessa aproximação com os opositores de Porfirio Díaz, procurou manter-se independente e a distância das várias facções políticas. Mostrava, já aqui, o que Flora Lara Klahr (1986) definiu como seu olfato comercial e capacidade de adaptação às condições sociais e políticas.

A queda do porfiriato se deu em 1911, resultado de um movimento revolucionário liderado por Francisco Madero. No ano seguinte, Agustín Casasola, seu irmão, e outros fotógrafos fundaram a Agencia de Información Fotográfica.[5] Ela ficou conhecida pelo dinamismo, e desde então Agustín Casasola passou a se dedicar mais a administrá-la, a dirigir seus associados e às atividades de copilador e colecionista. Comprava material de profissionais e amadores e revendia-o para diferentes empresas de comunicação. Apesar dessas

---

y Propaganda, intitulada Nacionalismo Cultural (Agustín Víctor Casasola, apud Cuevas-Wolf, 1996, p.207).

4  HGRM, v.II (p.431), e *Jornal Artes y Letras*, México, 17 dic. 1911, apud Rodríguez (1998, p.8).

5  Além de Agustín, participam da fundação da agência: Gonzalo Herrerías, Samuel Tinoco, Jerónimo Hernández, Uribe, Jesús B. González, José Gómez Ugarte, Rodrigo de Llano, Rafael Alducín, José de Jesús Núñez y Domínguez (ver Gautreau, 2005, p.8).

A FOTOGRAFIA A SERVIÇO DE CLIO 37

outras atividades, não deixou de fotografar, especialmente os eventos importantes ocorridos na Cidade do México. Suas atividades como colecionador de documentos, panfletos, recortes de jornal e também de fotografias incrementaram ainda mais o acervo da agência. Com o arquivo que montava, com seus flagrantes de cenas das batalhas, dos soldados e suas mulheres, assim como os retratos dos caciques políticos e dos revolucionários, ajudou a construir um acervo da luta mexicana que, aliado ao material já existente, tornou-se um dos mais completos da história do México do começo do século. Sua preocupação com a coleção estaria mais vinculada a uma visão comercial de possuir fotografias da revolução do que propriamente uma intenção puramente documental. Mas isso não impede que ele seja considerado uma das personalidades responsáveis pela construção de uma memória visual da Revolução Mexicana.

Existiam, na mesma época, duas outras agências fotográficas que competiam com a Agencia Fotográfica Mexicana, mas temos poucas informações sobre elas. Trata-se da International and Underwood e a Sonora News Company, essa última mantida pelo norte-americano Frederick Davis.[6] Outra agência criada nos mesmos moldes, que trabalhava com texto e fotografias, era a Compañia Periodística Nacional, de Ezequiel Álvarez Tostado, que teve pouca duração, pois seu proprietário foi obrigado a emigrar para Havana com a queda de Francisco Madero, do qual era muito próximo. Madero foi derrubado por um golpe liderado por Victoriano Huerta, em fevereiro de 1913, fato que ficou conhecido como a "Dezena Trágica", pelos dez dias de combates que culminaram com o assassinato do presidente e do vice-presidente.

---

6  Conforme Debroise (2001, p.184). A primeira agência fotográfica surgiu em 1894, com a empresa londrina *Illustrated Journals Photographic Supply Company*, seguida pelas *Underwood & Underwood*, em 1896, e *Montauk Photo Concern*, em 1898, ambas nos Estados Unidos; seguiu-se a essas a *Ilustrated Press Bureau* em Londres. Essas agências surgiram com a crescente demanda de fotografias pelos jornais e revistas (Sousa, 2000, p.48).

No final de 1912, havia ocorrido mudanças na agência. Alguns acreditam que, com o aumento da demanda por imagens, a agência cresceu, e com a saída de alguns fotógrafos da empresa o negócio tornou-se uma atividade apenas da família. Enfim, por motivos ainda não esclarecidos, a agência mudou de nome, passando a denominar-se Agencia Mexicana de Información Fotográfica, com escritório na antiga Rua Nuevo México. Um ano depois, encontramos o filho mais velho de Agustín, Gustavo Casasola Zapata, com apenas quatorze anos, trabalhando com o pai e o tio. Posteriormente, foram contratados outros fotógrafos, aumentando o *staff* dos Casasola. Durante esse período, o público podia acompanhar os fatos mais recentes dos movimentos bélicos através da vitrine de sua agência onde expunha as imagens.

Segundo Olivier Debroise (2001, p.186), em 1917, Agustín Casasola recuperou as suas fotografias do arquivo do jornal *El Imparcial*, local onde havia trabalhado durante dez anos, quando esse encerrou suas atividades. Além de fotografias, arquivava gravuras, caricaturas, enfim, diversas imagens e também cartas, documentos e jornais. Esse material começou a ser organizado pelos filhos Gustavo Casasola Zapata e Piedad Casasola (Pacheco, 1995, p.116-35).

## Fotografia e imprensa

A forte relação de Agustín Casasola com a imprensa nos obriga a realizar algumas reflexões sobre a relação entre fotografia e imprensa.

No início do século XX, a grande novidade foi a introdução da imprensa como um negócio em busca de uma maior difusão e distribuição por meio dos periódicos de baixo custo, possibilitados pela compra de maquinário moderno. Um dos primeiros incentivadores foi Rafael Reyes Spíndola, que fundou o *El Universal*, o *El Imparcial* e, posteriormente, o *El Mundo Semanário Ilustrado* (1894-1900). A participação do governo era fundamental, pois subvencionava três periódicos da capital e mais de 27 nos demais Estados.

A FOTOGRAFIA A SERVIÇO DE CLIO 39

As constantes reeleições de Porfírio Díaz não ocorreram sem uma oposição no meio jornalístico. Surgiram várias publicações oposicionistas, e muitas delas foram fechadas, mas podemos destacar dois importantes periódicos, como *El Diário Del Hogar* e *El Hijo del Ahizote*, além de publicações de caráter cultural e literário, como *La Revista Azul* (1894-1897), primeira publicação do modernismo no México, sucedida pela *La Revista Moderna* (1898-1903). Na esfera política, o grande marco foi o jornal *Regeneración*, fundado pelos irmãos Flores Magón.

Nos anos que precederam a eclosão da Revolução Mexicana, foram sintomáticos da polarização da sociedade mexicana os jornais de caráter reeleicionistas, tais como *El Imparcial*, *El Debate*, *La Clase Media*, *El Pendón Reyista*, *El Pueblo* e *México Nuevo*, que se contrapunham aos anti-reeleicionistas, como *El Diário del Hogar* – no qual Francisco Madero anunciou seu livro *La sucesión presidencial* –, *El Constitucional*, *El Voto* e *El País*. Muitos desses últimos foram fechados pelo regime porfirista.

Merece destaque a utilização das caricaturas nos jornais oposicionistas e em outros. Essas imagens foram importantes na formação de uma consciência revolucionária na virada do século. Ilustradores como Daniel Cabrera, Martinez Carrión, Pruneda y Hernández e José Guadalupe Posada publicaram em jornais como *El Hijo del Ahuizote*, e em outros, como *El Diablito Rojo*, *La Sátira* e *Gil Blas*. Essas caricaturas "serviam para traduzir as aspirações de novos grupos sociais" (Timoteo Alvarez & Martinez Riaza, 1992, p.123).

O fim de uma fase, o da imprensa de opinião, e o início da imprensa-empresa representaram a grande mudança do final do século XIX e das primeiras décadas do século XX. Não foram um fenômeno isolado, mas comum no continente, e deram origem a grandes conglomerados informativos (ibidem, p.179). Essas mudanças ocorreram em razão de mudanças sociais, imigração de europeus para os países latino-americanos, mudanças do público leitor que deixou de ser apenas das classes médias e altas para atingir as classes mais baixas.

Simultaneamente, mudou o fluxo de informação no mundo. Antes da Primeira Guerra Mundial, as grandes agências de notí-

40 CARLOS ALBERTO SAMPAIO BARBOSA

cias, até aquele momento, como "Havas", de Paris, "Reuter", de Londres, "Wolf", de Berlim, e "AP", de Nova York, mantinham um pacto de intercâmbio, distribuição exclusiva de notícias e divisão de mercado, em que toda a América Latina ficava reservada para a agência de notícias francesa. Após a guerra, essa situação mudou, e as agências norte-americanas se aproveitaram da conjuntura européia para ocupar o espaço, especialmente a "International News Service", em menor medida a "United Press", que posteriormente se fundiram e formaram a "United Press International". Assim, após 1918, era de Nova York que se distribuíam as notícias para a América Latina (ibidem, p.181).[7]

Após a queda de Porfírio Díaz houve um período de liberdade de imprensa e de reabertura de vários jornais então fechados pelo antigo regime. O governo de Madero não conseguiu obter o apoio da imprensa e sofreu, assim, uma dura oposição de jornais como *El Imparcial, El País* e *La Nación*, porta-vozes do Partido Católico Nacional. Essa oposição não vinha apenas do campo católico, mas de um leque diferenciado de grupos políticos e seus respectivos jornais, tais como *El Noticioso Mexicano, La Prensa, La Tribuna, El Mañana* e *Multicolor*. As caricaturas voltaram a ter um papel de destaque com imagens reproduzidas em jornais como *La Risa, Tílin-Tilín, La Sátira, Multicolor, Don Quijote* e *El Mero Petatero*.

Durante o governo de Huerta, a imprensa vai se dividir entre uma frente de apoio ao regime,[8] um grupo de jornais dos revolucio-

---

7   Os autores argumentam que três são elementos comuns a toda a América Latina na primeira metade do século XX: "1) a consolidação dos diários que serão líderes da imprensa em todo o século, como imprensa-empresa; 2) a presença de uma poderosa população urbana, com as características próprias das massas urbanas, que será, tanto informativa como publicitariamente, o mercado específico dos grandes diários; e 3) a reorganização de todo o fluxo informativo mundial, a favor, em nosso caso, das agências de Nova York".

8   Jornais da capital mais tradicionais, como *El País, El Imparcial, El Noticioso Mexicano, La Tribuna, El Universal, El Diario*, e novos, como *El Independiente* e *La Voz Del Pueblo*; e da provincia, como *El Heraldo de Occidente* (Mazatlán) e *El Noticioso* de Gauyamas (Timoteo Alvarez & Martinez Riaza, 1992, p. 213-17).

A FOTOGRAFIA A SERVIÇO DE CLIO 41

nários editados no exílio e, ainda, a imprensa estrangeira, como o *The Mexican Herald*, que alugava as suas colunas para grupos anti-revolucionários. Com a vitória dos revolucionários e a posterior divisão entre eles, esses grupos fomentaram a aparição de órgãos de imprensa em muitos casos de vida efêmera.[9] A imprensa nesse período possuiu um "papel fundamental na luta ideológica" pelo triunfo constitucionalista, atestado pelos inúmeros periódicos fundados nesse momento e pela importância atribuída a essa temática, o que levou Venustiano Carranza a indicar um dos seus principais assessores, Felix F. Palavicini, para estruturar uma verdadeira rede de periódicos dispostos a defender a sua administração (Timoteo Alvarez & Martinez Riaza, 1992, p.217).

Ainda durante o final do período da luta civil, surgiram os jornais que marcaram o período entre 1920 e 1940: *El Universal* (1916), de Felix F. Palavicini, e o *Excelsior* (1917), de Rafael Alducín. O primeiro deles introduziu maquinário moderno comprado nos Estados Unidos e sua diagramação era inspirada no *Times*, de Nova York. Identificados com um jornalismo "moderno", com muitas ilustrações, gráficos e fotografias, foram os pioneiros da imprensa industrial. Essa fase deu ensejo a uma avalancha de títulos, mais de cinqüenta. Entretanto, eram constantes a censura e a perseguição àqueles órgãos que não seguiam a linha oficial.

No final da década de 1930, começou a surgir o que posteriormente se denominou "Cadena Garcia Valseca", uma rede de comunicação que chegou a possuir um total de 32 diários, o primeiro deles era uma revista ilustrada chamada *Paquito* que daria origem a outras, na mesma linha (*Paquita* e *Pepín*). Voltado para o grande público, baseava-se em pequenas histórias melodramáticas e total-

---

9  Os villistas lançaram o *Diário Oficial* (Chiuahua 1913-1917), *Vida Nueva* (Chiuahua, 1914-1915) *La Convención* (Aguascalientes, 1914), *El Monitor* (México, 1915) e *La Opinión* (México, 1914-1915); os zapatistas lançaram o *Tierra y Justiça*. Os grupos carrancistas editaram jornais na fronteira com os Estados Unidos, como *La República, El Progresso, La Voz de Sonora, El Paso del Norte* e *El Constitucionalista* ((Timoteo Alvarez & Martinez Riaza, 1992, p.213-17).

mente ilustradas, para que a população analfabeta pudesse também acompanhar as histórias. Essa rede de comunicação envolvia revistas ilustradas, jornais esportivos e de notícias.

Desde que foi incorporada à imprensa, a fotografia adquiriu uma nova dimensão como "imagem fiel da vida coletiva e como registro ou documento do social". Desde seu início, fotografia e imprensa se uniram para dar maior credibilidade à informação, e por isso foi reservado à imagem um lugar privilegiado. A própria imprensa estabelecia uma distinção hierárquica entre fotografias artística e jornalística. Nesse período, eram valorizados as fotografias artísticas, os retratistas, os fotógrafos de estúdio, ou os fotógrafos da linha pictorialista. A fotografia jornalística era considerada inferior, vista como uma técnica apenas de registro, e os fotógrafos eram comparados aos tipógrafos, colocados abaixo dos gravuristas e desenhistas, cujas ilustrações apareciam com nomes e assinatura e recebiam comentários elogiosos. Nas fotos estampadas na imprensa não se dava crédito ao autor.

No século XIX, a fotografia nasceu sob a égide do positivismo e incorporou as noções de "prova", "testemunho", "verdade", ou mesmo de "realismo", associando-se assim a uma noção de "espelho do real". No final desse século, ela se impôs na imprensa, principalmente nos semanários e nas revistas ilustradas, relacionadas ao conjunto de avanços tecnológicos, tais como a adaptação de processos fotomecânicos e o aparecimento do instantâneo. De uma forma atrasada em relação aos semanários e às revistas ilustradas, os jornais diários começaram a publicar fotografias em suas páginas, mas ainda eram utilizadas como elemento decorativo e ilustrativo do texto. Segundo Gisèle Freund, esse atraso se deve ao fato de que as imagens eram feitas fora do espaço do jornal; portanto, significava uma quebra na noção de atualidade imediata dos jornais (Freund, 2001, p.96).

A guerra foi um tema privilegiado do fotojornalismo e marcou o início dessa prática. Nos primórdios do fotojornalismo, a guerra já surge como uma das temáticas que impulsionaram a fotografia como uma nova mídia. A Guerra Norte-Americana-Mexicana, de 1846-

A FOTOGRAFIA A SERVIÇO DE CLIO   43

1848, foi a primeira para a qual os jornais enviaram seus correspondentes, incluindo um daguerreotipista, o qual registrou imagens de membros do exército norte-americano (Sousa, 2000, p.26). A Guerra da Criméia (1854-1855) teve a primeira cobertura fotográfica. Roger Fenton (1819-1869), fotógrafo do Museu Britânico, foi o encarregado de realizar as fotografias publicadas no *The Ilustrated London News* e no *Il Fotografo*, de Milão, em 1855; para alguns estudiosos da história da fotografia ele foi o primeiro repórter fotográfico (Sousa, 2000, p.33; Sougez, 1991, p.160; Newall, 1978). Foi também o primeiro caso de censura prévia à fotografia de guerra. Outros fotógrafos cobriram a Guerra da Criméia, e a partir desse momento os conflitos armados tornaram-se temas constantes dos fotógrafos.[10]

A Guerra de Secessão norte-americana merece um destaque à parte, pois representou uma inflexão importante para a história do fotojornalismo. Mathew Brady organizou, pela primeira vez, uma equipe de fotógrafos para cobrir a guerra civil: Alexander Gardner, Timothy O'Sullivan e George N. Barnard. Ele também organizou a primeira agência distribuidora de fotografias sobre a guerra, fato que posteriormente foi repetido pelos Casasola (Pollack, 1961, apud Sousa, 2000, p.36).

Dois outros fatores de inovação que os fotógrafos da Guerra de Secessão trouxeram foram: o primeiro, em 1866, ou seja, logo após o término da guerra, a publicação de dois livros fotográficos (álbuns) a respeito desse evento; o primeiro, de Alexander Gardner, *Photographic Sketch Book of the War*, e o segundo, de George N. Barnard, *Photographic Views of Sherman's Campaign*. O segundo fator foi a realização de várias exposições. Álbuns e exposições marcaram, por-

---

10   Conflito entre Áustria e Sardenha com Luigi Sachi, Berardy e Ferriers, em 1859; a colonização da Argélia, Jacques Moulin, em 1856-1857; as rebeliões na Índia com James Robertson e Felice Beato, entre 1857 e 1858; a intervenção britânica na China, a chamada Guerra do Ópio, com Beato, em 1860; o conflito entre Prússia e Áustria contra a Dinamarca, com Friedrich Brandt, Adolph Halwas e Heinrich Grat, em 1864; a Guerra de Secessão, nos Estados Unidos, entre 1861 e 1865; e a Guerra Franco-Prussiana, com Disdéri, em 1870 (ver Sousa, 2000, p.35; Delpire et al. 1989).

# 44 CARLOS ALBERTO SAMPAIO BARBOSA

tanto, desde o início, o percurso do fotojornalismo como processo de suporte e difusão da imagem.

Esses fotógrafos ainda não se viam como fotojornalista, até porque, como lembra Sousa, não existia um corpo profissional autônomo. Somente na virada do século, com o aparecimento da imprensa popular, é que surgem realmente esses fotojornalistas de tempo integral; isso ocorre especialmente nos Estados Unidos com os jornais de Joseph Pulitzer, *World*, e de Randolph Hearst, *New York Journal*, nos quais a cobertura de um outro conflito, a Guerra Hispano-Americana, também teve um papel importante.[11] Entre os vários repórteres fotográficos, um em especial nos interessa, James Henry Hare, do *Collier's* e *New York Journal*, pois, além de ser o mais famoso e reconhecido no meio, cobriu a Revolução Mexicana, acompanhando Francisco Villa, cujas fotos encontramos no arquivo Casasola.

Segundo Peter Burke (2001), duas grandes transformações ocorreram na representação das batalhas. A primeira, entre os séculos XVI e XVII, quando a representação passou de uma imagem da batalha de forma geral para a representação de "uma" batalha em particular, como evento único. Essas modificações corresponderam a mudanças na arte da guerra com a invenção dos exercícios militares e de batalhas que se tornaram menos um aglomerado de combatentes individuais e mais uma ação coletiva, o que quer dizer que a nova tendência visual caminhava com as inovações militares, mostradas como um diagrama. Buscavam também um maior envolvimento emocional do espectador, com imagens mais dramáticas do que informativas. Esse ganho em legibilidade foi alcançado em detrimento do realismo. As mudanças nas convenções da narrativa visual privilegiaram o que supostamente aconteceu sobre o que realmente aconteceu.

---

11 "Uma guerra em que os jornalistas não se limitaram a reportar as notícias: fizeram notícias" (in Sousa, 2000, p.40). Sousa (2000), citando Karin E. Becker (s. d.), mostra o recurso utilizado pelos jornais sensacionalistas ou amarelos: "generoso uso de imagens, incluindo fotografias forjadas e pouco fiéis, contribuindo para a febre da guerra, mas promovendo a circulação" dos jornais.

A FOTOGRAFIA A SERVIÇO DE CLIO    45

A segunda mudança nas imagens de batalha foi a transformação do estilo de utilização do herói em um anti-herói. Essa transformação ocorreu entre a Guerra da Criméia até a virada do século XIX para o XX. A mudança se deu enfatizando o horror da guerra. Alguns artistas e fotógrafos permaneceram dentro das fronteiras do estilo de representação da guerra e de seus personagens, soldados e generais, em atitudes heróicas. Esse estilo sobreviveu até a Segunda Guerra Mundial, incentivada por governos, exércitos, enquanto as pressões pelo estilo do anti-herói seriam geradas pelos jornais (Burke, 2001, p.146-51).

Essas imagens exigem uma atenção redobrada em relação à fotografia, pois necessitam, para a sua compreensão, de uma crítica da fotografia em si, do contexto, das características da guerra, e as tentativas e esforços de mexicanos para registrá-las, vê-las e compreendê-las. O sentido imputado à fotografia de um "registro" direto e patente coloca uma tripla questão: como elas foram entendidas na época, como esse entendimento foi se transformando e como elas devem ser entendidas hoje.

Apesar de algumas imagens se aproximarem quase de um instantâneo da luta, em sua maioria as fotografias foram feitas com algum arranjo da cena para criar um ar mais dramático. Assim, como a fotografia era filha do século XIX, a guerra moderna nasceu não muito antes, com os exércitos de Napoleão e a sua revolução nas organizações militares, e posteriormente com a introdução do uso de armas mecânicas. Essas mudanças trouxeram alterações no modo de noticiar, escrever e retratar a guerra.

Para os fotógrafos, a questão de produzir sentido da fúria nas florestas e campos de batalhas era composta por problemas de equipamento, assim como de acesso a esses campos, para os quais se requeria permissão, usualmente vetada até o cessar definitivo da luta. Câmeras de grandes formatos, com tripé, lentes projetadas para vistas de paisagens e a necessidade de preparar a placa de vidro em um quarto escuro portátil ... eram barreiras físicas para a espontaneidade da fotografia de ação, e encorajava-os a recorrerem a facilidades da aplicação das convenções da

46 CARLOS ALBERTO SAMPAIO BARBOSA

pintura histórica, a cenas eventuais e até os retratos de estúdio. (Trachtenberg, 1989, p.73)[12]

Assim, Alan Trachtenberg apresenta as dificuldades de os fotógrafos documentarem a Guerra Civil Americana, que apesar das melhorias tecnológicas alcançadas na época da Revolução Mexicana não deixou de continuar.

A guerra, portanto, esteve intimamente associada ao nascimento do fotojornalismo, e foi nesse contexto, interno e externo, que Agustín e Miguel Casasola iniciaram suas atividades. Assim sendo, existia já certa linguagem de cobertura jornalística e também de divulgação em livros e exposições dos acontecimentos do movimento armado. Em outro sentido, a fotografia conquistava uma estrutura nos meios de informação pela "difusão crescente da informação imprensa, à adaptação dos processos de impressão fotomecânicos e [...] ao aparecimento do instantâneo fotográfico, possibilitado pelas tecnologias emergentes. Todavia [...] só nos anos vinte é que o *medium* se adaptará à imprensa" (Sousa, 2000, p.50).

Vale a pena uma rápida comparação do impacto visual da Revolução Mexicana com a Primeira Guerra Mundial e a Revolução Russa, dois eventos próximos no tempo. Segundo Olivier Debroise (2001), a Primeira Guerra Mundial foi amplamente coberta pelos fotojornalistas, produzindo um grande fluxo de imagens para jornais, suplementos ilustrados e revistas, especialmente dos Estados Unidos, da França, da Inglaterra e da Alemanha. Mas não havia propriamente uma reportagem fotográfica. "As fotografias eram publicadas sem ter em conta o resultado global, tinham o mesmo tamanho (causando ausência de ritmo de leitura e não dando pistas para uma leitura mais hierarquizada da informação visual), eram sempre planos gerais" (Debroise, 2001, p.175-5). Novamente, as fotografias foram censuradas por motivo de controle das populações civis. O Serviço Fotográfico do Exército foi criado pelos ministérios franceses da Guerra e das Belas-Artes, com o intuito claro de

---

12 Todas as traduções foram feitas por nós.

A FOTOGRAFIA A SERVIÇO DE CLIO 47

controlar a produção, a distribuição e a difusão das fotografias, e passaram a existir relatos de manipulação e propaganda das imagens, além de ter sido esse um período marcado pela utilização das fotografias para fins militares: fotografias de reconhecimento aéreo. Já a representação fotográfica da Revolução Russa raramente mostrava batalhas: as fotografias podem ser comparadas às imagens dos movimentos de trabalhadores organizado, não há fotos de confrontos. Os líderes sempre aparecem no centro da imagem sobre a cabeça da multidão e representam a emanação da ideologia (Debroise, 2001, p.177).

A Guerra Civil Espanhola (1936-1939) foi a primeira guerra moderna a ser amplamente fotografada, constituindo-se, na verdade, em um laboratório para a aquela que foi considerada como um marco de propaganda e manipulação: a Segunda Guerra Mundial. Em sua primeira fase, a Alemanha censurou a presença de jornalistas e fotógrafos estrangeiros que cobrissem a sua frente de batalha, assim como britânicos e franceses. O exército alemão foi o fornecedor de imagens por meio da Propaganda Kompagnie. Essa guerra gerou também um problema logístico, pois não era um conflito concentrado como o fora a primeira. Outro dado fortemente marcado foi o engajamento do fotógrafo com algum dos campos em luta.

Esse preâmbulo foi necessário para localizar a situação da representação das guerras, conflitos e revoluções. No que diz respeito à Revolução Mexicana, vários fotógrafos estrangeiros se dirigiram para o México, especialmente americanos, e rapidamente os diferentes líderes perceberam a importância da imprensa, e não só permitiram a sua presença, como facilitaram o seu trabalho. Muitos repórteres e fotógrafos norte-americanos trabalharam desde a fronteira; outros adentraram o território mexicano, para acompanhar o desembarque dos Mariners em Veracruz ou as tropas norte-americanas, como as da Campanha Punitiva do General Pershing.

Foi no início do século XX que a informação fotovisual inseriu-se como elemento fotográfico na imprensa. Portanto, os Casasola se firmam no ofício numa época de transição entre um primeiro momento

48 CARLOS ALBERTO SAMPAIO BARBOSA

do fotojornalismo e o fotojornalismo moderno, quando passou a existir uma articulação entre fotografia e texto. Essa transformação se deu com um incremento dos meios tecnológicos, tais como o surgimento do *flash* de lâmpada e das máquinas de pequeno formato, como a Leica. Nessa época surgiu uma geração de fotorrepórteres com boa formação, com atitude experimental, procurando maior integração entre fotógrafos, editores e proprietários dos meios de comunicação, que permitiria o surgimento da fotografia não posada e do fotoensaio. Esse novo tipo de fotojornalismo se consolidou na Alemanha no período dos anos 1920 e logo atravessou fronteira, passando pela a França, e daí se espalhando pelo mundo (Sousa, 2000).[13]

Agustín Víctor e Miguel estariam ainda vinculados ao antigo estilo de fotojornalismo, com a utilização das câmeras de grande formato, uso de tripés e placas de vidro, mais sensíveis, mas que dificultavam a vida do fotógrafo, pois exigiam um cálculo das distâncias com grande precisão, e raramente possibilitavam a obtenção de várias imagens. Posteriormente, utilizaram durante muito tempo a máquina alemã do tipo reflex Graflex, que possibilitava o seu uso sem tripé em condições de boa luminosidade, o que nem sempre era possível. Mas já se apresentavam traços do que viria a ser o "novo", como o uso de filmes flexíveis, de nitrato de celulose, para cobrir eventos fora da Cidade do México. Isso permitiu muita mobilidade, ainda no ano de 1906. Esse dado mostra que os Casasola foram inovadores, pois esse sistema só veio a se tornar predominante após 1920 (cf. Ruvalcaba, 1996, p.191 e 194).

---

13 O autor refere-se aos primórdios do fotojornalismo, que iriam de meados ao final do século XIX; na virada do século XIX para o XX, temos o nascimento do fotojornalismo contando com a guerra como tema privilegiado; esse fotojornalismo passou por uma revolução nos anos 1920 e 1930 com o nascimento do fotojornalismo moderno; uma segunda revolução ocorreu entre os anos 1960 e 1980, e, finalmente, uma terceira, nos anos 1990. Para Gisele Freund (2001, p.95-140), o nascimento do fotojornalismo se dá na Alemanha dos anos 1920 e 1930. Amar (2000) faz uma periodização do fotojornalismo por meio das seguintes balizas: do documentarismo ao jornalismo (1839 a 1880), do jornalismo ao fotojornalismo (1888-1936), e o fotojornalismo moderno depois de 1936.

Rapidamente, a fotografia tornou-se um recurso da indústria informativa destinado a confirmar a veracidade de suas notícias.

Como a fotografia retratava cenas da vida política e social, já nasceu controlada pela censura, pois essa mesma indústria que a sustentava, impunha padrões de registro e limites à sua produção. Ela tendia a se tornar estreitamente ligada ao poder político, ou seja, muito próxima de uma linha informativa oficial. Por isso, não surpreende que o repertório obrigatório das fotografias da época fossem as tomadas dos atos governamentais, festejos cívicos, obras públicas e aspectos otimistas do progresso material, da nação, ou mesmo as crônicas sociais, casamentos, recepções, obras de caridade e as seções de cultura e entretenimento e de folclore.

## Fotografia e Revolução Mexicana

A fotografia vivia sob o signo da "objetividade", como sinônimo de realismo e de reprodução sem interferência. Essa objetividade, com o tempo, adquiriu padrões de visualidade rígidos e convencionais, transformando-se numa fotografia despersonalizada e muitas vezes sem força expressiva.

A Revolução Mexicana marcou o momento de ruptura nesses padrões e revelou parcelas da sociedade, "registradas" até então apenas como "tipos humanos": camponeses, indígenas e operários. Essas camadas sociais adquiriram nova fisionomia, pois os personagens populares que antes eram classificados como curiosidades nacionais irromperam como os principais protagonistas na cena social. A fotografia, por sua estreita vinculação com a indústria informativa, teve que buscar novos padrões visuais, e de certa forma pôs-se à frente dos próprios artistas plásticos. A realidade da guerra se sobrepôs aos velhos hábitos de registro visual. As fotografias de camponeses, indígenas, operários, gente simples, soldados federais, as *soldaderas* fizeram esses novos personagens adquirirem nas páginas dos periódicos um hieratismo sem precedentes na iconografia mexicana. E as cenas de violência criaram uma nova atmosfera social.

50  CARLOS ALBERTO SAMPAIO BARBOSA

Essa nova imagem acabou sendo determinada pelas circunstâncias políticas que a ela imprimiram uma direção informativa vinculada sempre aos interesses dos diferentes governos que estiveram no poder a partir da vitória da Revolução. Durante o governo de Huerta (fevereiro de 1913 a julho de 1914), ocorreu um rígido controle dos meios de comunicação e os triunfos revolucionários foram ocultados. Essa podia ser uma das explicações do predomínio de fotografias do exército federal no Arquivo Casasola. Agustín Casasola não dispunha, em sua coleção, de fotos de chefes revolucionários que, por volta de 1914, apareciam como heróis, mas que não tinham sido retratados por ele e seus fotógrafos (Klahr, 1986, p.105-6). Para preencher essa lacuna, ele intensificou seu trabalho como colecionista e comprou material para suprir essa deficiência. O "Arquivo Casasola" passa a adquirir material de vários fotógrafos. Flora Klahr (1986, p.106) afirma que:

> Quando Agustín V. Casasola inicia a coleção de imagens para seu arquivo existiam já em nosso país arquivos fotográficos importantes. As galerias possuíam coleções de vários milhares de negativos que conservavam perfeitamente organizados para poder fazer reproduções de retratos de seus clientes quando estes o solicitavam, os periódicos ilustrados colacionavam os originais fotográficos que usavam em suas edições, e havia coleções que por predileção adquiriam e guardavam séries de postais, retratos e vistas estereoscópicas. Com o tempo, muitas dessas coleções se destruíram – por incêndio, inundações etc. – ou se dispersaram, e algumas foram resgatadas parcialmente pelos Casasola.

Durante o período revolucionário, os irmãos perceberam a magnitude do que estava acontecendo e procuraram cobrir os mais diferentes eventos. Ainda hoje é difícil estabelecer quais fotografias foram realizadas por eles e quais eram de autoria de outros fotógrafos.[14] Nos primeiros anos, eles se concentraram na cobertura dos eventos da capital, mas registraram a campanha eleitoral de Francisco Madero na disputa contra Porfirio Díaz e, após sua renúncia, a en-

---

14  Ruvalcaba (1996) desenvolve um projeto nesse sentido.

trada triunfal desse líder na Cidade do México. As rebeliões de Emiliano Zapata no Sul e de Pascual Orozco no Norte não receberam o mesmo cuidado, mas eles se preocuparam em comprar material de terceiros para suprir essa lacuna, como já o dissemos antes. A denominada "Dezena Trágica" foi a oportunidade de registro de combates na capital, especialmente por Miguel Casasola. Durante o governo do general Victoriano Huerta, um pouco mais de um ano, Agustín Casasola dedicou-se pessoalmente a fotografá-lo, como também seu gabinete e as tropas federais que partiam para combater os revolucionários.

Em 1914, em plena revolução, a Sociedad de Fotógrafos de Prensa foi desfeita, após o fim das atividades de vários jornais, entre eles *El Tiempo* e *El Imparcial*. Miguel Casasola interrompeu suas atividades como fotógrafo para participar da luta armada, uniu-se, nesse ano, às tropas do general Ordóñez, um seguidor de Álvaro Obregón, um dos líderes do Exército Constitucionalista. Enquanto isso, seu irmão manteve-se fotografando na Cidade do México: retratou as milícias que se formaram para combater os norte-americanos desembarcados em Veracruz, para impedir o avanço da Revolução e as várias facções que se revezavam no controle da capital.[15]

A aproximação de Miguel Casasola com os revolucionários constitucionalistas, que se tornaram vitoriosos, rendeu outros frutos. Com o fim da luta armada e a relativa tranqüilidade, os governos começaram a reconstruir o Estado mexicano, e os Casasola, na década de 1920, passaram a ocupar cargos em departamentos públicos ligados à fotografia. Agustín tornou-se chefe fotográfico junto a diferentes órgãos do Estado, como Direção de Espetáculos, Serviço de Registro de Propriedade e Arquivos Judiciários do Tribunal, nos governos de Álvaro Obregón (1920-1924) e de Plutarco Elias Calles (1924-1928).

Outra vinculação com a esfera governamental foi estabelecida precisamente em 4 de junho de 1920, quando Agustín Víctor, seu

---

15 Ruvalcaba (1996) traça um excelente perfil das atividades dos irmãos Casasola durante o período revolucionário em seu artigo "A fresh look at the Casasola Archive".

## 52 CARLOS ALBERTO SAMPAIO BARBOSA

irmão Miguel e seu filho, Gustavo Casasola, além de outros fotógrafos, como Francisco Ramírez e Rafael López Ortega, foram contratados pelo governo da Cidade do México para registrar estabelecimentos comerciais, obras de infra-estrutura com os seus respectivos trabalhadores, o registro das condições sanitárias dos estabelecimentos públicos da cidade e dos registros de presos na penitenciária do Distrito Federal e do cárcere de Belém. Esse contrato foi renovado em 9 de fevereiro de 1925, quando Francisco Ramírez foi substituído por Ismael Casasola e Adolfo Vera Solis. A última renovação foi em 4 de março de 1935. O contrato de Agustín Casasola foi independente, pois ele ocupava o cargo de chefe de fotógrafos da cidade, no qual permaneceu até 8 de maio de 1930, quando foi sucedido pelo seu filho, Gustavo Casasola Zapata (Ruvalcaba, 1998, p.40). Por essa trajetória e por suas ligações com o Estado, e também pelo seu arquivo, foi-lhe outorgado o título de "Fotógrafo da Revolução".

Os membros da família Casasola mantinham atividades na imprensa como repórteres fotográficos; eram contratados por alguns jornais e vendiam fotografias avulsas para outros diários e semanários ilustrados da cidade. Portanto, podem-se dividir as atividades da família nesse período em duas áreas: o trabalho voltado para a imprensa e as atividades relacionadas à prefeitura e ao governo. Mas as duas faces se combinavam, ou seja, registravam a vida cotidiana e as transformações vividas pela sociedade mexicana. Apesar das várias funções exercidas pelos irmãos Casasola, a melhor maneira de defini-los seria como fotojornalistas (ibidem, p.38).[16]

Em 1921, Agustín Víctor Casasola e filhos (1921) publicam o *Álbum histórico gráfico*,[17] uma narrativa fotográfica dos acontecimentos revolucionários do período entre os últimos anos da ditadura de Porfirio Díaz até o governo de Obregón. A edição era bilíngüe, em espanhol e inglês, acompanhada de textos escritos por dois historia-

---

16 Nesse artigo Ruvalcaba (1998) traça um rápido painel das atividades da família no período pós-revolucionário.

17 Foram publicados cinco "Cuadernos" que completam o primeiro tomo. Para maiores informações, ver o artigo de Casanova (2005).

A FOTOGRAFIA A SERVIÇO DE CLIO 53

dores conservadores ligados à elite cultural porfiriana: Luiz González Obregón e Nicolás Rangel. A opção por uma edição bilíngüe permite supor que o álbum seria muito mais voltado para um público externo, provavelmente norte-americano que mexicano. A obra não teve o sucesso esperado. Houve uma fria recepção. Como muito bem argumenta José Antonio Rodríguez (1998, p.7), "a quem interessava, então, ter presente as vivências desse passado imediato?". O público estava saturado da guerra e da violência da década passada. Foi a primeira edição de uma obra que posteriormente continuou a ser editada pelo trabalho de seus descendentes com as fotografias do arquivo familiar. Segundo Rosa Casanova (2005, p.30), existem muito mais incógnitas que certezas sobre esse álbum. Sua estrutura seguia os vários álbuns do período porfirista. Não temos como determinar a periodicidade e o número de exemplares publicados. Custava $ 2,50 pesos, valor praticamente inacessível para a maioria da população, mas que não significava ser demasiado caro. Sua distribuição ocorria por subscrição ou venda direta. Dos quinze cadernos projetados, apenas o primeiro foi publicado. A produção do *Álbum histórico gráfico* foi possível porque o arquivo dispunha da coleção de fotos do período anterior à Revolução, das fotografias da luta armada, e por dispor também de retratos de praticamente todos os principais personagens da Revolução. Casasola, que realizava fotos enaltecedoras do poder, da riqueza da elite, soube antever as mudanças de direção do movimento político e social do México do começo do século e rapidamente voltar a câmera para esse novo cenário que se apresenta.

Segundo Alfredo Cruz-Ramírez (1992), pesquisador francês da história da fotografia mexicana, esse álbum marca o início da identificação dos Casasola com a construção de uma história visual das transformações mexicanas:

> Foi então que, graças às imagens coletadas durante toda sua carreira, ele pôde recriar a história dessa Revolução, e fazer dela um verdadeiro monumento para consagrar o sucesso da nova classe política. Bastava para tanto ele inverter os valores morais das imagens do tempo da dita-

54 CARLOS ALBERTO SAMPAIO BARBOSA

dura, dando-as como exemplo de injustiça, exaltando o sacrifício do povo e das personalidades dos chefes... nada mais nobre para o governo do presidente Obregón que aparecer como a síntese da realização de um movimento popular e democrático!

Como pretendo, porém, mostrar, esse processo revelou-se mais longo e complexo, construído paulatinamente.

Foi a partir da década de 1930 que o trabalho dos Casasola começou a ter alguma repercussão. O primeiro reconhecimento ocorreu em novembro de 1930, como motivo das celebrações do vigésimo aniversário da revolução maderista, realizadas nas dependências da Biblioteca Nacional, uma exposição para a qual o Arquivo Casasola colaborou com fotografias e documentos. Esse evento foi organizado pelo diretor da biblioteca Enrique Fernádez Ledesma e contou, além da exposição, com várias conferências de personalidades da época, como Luis Manuel Rojas, Juan Sánchez Azcona, Félix F. Palavicini, Pastor Ruaix, Hilario Medina, Antonio Díaz Soto y Gama, Isidro Fabela, Luis Cabrera, e o embaixador de Cuba, Manuel Márquez Sterling (HGRM, v.VI, p.2010-12).

## Os herdeiros da Dinastia Casasola

A imprensa mexicana da década de 1930 cobria preferencialmente três áreas: o político, o mundo artístico e os acontecimentos policiais. Existiam enfoques diferentes de acordo com a orientação ideológica de cada empresa jornalística, e era forte a influência da imprensa norte-americana. A estrutura dos periódicos era basicamente montada na combinação de notícias com reportagens políticas, intercaladas com material fotográfico e colunas editoriais (Monfort, 1998, p.12-16).

Agustín Víctor Casasola morreu em 1938,[18] e seu *Álbum histórico gráfico* foi remodelado pelos seus familiares, especialmente pelo

---

18  Segundo Gustavo Casasola, ele morreu no dia 30 (ver HGRM, outros autores falam em 15 de março).

A FOTOGRAFIA A SERVIÇO DE CLIO   55

seu irmão Miguel e seus filhos, Gustavo e Piedad. Esse projeto culmina em 1942, com o início da publicação de uma série de fascículos com tiragem popular, com o título *Historia gráfica de la Revolución Mexicana*. Foi a partir dessa iniciativa que o "Arquivo Casasola" começou a adquirir sua configuração atual, bem como o reconhecimento do público (Rodríguez, 1998, p.8).[19] Cabe lembrar que, um ano depois, Anita Brenner (1943) publicou o livro *The Wind that Swept México. The History of the Mexican Revolution 1910-1942*[20] [*O vento que varreu o México*. História da Revolução Mexicana 1910-1942]. George R. Leighton (1985, p.291), pesquisador que reuniu o material iconográfico para esse livro, afirma que utilizou 28 fotografias que foram adquiridas do "Arquivo Casasola".

Em agosto de 1939, realizou-se no Palácio de Bellas-Artes na Cidade do México outra exposição fotográfica sobre a Revolução Mexicana, a qual não recebe grandes elogios da crítica: "Sua intenção é mais histórica e documental que artística. Mas não por isso deixa de ser interessante confrontar e comprovar o que essa *arte menor* que é a fotografia há logrado de progresso nas últimas décadas".[21] Ou seja, ao finalizar a década de 1930, a fotografia e os Casasola ainda não haviam conseguido reconhecimento geral de seu trabalho. Eles eram considerados como fotojornalistas e fotodocumentalistas.

Em 1947, realizou-se a segunda grande exposição de fotojornalismo, "Palpitaciones de la vida nacional", no Palacio de Bellas-Artes, da qual participaram, além de Agustín Víctor Casasola, o patriarca, outros quatro membros da família: Gustavo, Ismael, Ismael Júnior e Mário, junto com outros fotógrafos mexicanos. Nessa época, os Casasola já aparecem como referências obrigatórias da fotografia mexicana.

---

19   Quanto à data de início de publicação desses fascículos, existe certa diferença conforme as fontes, alguns falam de 1940.
20   Existe uma edição mexicana: *La revolución en blanco y negro*. La historia de la Revolución mexicana entre 1910 y 1942 (1985).
21   La exposición gráfica, *Voz Nacional*, México, 31 ago. 1939, p.21 (apud Rodríguez, 1998, p.8, grifo nosso).

56   CARLOS ALBERTO SAMPAIO BARBOSA

Miguel Casasola morreu em 1951. Em 1953, Gustavo e Piedad Casasola publicaram *Monografia de la Basílica de Santa Maria de Guadalupe*; e em 1966, *Revolución Mexicana; crónica ilustrada*. A recopilação monumental se deu com duas obras: *Historia gráfica de la Revolución Mexicana, 1910-1970* em dez volumes, e *Seis siglos de historia gráfica de México, 1325-1976*, em quatorze volumes.

O ofício de fotógrafo estava arraigado na família, e, como já mencionamos, vários de seus descendentes continuaram o trabalho do patriarca dessa dinastia. Entre eles não havia uma preocupação maior com a questão da autoria de seus trabalhos, por isso muitos não se importavam em assinar as fotografias apenas com o sobrenome *Casasola*. Fato que veio a dificultar a definição da autoria e o entendimento dos estilos pessoais de cada um deles. Essa despreocupação com a assinatura individual e de transmissão do ofício de pai para filho remete-nos aos antigos ateliês medievais e renascentistas, nos quais, muito mais que a noção de produção individual, sobrepunha-se a coletiva.

Dito isso, cabem aqui algumas reflexões sobre os continuadores da herança familiar. Agustín Júnior começou a trabalhar com dezesseis anos no jornal *Excélsior*. Posteriormente, trabalhou no jornal liberal *Raza*, dirigido por Arturo Cisneros; depois, junto com seu irmão Gustavo, atuou no *Heraldo de México*, no *La Prensa*, e por volta dos anos 1940, no jornal *Novedades*.[22] Foi ele quem fotografou um tiroteio na Rua Uruguay, em 1922, em decorrência de uma greve de bondes. Mas suas imagens mais conhecidas foram as de Leon Trotski no Hospital de la Cruz Verde, após o atentado que lhe tirou a vida.

Ismael Casasola começou a trabalhar como ajudante de seu pai e de seus irmãos em 1920, com dezoito anos. Na imprensa, iniciou suas atividades no *Heraldo de México*, depois no *Excélsior* e *El Universal*. Nos anos 1930, colaborou com o semanário *Hoy*, de Regino Hernández Llergo, e no *Rotofoto*, de José Pagés Llergo. Publicou

---

22   Para as informações da família Casasola, utilizei o artigo de Nasr (1998).

A FOTOGRAFIA A SERVIÇO DE CLIO 57

posteriormente a reportagem no formato de livro denominada *La caravana del hambre* (Casalola, 1986) sobre os mineiros da localidade de Nova Rosita.

Gustavo Casasola Zapata, também filho de Agustín Víctor, foi editor, junto com sua irmã Piedad e seu tio Miguel Casasola, das publicações que muito ajudaram a divulgar o conteúdo do "Arquivo". Foi chefe de fotógrafos no Departamento Central da Cidade do México, nos anos 1930, e repórter fotográfico das revistas *Hoy* e *Rotofoto*. Participou da Comisión Intersecretarial para as questões indígenas durante o governo de Lázaro Cárdenas, como fotógrafo e como um dos delegados dessa comissão. Visitou e fotografou as comunidades tarahumaras no Estado de Chihuahua; posteriormente, no Estado de Chiapas, as comunidades chamulas e demais etnias, além do Estado de Oaxaca. Desse trabalho surgiu a publicação *La raza tarahumara*, em 1947 (Casalola, 1936). Ele foi o principal editor e continuador do trabalho do pai como colecionador. Manteve a guarda do "Arquivo" até a sua aquisição pelo Estado, em 1976.

Ismael, neto de Agustín Casasola, portanto membro da terceira geração, prestou serviços para os Llergo na revista *Hoy* e para a revista *Nosotros*. Na primeira, acompanhou José Pagés Llergo nas viagens internacionais, realizando a cobertura das festas dos indígenas de Chichicastenango, na Guatemala, durante a qual, em razão das proibições locais, quase perdeu a vida. Durante a revolução, acompanhou as tropas do general Treviño na perseguição de Venustiano Carranza e acompanhou a rendição de Francisco Villa. Posteriormente, fotografou a execução dos acusados de tramarem a morte de Álvaro Obregón, em 1927. Mario, filho de Agustín Júnior, foi fotógrafo independente de várias empresas. As mulheres da família, que também trabalhavam para o clã, "se ocuparam da fotografia nos arquivos e no laboratório, revelando, fixando, imprimindo..." (Rodríguez, 1998, p.19).

Os filhos e netos de Casasola participaram em conjunto com os jornalistas Regino Hernández Llergo e José Pagés Llergo de uma etapa importante do jornalismo e do fotojornalismo mexicanos, en-

# 58 CARLOS ALBERTO SAMPAIO BARBOSA

tre 1937 e 1943, no processo de produção da revista *Hoy*, e 1938, na *Rotofoto*, que alcançou apenas onze números.[23]

A revista *Hoy* seguiu os passos de outros periódicos ilustrados com propostas semelhantes, como *Life*, que apareceu nos Estados Unidos no ano anterior, e mais antigamente a revista francesa *Vu*.[24] Apresentava um formato de tablóide com grande utilização de fotografias. Os Casasola apareciam como colaboradores na seção "La historieta supergráfica". Nas páginas não havia textos, e sim, na maior parte de seu espaço, imagens fotográficas. Essas propunham contar, com uma seqüência de fotos fixas, uma narrativa, ou, em suas próprias palavras, uma "historieta", que em geral era humorística e divertida. As fotografias ocupavam um espaço antes muito utilizado pela caricatura, ainda muito importante na imprensa mexicana da época. Esse uso da fotografia representava uma inovação temática, que necessitava de grande capacidade de síntese do fotógrafo e adequada solução técnica. Nesse sentido, a revista pode ser considerada uma espécie de antecessora das fotonovelas (Debroise, 2001, p.188-91).

Os Casasola utilizaram esse mesmo estilo de criação de uma seqüência visual na revista *Rotofoto*.[25] As soluções e escolhas técnicas/gráficas de conteúdo, ângulo visual, de lentes (grande angular), luz (contraste, claro e escuro) buscavam um exacerbado realismo, forte nitidez nas linhas de contorno, trazendo um caráter estetizante para

---

23 Para uma explanação aprofundada sobre a experiência da revista *Rotofoto*, ver o artigo de Gautreau (2005).

24 Em 1928, o francês Lucien Vogel criou a revista *Vu*, baseado no que estava sendo feito na Alemanha, ou seja, inter-relação de complementaridade fototexto com privilégio da imagem, mas com uma preocupação em ter qualidade tanto no texto como na fotografia. A revista foi inovadora na utilização maciça de fotografias; encerrou suas atividades em 1938. Dois anos antes, em 1936, Henry Luce fundou a *Life*, seguindo os passos das revistas alemãs e francesas, utilizando o fotoensaio, as grandes fotorreportagem; venderam em seu primeiro número 466 mil exemplares, um ano depois, um milhão, e em 1972, quando fechou, atingiu oito milhões (ver Sousa, 2000, p.95-6 e 106-9).

25 O sistema de rotogravura surgiu em 1910 no "*Freiburger Zeitung*, [era] um processo de impressão que permite a tiragem de heliogravuras numa rotativa, como sistema de reprodução. Este sistema subsistirá até a implementação do *offset*, nos anos sessenta" (Sousa, 2000, p.62).

A FOTOGRAFIA A SERVIÇO DE CLIO   59

ambas as revistas. Assim, como exemplo, podemos citar as fotorreportagens sobre a questão da mulher e dos indígenas. Tratava-se de matérias realizadas por Gustavo Casasola sobre os índios tarahumaras para o número 16 da revista *Hoy*, de 12 de junho de 1937, ou sobre Chiapas, retratando algumas etnias da região, frutos do trabalho executado para a comissão governamental mencionada anteriormente. Alguns desses trabalhos foram incorporados nas publicações posteriores da família. Essas experiências nas duas revistas foram o marco inicial do fotojornalismo moderno no México. Toda essa produção é inseparável da evolução política mexicana. Os "Arquivos Casasola" comprados pelo governo em 1976, e hoje conservados pela Fototeca de Pachuca, vinculada ao Instituto Nacional de Antropologia e História (INAH), passaram a ser patrimônio nacional. Foram mostrados como enaltecedores do governo e tornaram-se sinônimos do registro verdadeiro do fato histórico, ou seja, retrato da história oficial do México. Contam aproximadamente com seiscentas mil peças entre negativos e positivos, com obras de Agustín Víctor e Miguel, os dois irmãos que iniciaram o ofício de fotógrafos, e de Gustavo, Agustín Júnior, Ismael, Piedad, Mario e Ismael Filho.

Mas o "Arquivo" não se restringe às fotografias, apesar de elas serem o seu objeto principal. Agustín Casasola era um colecionista, como bem relata seu filho Gustavo:

> Se já como repórter colecionava ilustrações, documentos, livros etc., com maior razão e entusiasmo continuou formando seu arquivo ao dedicar-se à fotografia jornalística. Quando, durante as noites ou em seus dias de descanso, organizava seu arquivo, eu me sentava ao seu lado e ele me explicava os assuntos das ilustrações e dos personagens que nelas figuravam; esboçava-me biografias, paisagens históricas e curiosidades de tudo o que passava por suas mãos. Foi assim que comecei a conhecer os acontecimentos daqueles tempos. (HGRM, v.I, p.V)

O projeto de Agustín Casasola converteu-se em uma história visual nacional que culmina com os dez volumes dos álbuns *Historia*

60 CARLOS ALBERTO SAMPAIO BARBOSA

*gráfica de la Revolución Mexicana*, todos eles objeto deste estudo.

Nesses álbuns, como bem considera Flora Klahr (1986): "sinônimo da crônica de governos, a reconstrução dos fatos corresponde à de um calendário oficial de sucessos importantes, uma cronologia ilustrada de notícias". Essa tendência de selecionar determinados temas ou então imagens e tratar com menor ênfase ou mesmo omitir outros que não obteve ou não fotografou apresenta-se como um rico material para investigar as representações visuais de uma época. A denominação de *fotografia jornalística e documental* produzida pelos Casasola – especialmente por Agustín e seu filho Gustavo –, no período entre 1900 e 1940, parece coincidir com sua concepção acerca da fotografia e da linha editorial, ou seja, o valor da fotografia consiste numa capacidade de mostrar de forma objetiva os acontecimentos sociais. As qualidades técnicas, nesse ponto, ficam submetidas, apesar de serem apreciadas, às necessidades documentais.

Essa noção foi a que orientou também o trabalho editorial, não obstante o valor comercial da fotografia também ser importante. Os Casasola construíram uma vasta experiência em sua utilização com a venda de imagens e a publicação de uma série de álbuns, de acordo com as necessidades de personalidades e regimes políticos. Suas edições, a partir de 1942, obtiveram grande êxito de público.

Uma última reflexão sobre os Casasola e seu álbum diz respeito à auto-reflexão sobre a trajetória pessoal dos vários indivíduos da família e do próprio "Arquivo". Constata-se essa preocupação no capítulo "El presidente de la República en la exposición de fotografos de la prensa" (HGRM, v.II, p.431) constante nos álbuns analisados, no qual aparece, no centro da fotografia, Agustín Casasola. Em outro capítulo, totalmente dedicado às comemorações do décimo aniversário da sua morte, quatorze páginas apresentam várias fotografias, entre elas, um retrato dele já maduro; outro, em plena atividade, apenas como repórter, entrevistando uma família; uma fotografia coletiva da "Junta de Reporteros" da Cidade do México, em um banquete comemorativo ao décimo aniversário da fundação da Asociación de Fotógrafos de la Prensa, e uma caricatura. Encontramos fotografias também de Gustavo Casasola, jovem, numa delas,

A FOTOGRAFIA A SERVIÇO DE CLIO  61

fotografando um ato cívico e, em outra, em meio ao "Arquivo" (HGRM, v.VII, p.2321-47).[26] Em outro momento, o álbum retratou a Feira do Livro, evento que ocorreu no governo do presidente Avila Camacho, quando foi montado um *stand* com uma exposição de fotografias do "Arquivo Casasola", apresentando o presidente e seus ministros, incluindo Miguel Alemán visitando-o e folheando o Volume I da *Historia gráfica de la Revolución Mexicana* (HGRM, v.VII, p.2516-17). Mesmo as mortes dos vários familiares eram registradas nos álbuns. No capítulo "El 'Archivo Casasola' de luto" foram relatadas as mortes de Miguel Casasola em 1° de setembro de 1952, de Piedad Casasola em 20 de dezembro de 1953, e de Refugio Zapata, viúva de Agustín Casasola e mãe de Gustavo, Ismael, Agustín, Dolores, Piedad e Mario, morta em 21 de agosto de 1954 (ibidem, v.VIII, p.2816). No ano de 1968, como comemoração ao trigésimo aniversário do falecimento do fundador do "Arquivo" e iniciador do *Historia gráfica de la Revolución Mexicana*, amigos, jornalistas, funcionários públicos, militares e familiares depositaram flores no Panteão Francês onde se encontrava sua tumba (ibidem, v.X, p.3651).

A intenção da inserção da vida dos membros da Dinastia Casasola era mesclar a trajetória familiar com a própria história mexicana, mostrando-os como ativos participantes da revolução e construtores de sua memória. O álbum se confundiria com o próprio desenvolvimento da narrativa visual.

## Os perfis dos álbuns *Historia gráfica de la Revolución Mexicana*

O "Arquivo Casasola" foi organizado e sistematizado, e hoje se encontra sob a guarda da Fototeca de Pachuca, dividido em fundos:

---

26  "Decimo aniversario del fallecimiento de Don Agustín Casasola, fundador del 'Archivo Casasola' e iniciador de la Historia Gráfica de la Revolución." Esse capítulo será retomado mais adiante.

# 62 CARLOS ALBERTO SAMPAIO BARBOSA

Fundo Revolução Mexicana, 37.661 negativos; Infra-estrutura, Visitas presidenciais, Eventos cotidianos, étnicos e imigração, 4.191; Judicial, 2.815; Movimento operário, 2.681; História da aviação, 2.502; História do teatro, 905; História da radiofonia, 492; Modernidade 235; Segunda Guerra Mundial, 351. Como podemos perceber, essa obra produziu uma radiografia da sociedade mexicana mediante a exposição de uma heterogeneidade de assuntos.

Composto de mais de setecentos mil negativos, o álbum foi construído num período de setenta anos, entre 1900 e 1970. Atualmente estão catalogadas fotos de 480 fotógrafos diferentes, entre mexicanos e estrangeiros. Ignacio Ruvalcaba descobriu que Agustín Casasola apagou os nomes dos fotógrafos originais. Isso se explica pela inexistência de uma concepção da idéia de direitos autorais dos fotógrafos, que teve seu primeiro grande passo com a fundação da Agência Magnum Photos, na França, e da Liga Fotográfica Americana nos Estados Unidos, somente em 1947 (Sousa, 2000, p.141).

O álbum *Historia gráfica de la Revolución Mexicana* significou a continuação de um projeto iniciado por Agustín Casasola com a composição, de 1921, do *Álbum histórico gráfico*, os fascículos, de 1942, denominados *Historia gráfica de la Revolución Mexicana*, organizados por Miguel e Gustavo Casasola, a *Monografia de la Basílica de Santa Maria de Guadalupe*, em 1953, a *Revolución Mexicana; crónica ilustrada*, em 1966, ou mesmo os *Seis séculos de historia*. Foi considerado como o trabalho mais completo de publicações fotográficas da família e principal meio de divulgação do "Arquivo".

A idéia de álbuns, cujas origens remontam ao século XIX, obteve uma rápida popularização no mundo todo com os cadernos de retratos fotográficos. No México, a idéia de organizar álbuns se difundiu durante o porfiriato. Vários fotógrafos estrangeiros nos séculos XIX[27]

---

27 Dos vários fotógrafos que passaram pelo México, destacam-se alguns, como John Lloyd Stephens, que juntamente com o artista inglês Frederich Catherwood fotografaram as ruínas maias em 1841; o francês Desiré de Charnay fotografou o país com equipamento de colodio úmido em 1850 e 1857; o francês Pierson faz uma série de imagens da cidade do México que foram expostas em Paris em 1863.

A FOTOGRAFIA A SERVIÇO DE CLIO  63

e XX editaram também seus álbuns, como os trabalhos de Hugo Brehme, *Malerisches Mexiko* e *Mexiko: Baukunst, Landschaft, Vlksleben*, ambos publicados na Alemanha, em 1923 e 1925, e os livros de Annita Brenner, *Idols behind Altars*, um ensaio sobre a estética da arte mexicana com fotografias de Edward Weston e Tina Modotti (1929) e *The Wind that Swept México* (1943); todos devem ter influenciado os Casasola. Para o caso especifico dos álbuns de guerra, que também devem ter inspirado os Casasola, podemos citar os da Guerra de Secessão dos Estados Unidos (Gardner, 1965-1866).[28]

Segundo Lima & Carvalho (1997, p.19);

> O álbum é um tipo de publicação iconográfica na qual são aglutinadas, segundo um arranjo especifico, fotografias que pretendem representar diversos aspectos [...] Trata-se de um tipo de publicação no qual a imagem visual é predominante e assume um papel ativo na construção de sentidos, articulando-se, ao invés de submeter-se aos textos e legendas [...] O álbum, tal como concebido nesse período, sugere a idéia de coleção, permitindo o arranjo pessoal de registros fotográficos.

Cabe aqui traçar um perfil dos álbuns. Eles foram publicados em dez volumes e cada um se inicia com uma sinopse histórica do autor – no caso, de Gustavo Casasola – de aproximadamente oito páginas em cada volume, nas quais são apresentados, de maneira breve, os acontecimentos. O autor assim apresenta essa iniciativa:

> Busquei a cooperação de escritores, jornalistas e historiadores para que me ajudassem no mais problemático: apreciar as atuações ou considerar a transcendência dos fatos. Mas percebi que enquanto uns eram demasiado apaixonados em seu julgamento, outros, decididamente, se revelavam parciais, inclinando-se para a direta ou para a esquerda. Não era isso o que eu pretendia para a obra [...] Diante desses obstáculos, fiz o que meu pai fazia, só que agora a ação era inversa, como se as coisas quisessem voltar ao seu princípio: troquei a câmera pela pluma, e ainda

---

28  Mas temos outros exemplos, como os álbuns de Francis Trevelyn Miller (1912).

que no começo tenha me colocado à sombra dos corretores de estilo, acabei por terminar a obra sem censuras nem influências alheias, a não ser guiado pela observação objetiva e serena dos fatos e pelo meu critério pessoal. (HGRM, v.I, p.VI)

No Volume I, temos um prefácio denominado "Palavras del autor", de duas páginas. Cada volume dos álbuns está dividido em capítulos. Os capítulos individuais não tratam, necessariamente, de apenas um assunto. Eles são curtos, de aproximadamente três páginas, sempre prevalecendo o elemento visual em detrimento do texto. Os volumes estão divididos da seguinte maneira. O Volume I possui como balizas cronológicas os anos de 1900 a 1911: inicia-se em 1900, com um capítulo apresentando uma biografia de Porfirio Díaz, e termina com um capítulo dedicado ao lançamento oficial de Francisco Madero à campanha presidencial para as eleições de 1911. O volume contém 368 páginas e encontra-se dividido em 158 capítulos, com uma média de 5,56 fotos por capítulo. O número total de fotografias é 879; contendo ainda nove imagens (desenhos, gravuras e caricaturas) e dezesseis documentos (reproduções de panfletos, telegramas, cartas, planos políticos etc.). Em média, possui 2,38 fotografias por página.

O Volume II contém fotografias de 1911 a dezembro de 1913: começa com um capítulo sobre a candidatura do general Bernardo Reyes à presidência da República, em 1911, e termina com um capítulo mostrando as festas de aniversário e de felicitações de final de ano ao presidente Victoriano Huerta, em 1913. Resumindo, o volume possui 364 páginas, distribuídas em 127 capítulos, com um total de 1.117 fotografias, e uma média de 8,79 fotos por capítulo; duas montagens fotográficas; três imagens; dezenove documentos; um mapa e dezoito reproduções de moedas. Em média, possui 3,06 fotografias por página.

O Volume III começa no início do ano 1914 com um capítulo dedicado à criação de duas novas secretarias de Estado, e termina com alguns capítulos referentes ao fim da "División del Norte", as mortes de Pascual Orozco, de Victoriano Huerta, e o fuzilamento de

A FOTOGRAFIA A SERVIÇO DE CLIO    65

militares nos primeiros meses de 1916. O volume possui 349 páginas e está dividido em 123 capítulos, com 998 fotografias; há uma média de 8,11 fotos por capítulo, uma montagem fotográfica, quatro documentos e seis reproduções de moedas. Em média, possui 2,85 fotografias por página.

O Volume IV inicia-se com um capítulo sobre as visitas do presidente Venustiano Carranza à cidade de Celaya e à região do Ocidente da República no início do ano 1916. O volume termina com a sublevação "Gonzalista" em Monterrey e os lançamentos de candidatos às eleições de 1920: Álvaro Obregón e Alfredo Robles Domínguez. Com um total de 385 páginas, o volume encontra-se dividido em 112 capítulos; há uma média de 7,05 fotos por capítulo, com um total de 790 fotografias, três montagens fotográficas, duas imagens e oito textos. Em média, possui 2,05 fotografias por página.

O Volume V se abre com a rendição do general Francisco "Pancho" Villa em 1920. O presidente interino era Adolfo de la Huerta, substituindo Venustianzo Carranza. Nas eleições de 1920, Álvaro Obregón foi eleito novo presidente para o período de 1920 a 1924. O volume se fecha com a nova eleição de Álvaro Obregón para o mandato de 1928-1932, e com o seu posterior assassinato. O volume encontra-se dividido em 135 capítulos nas suas 382 páginas, com um total de 926 fotografias; há uma média de 6,85 fotos por capítulo, uma montagem fotográfica, uma imagem, onze documentos e uma representação de moeda. Em média, possui 2,42 fotografias por página.

O Volume VI inicia-se com o assassinato de Álvaro Obregón em agosto de 1928, e termina com o rompimento de Lázaro Cárdenas com Plutarco de Elias Calles e os desdobramentos políticos desse ato na passagem do ano 1935 para 1936. O volume encontra-se dividido em 109 capítulos, nas suas 354 páginas, com um total de 1.025 fotografias; há uma média de 9,40 fotos por capítulo, dois documentos e dois mapas. Em média, possui 2,89 fotografias por página.

O Volume VII inicia-se com a reforma do gabinete do presidente Lázaro Cárdenas, em 1935, e termina com fotos referentes ao final do ano de 1945, que mostram o início da campanha presidencial para

66  CARLOS ALBERTO SAMPAIO BARBOSA

o próximo mandato. O volume encontra-se dividido em 89 capítulos, em 382 páginas, com um total de 1.241 fotografias; há uma média de 13,94 fotos por capítulos, três imagens, dois documentos e dois mapas. Em média, possui 3,24 fotografias por página.

O Volume VIII[29] inicia-se em 1946 com as eleições presidenciais que deram a vitória a Miguel Aleman, e termina com a visita do presidente Adolfo López Mateos à América do Sul, em janeiro de 1960. O volume encontra-se dividido em 83 capítulos, em 386 páginas, com um total de 1.583 fotografias; uma média de 19,07 fotos por capítulo, uma montagem fotográfica, uma imagem, sete mapas e um gráfico. Em média, possui 4,10 fotografias por página.

O Volume IX inicia-se com a continuação das matérias sobre a visita do presidente à América do Sul e termina com a presidência de Gustavo Diáz Ordaz. O volume encontra-se dividido em 79 capítulos, em suas 382 páginas, com um total de 1.446 fotografias; há uma média de 18,30 fotos por capítulo, cinco imagens, três documentos e onze mapas. Em média, possui 3,78 fotografias por página.

O Volume X inicia-se com o ano 1967, e termina com a tomada de posse de Luis Echeverría como presidente da República, em 1970. O volume encontra-se dividido em cinqüenta capítulos, nas suas 349 páginas, com um total de 1.478 fotografias; uma média de 29,56 fotos por capítulo, duas imagens e dois mapas. Em média, possui 4,23 fotografias por página.

Um balanço total dos dez volumes dos álbuns apresenta os seguintes números: de 3.711 páginas, 1.065 capítulos, 11.483 fotografias, oito montagens fotográficas, 26 imagens; 76 documentos e/ou textos, 23 mapas, 25 representações de moedas e um gráfico. Nos volumes, há uma média geral de 3,09 fotografias por página e uma média de 10,78 fotos por capítulo. Os setes volumes, objeto deste estudo, possuem 2.588 páginas, com 853 capítulos, 6.976 fotografias, ou seja, uma média de 2,69 por página e de 8,17 fotos por capítulo (ver Anexo I).

---

29  A partir do Volume VIII fazemos um breve balanço dos conteúdos por não serem estes, aqui, objeto dessa pesquisa.

Os álbuns possuem um formato retangular de 20 cm x 33 cm. Todas as suas fotografias são em preto-e-branco. As fotografias estampadas nas páginas apresentam, em sua maioria, um formato retangular horizontal (69,91% das imagens nos sete volumes). Já o formato retangular vertical representa 26,36%, e as fotografias no formato quadrado constituem apenas 3,64% das imagens no álbum. Os formatos redondo e oval aparecem ocasionalmente (ver Anexo II). A relação texto e imagem dos álbuns segue um padrão. Para cada capítulo, temos um texto. Muitas vezes, o texto foi dividido em pequenas notas; portanto, em um capítulo, podem surgir diferentes assuntos ligados por uma temática. Alguns exemplos são: "Asuntos obreros" e o capítulo "Cerimonias y actos cívico-sociales" (HGRM, v.I, p.165-7), em que encontramos pequenos textos relatando um baile em homenagem à designação de Porfirio Díaz como chefe do Estado-Maior, sobre uma inauguração de uma via pública e sobre a reinauguração dos salões reformados do Museu Nacional de Arqueologia, Etnologia e História, pelo presidente Porfirio Díaz.

Em geral, nos álbuns a imagem fotográfica domina o texto. Essas fotografias não são ilustrativas ou uma simples complementação ao texto, nem mesmo estão numa relação de equivalência, pois não se integram necessariamente ao texto. Mas também não podemos nos referir a uma relação de discrepância, pois isso só ocorre quando os conteúdos da imagem e do texto são incoerentes. O texto redigido por Gustavo Casasola se apresenta como uma linha de amarração da narrativa visual realizada por meio das fotografias. Portanto, podemos sugerir que se trata de uma tríade de texto impresso, fotografia e legenda. Essa relação foi reforçada com a participação de Gustavo Casasola, que, como sabemos, produzia tanto o texto como as legendas das fotografias, além de editar as imagens nos álbuns. Ele foi, junto com seus parentes, um dos organizadores do arquivo de fotografias. Um dado importante é que, para cada fotografia, existia uma legenda; havia uma preocupação em ancorar as fotografias numa legenda em todos os álbuns. Para as imagens e legendas não foram utilizadas molduras. As legendas, assim como o texto em menor medida, constituíram estruturas dependentes da fotografia e

68 CARLOS ALBERTO SAMPAIO BARBOSA

representavam, por vezes, a síntese da fotografia, ou mesmo uma "denominação" ou "etiquetamento", ou seja, uma palavra ou frase que designava um objeto ou uma pessoa mostrada na fotografia.[30] A legenda assumia o papel, em alguns casos, de uma ponte entre a fotografia e o texto escrito. A participação de Gustavo Casasola aqui novamente adquire relevância, pois ele acompanhou o trabalho de seu pai, de seu tio e de demais parentes, além de ter ele próprio produzido suas imagens. Por isso, julgava-se com capacidade para elaborar essas legendas para as fotografias.

Com relação à organização das fotografias nos álbuns, seguimos alguns procedimentos que Lorenzo Vilches (1997)[31] realizou, especialmente com relação à localização espacial das fotografias nas páginas de periódicos. Dividimos a página em nove zonas de preferência, correspondendo a dois eixos: um vertical e outro horizontal.[32] O levantamento apresentou os seguintes resultados, uma preferência por localizar as fotografias no eixo vertical da esquerda nas páginas pares, de zonas 1, com 18,34%, e 7, com 16,73%, das imagens, enquanto nas páginas ímpares ocorre o inverso, com a escolha das zonas mais privilegiadas, as da direita, ou seja, as de números 3 e 9, respectivamente com 16,63% e 17,43% das fotografias (ver Anexo IV).

A organização das fotografias nas páginas dos álbuns apresenta uma distribuição em que as imagens foram divididas pelos quatro cantos (zonas 1, 3, 7 e 9). Logo após aparecem, com destaque, as imagens localizadas nas zonas 2 e 8 (no eixo vertical centro) com 10,93% e 10,03% no cômputo geral de pares e ímpares. Em muitos capítulos apenas uma imagem ocupava toda a parte superior ou inferior da página, e nesse caso optou-se pela utilização da forma apre-

---

30 Para o conceito de ancoragem, veja o ensaio clássico de Roland Barthes (1990, p.27-43). Para etiquetamento e denominação, utilizei Santaella & Nöth (1999, p.55 e 56), que se remetem a Nelson Goodman e Manfred Muckenhaupt.

31 Apesar de o autor investigar as fotografias nos jornais, julgamos oportuno realizar um levantamento quantitativo das fotografias para os álbuns.

32 O eixo horizontal subdivide-se em superior (ocupa as zonas: 1, 2 e 3), médio (4, 5 e 6) e inferior (7, 8 e 9); e o eixo vertical esquerdo (1, 4 e 7), centro (2, 5 e 8) e direito (3, 6, 9). Veja Anexo III.

A FOTOGRAFIA A SERVIÇO DE CLIO   69

sentada no Volume IV, em que as fotografias dessas zonas nas páginas pares atingem o porcentual de 20,68% e 15,70%, e nas impares, de 21,07% e 16,42%, superando as mais recorrentes. Muitas dessas imagens foram inseridas no capítulo relacionado ao Congresso Constituinte de Querétaro. Voltaremos a isso mais adiante.

Nesse álbum, a língua utilizada foi apenas o espanhol, ao contrário do volume de 1921 que, como já foi dito, era bilíngüe. Portanto, essa publicação visava, claramente, o público interno, e não o externo. Quanto à circulação, a primeira versão foi concebida no formato de fascículos, que posteriormente, em 1960, foram reunidos em livros-álbuns. A primeira edição de 1960, dos álbuns, foi realizada pela própria família, mas a sua segunda edição foi feita pelo Editorial Trillas, e lançada em 1973.

Não existe a indicação de autoria das fotografias no interior dos álbuns. Também são poucas as referências nos textos dos capítulos sobre os autores das imagens; e quando essas surgem deixam a entender que foram realizadas pelos familiares.

Além desse balanço geral dos álbuns, procuramos fazer um inventário das fotografias ali constantes, do ponto de vista de sua *localização geográfica* e das *temáticas* de cada uma das imagens. Esse levantamento serial foi realizado apenas com as fotografias dos sete primeiros volumes, que abarcam a periodização deste estudo. Para tanto, resolvemos elaborar um mapeamento individual para cada uma das 6.976 fotografias dos sete álbuns que abrangem o nosso estudo. Essa amostragem quantitativa procurou responder a algumas questões: Quais localidades foram mais documentadas? Quais temáticas e eventos foram mais fotografados e posteriormente utilizados na edição dos álbuns? Acreditamos que a utilização de uma abordagem quantitativa como base para a análise qualitativa e que o uso de inventários seriais para dar suporte a uma interpretação histórica proporcionam bases mais sólidas para a investigação (Burke, 2000; Vovelle, 1997).

A tabela que construímos é um mapeamento da incidência das fotografias, segundo sua localização (ver Anexo V). Para tal levantamento, o território mexicano foi desmembrado de acordo com a di-

70 CARLOS ALBERTO SAMPAIO BARBOSA

visão política em Estados e o Distrito Federal. Lembramos que, muitas vezes, não foi possível identificar o local da fotografia, ou pela impossibilidade de defini-lo na imagem ou pela falta de informação na legenda ou no texto. Das 6.976 fotografias catalogadas nos sete álbuns, 2.875 tiveram suas localidades identificadas, ou seja, 41,21% das imagens. Das identificadas, 52,73% são referentes à Cidade do México e ao Distrito Federal, confirmando o intenso trabalho dos·Casasola na capital. Os volumes V (1920-1928), VI (1928-1935) e VII (1935-1945) aparecem com uma porcentagem acima da média, com, respectivamente, 58,21%, 87,77% e 59,31%. Ou seja, conforme os conflitos armados diminuem, aumenta a representação fotográfica nos álbuns da capital.

O segundo Estado mais registrado foi o de Chihuahua, com 6,81%, concentrando-se nos dois primeiros volumes a maior parte de suas representações, relacionadas sobretudo às atividades de maderistas, orozquistas e de villistas na região. O terceiro Estado foi o de Veracruz, com 5,63%, concentradas no Volume III, abrangendo o período de 1914 e 1915, momento em que o governo constitucionalista mudou-se para o porto de Veracruz e em que a cidade foi ocupada por tropas norte-americanas. O quarto Estado mais representado foi o de Morelos, com 5,04%, representação nos quatro primeiros volumes, período entre 1900 e 1920, auge do movimento zapatista. O quinto Estado foi uma surpresa: Jalisco, com 3,54%. Essa localidade normalmente não foi identificada com a Revolução Mexicana, mas nela ocorreu a Revolta Cristera, entre os anos de 1926 e 1928, por isso aparece com uma porcentagem acima da média no Volume III, entre 1914 e 1915. O sexto Estado mais representado foi Sonora, que mantém um equilíbrio nos volumes, 3,47% em média, tendo uma queda nos dois últimos analisados, coincidindo com a diminuição da força da dinastia de sonorense na política mexicana.

Alguns destaques merecem ser feitos: à representação de Coahuila, no Volume II, mostrando a força de Venustiano Carranza, líder unitário da revolução contra o governo de Victoriano Huerta; à representação de Querétaro, no Volume IV, no período em que foi elaborada a Constituição nessa cidade; e a Agustin e Miguel

A FOTOGRAFIA A SERVIÇO DE CLIO 71

Casasola, quando foram para o local cobrir as atividades do Congresso, chegando a abrir um estúdio e aproveitando para fazer fotografias para a população em geral, que os procurava em seu estúdio fotográfico (cf. Ruvalcaba, 1996, p.195). A Convenção na cidade de Aguascalientes também foi representada no álbum, no Volume III. Puebla tem destaque nos volumes I e IV; Guanajuato destacou-se no Volume V; Michoacán, no Volume II; e San Luis Potosí e Chiapas, no Volume VII. Uma nota digna de observação é que os álbuns cobriram quase todos os estados mexicanos em maior ou menor medida, de acordo com as necessidades de informações, sendo poucos os estados sem nenhuma representação.

## Padrões temático-visuais

Para o mapeamento das temáticas abordadas pelo trabalho fotográfico representado nos álbuns foi feito um levantamento dos principais "Temas e assuntos" registrados (Anexo VI). É importante ressaltar que não foram esgotadas todas as possibilidades de cada uma das imagens, mas apenas a temática central. Assim, foi criado um vocabulário controlado de descritores,[33] elaborado a partir das próprias fotografias e da nossa problemática em pauta, que permitisse uma averiguação quantitativa dos assuntos fotografados.[34]

Das 6.976 fotografias dos sete volumes analisados, identificamos 7.091 temáticas.[35] Ao que aparece, a primeira referência é ao "Movimento armado", com uma média de 28,79% em relação ao mon-

---

33 Descritores referem-se a uma palavra ou a uma expressão utilizadas em indexação, tanto de texto como de imagens, para representar um determinado conceito, tema ou assunto.

34 Serviram de referência para a criação desse vocabulário controlado a grade de descritores utilizada pelo Itaú Cultural para as pesquisas sobre a Memória Fotográfica da Cidade de São Paulo e de História da Fotografia no Brasil; e o trabalho, já citado, das pesquisadoras do Museu Paulista (cf. Lima & Carvalho 1997).

35 Em alguns casos, cada fotografia poderia ser identificada com dois temas e eventos.

72 CARLOS ALBERTO SAMPAIO BARBOSA

tante total, com destaque nos volumes II e III, que apresentam porcentagem acima do padrão. A segunda temática mais representada nos álbuns foi a "Política", com 19,63%, com evidência nos volumes VI e VII. A terceira foi a "Eleitoral", com 8,78%, distribuídas pelos diferentes álbuns. A quarta foi a "Social", com 8,57% das fotografias; a quinta, a "Militar", seguidas das temáticas sobre "Diplomacia", "Inauguração", "Religião", "Educacional", "Cultural", "Etnia/Campesinato", "Funeral" e "Justiça". As outras ficaram abaixo de 1% da abrangência.

Antes de apresentar a análise dos resultados, torna-se pertinente traçar algumas reflexões sobre o vocabulário controlado e seus descritores. A definição dos temas partiu da experiência do vocabulário controlado utilizado em outros trabalhos de pesquisas, mas foi criada também em razão da própria documentação, tendo como interface nossa problemática.[36] No total foram estabelecidos 23 descritores: "Movimento armado", "Político", "Eleitoral", "Social", "Militar", "Comemorativo", "Diplomacia", "Inauguração", "Religião", "Educacional", "Cultural", "Etnia/Campesinato", "Funeral", "Justiça", "Festivo", "Esporte", "Econômico", "Doméstico/ Privado", "Comercial/Serviços", "Saúde", "Internacional", "Industrial", e "Turismo".

A partir desse mapeamento, procuramos criar, em sintonia com a problemática proposta para a pesquisa, "padrões temático-visuais" para a organização da documentação analisada, constituindo grupos de imagens que se destacaram pela sua recorrência. Esses padrões foram criados em número de quatro e são: "Revolução", "Ritual político", "Social" e "Memória".

O primeiro padrão temático visual que engloba os temas "Movimento armado" e "Militar", perfazendo um total de 37,22% das imagens representadas nos álbuns, vai ser analisado no capítulo

---

36 Para uma discussão sobre a relação de descritores e a questão dos imaginários e representações sociais voltados mais para a problemática da organização de arquivos imagéticos, ver o artigo de André Porto Ancona Lopez (1997), e também Johanna W. Smit (1996).

"Narrativa fotográfica e representação visual da Revolução". Nele, procuro mostrar que a sociedade mexicana já era militarizada durante o governo de Porfirio Díaz, militarização reforçada com a guerra civil e transformada em um mito fundador de um novo período histórico. Nesse contexto, os líderes revolucionários transformam-se em heróis fundadores da nova nacionalidade.

O vocabulário controlado partiu de algumas definições para cada um dos termos. Por "Movimento armado" entendo todo tipo de fotografia relacionada com uma tentativa de alterar a ordem política e social por meios violentos, ou seja, com uso de armas. Essa temática mostrou-se a mais recorrente (28,79%); em razão dessa incidência e da própria problemática central do trabalho, fizemos um mapeamento especifico a essa temática (Anexo VII). Os descritores desse mapeamento seguiram, basicamente, os mesmos critérios dos outros, ou seja, foram construídos a partir da problemática central do trabalho e das temáticas referentes às fotografias.

Foram criados 21 subtemas: "Líderes irregulares" (insurgentes) e "Regulares" – classificamos as fotografias de líderes militares do exército regular e irregulares, que possuíam algum destaque; "Tropas regulares" e "Irregulares" – referem-se a fotografias de exércitos regulares ou não; "Sublevação", fotografias do momento de incitação à revolta, no início do movimento armado; "Combate" são imagens de cenas de guerra e luta no campo de batalha; "Ocupação/Desocupação" refere-se a imagens de entrada de exércitos regulares e irregulares nas cidades, em muitos casos na Cidade do México; "Equipamento", fotografias que ressaltam equipamento militares (canhões, armas etc.); "Escombros", referente a ruínas de residências, edifícios, quartéis, indústrias e equipamentos urbanos; "Fuzilamentos" e "Enforcamentos", cenas de execução por essas duas formas; "Desmobilização", relativo à desmobilização de tropas regulares e principalmente irregulares, mas também desarmamento e rendição; "Oficiais": esse descritor foi um desdobramento do descritor "Líderes regulares" e tornou-se necessário pela existência de vários retratos de oficiais desconhecidos ou com muito pouca informação; "Conferências", reuniões entre representantes de

74 CARLOS ALBERTO SAMPAIO BARBOSA

diferentes grupos em luta; "Tropas estrangeiras" refere-se a tropas, especialmente, norte-americanas; "Terrorismo", a tentativas de coação, de ameaça ou de influências por meio de atentados contra alvos humanos e materiais praticados por indivíduos isolados ou em pequeno grupo, desvinculados de uma batalha ou enfrentamento, muitas vezes localizadas atrás das linhas inimigas; "Assassinatos", eliminação de indivíduos fora do campo de batalha; "Cadáver", "Feridos", "Prisioneiros" e "Acampamento" dispensam maiores comentários.

O descritor "Militar" englobou as atividades dos militares durante momentos de paz, como desfiles, paradas, troca de comandos, condecorações e imagens de instalações militares, mas também foram considerados os policiais e tropas de segurança. Possui uma interface com o descritor "Movimento armado".

O segundo padrão é o "Ritual político" que congrega os temas "Político", "Eleitoral", "Diplomacia", "Justiça" e "Internacional", perfazendo um total de 33,07% das representações e analisado no capítulo "A construção, consolidação e o espetáculo do poder". Nesse padrão, procuramos recuperar a dimensão visual das representações políticas legitimadas internamente pelas tentativas de apresentar uma sociedade democrática, com eleições livres e respaldadas externamente pelas várias imagens do corpo diplomático sediado na capital, mas também pelas diferentes delegações estrangeiras em visita ao país.

O descritor "Político" refere-se a toda fotografia que possui como tema central uma atividade política, como trocas de gabinetes, retratos de governadores, prefeitos, presidentes, imagens de cada uma dessas personalidades em alguma atividade pública. Esse descritor foi desmembrado com o "Eleitoral", que inclui toda e qualquer fotografia relacionada com as campanhas eleitorais, ou seja, comícios, manifestações de simpatizantes, retratos dos candidatos, reuniões de campanha e demais imagens relacionadas à campanha eleitoral. Os descritores "Político" e "Eleitoral" possuem uma fronteira muito tênue, mas decidimos pela sua divisão em razão da grande quantidade de imagens relacionadas à eleição; e como uma das nossas hipóteses de trabalho é referente à importância da visualidade de um

A FOTOGRAFIA A SERVIÇO DE CLIO  75

regime democrático para essa sociedade, julgamos conveniente separar os dados sobre os processos eleitorais, o que se mostrou frutífero como veremos adiante. Outros descritores que se aglutinam e se aproximam foram: "Diplomacia", relacionado às atividades de embaixadores, como conferências, reuniões do corpo diplomático e visitas de líderes e dirigentes estrangeiros. A visita de presidentes e políticos mexicanos ao estrangeiro foi reunida no descritor "Internacional". O descritor "Justiça" relaciona-se a fotografias basicamente de julgamentos, tribunais e juízes.

O terceiro padrão é o "Social/Econômico", que agrupa os tópicos: "Social", "Religião", "Etnia e campesinato", "Funeral", "Econômico", "Doméstico e privado", "Comercial e serviços", "Saúde", "Industrial" e "Turismo", e a soma perfaz um total de 15,04% das imagens e será analisado no capítulo "Da invisibilidade ao visível – o social". Ele procura mostrar como foram apresentadas visualmente certas identidade e diversidade do social. Destacam-se a visualidade do trabalho, da integração e exclusão do elemento étnico e camponês, assim como o problema religioso e o econômico.

As fotografias da temática social foram classificadas no descritor "Social", compreendidas como toda imagem relacionada a greves, manifestações contra a fome, falta de água, moradia, campanhas por melhorias das condições de vida, pelo petróleo e sindicais. Outros descritores que se aglutinam em torno dessa temática foram o "Étnico/Camponês", remetendo a todas as fotografias com imagens de grupos étnicos, camponeses, trabalhadores rurais, pequenos proprietários. Os demais descritores que se congregam à temática social foram: "Econômico", onde classifiquei todas as imagens relacionadas a quaisquer atividades com fins lucrativos, com exceção das atividades comerciais e de serviços (restaurantes bares, e lojas comerciais etc.) que ficaram no descritor "Comercial/Serviços"; as fotografias de indústrias e hotéis e outros tipos de serviços ligados a essa área ficaram classificadas como "Industrial" e de "Turismo". Também utilizei o descritor "Saúde" para as imagens de hospitais, clínicas e escolas de medicina; e o descritor "Doméstico/Privado", para fotografias da vida privada de famílias e indivíduos.

76 CARLOS ALBERTO SAMPAIO BARBOSA

O quarto padrão é referente à "Memória" e agrupa os tópicos: "Comemorativos", "Inaugurações", "Funeral", "Festivo", "Educacional", "Cultural" e "Esportivo", perfazendo 14,57% do total de imagens representadas e vai ser analisado no capítulo "O olho da história – fotografia e memória". Nesse padrão procuro identificar como as imagens apresentam uma história visual, na utilização de fotografias das comemorações do Centenário da Independência, de 1910, e nas imagens das comemorações do segundo Centenário da Independência ou Consumação da Independência, em 1921. Cabe ressaltar que cada um dos governos buscou realizar uma recuperação da história nacional e por isso elegeu heróis históricos e fatos nacionais de acordo com suas convicções políticas. Tais eventos comemorativos foram registrados pelos fotógrafos.

O descritor "Comemorativo" congrega as fotografias relacionadas com eventos cívicos e sociais, como a celebração dos centenários da independência (1910 e 1921), as atividades anuais de festividades pelo "Dia do Grito", a celebração da Independência mexicana e outros dias relacionados ao calendário comemorativo mexicano: comemorações aos Niños Heroes, a Hidalgo, Morelos e Benito Juarez. Esse descritor possui uma interface com "Inauguração", que reúne as fotografias relacionadas aos diferentes tipos de inaugurações de edifícios, quartéis, obras públicas e monumentos.

O descritor "Festivo" está relacionado com as festas lúdicas; as festividades religiosas foram inseridas no descritor "Religioso". O descritor "Funeral" refere-se às pompas fúnebres, préstito fúnebre, cerimônias de sepultamento, velórios e homenagens a mortos recentes, como o depósito de coroa de flores nos túmulos. As cerimônias funerárias, numa sociedade extremamente violenta como a mexicana, permitem a percepção eletiva dos heróis do passado, assim como do presente, como se pode perceber no gesto de colocar uma coroa de flores nos túmulos daqueles com quem se pretende identificar. No descritor "Cultural" classificamos as fotografias de teatros e peças teatrais, de museus e exposições, cinemas e outras atividades ligadas ao entretenimento e às artes; "Educativo", imagens de escolas primárias e secundárias, universidades, professores e aluno; e "Esportivo", onde classificamos as fotografias das atividades esportivas e jogos.

Enfim, os álbuns permitem mostrar uma dimensão visual da sociedade mexicana, por meio dos atributos formais da imagem como dimensão, formato das fotografias, relação texto, legenda e imagem, organização das fotografias nas páginas e suas zonas de maior preferência. O álbum estabeleceu uma periodização própria da Revolução quando fez cortes temporais para dividir os volumes. Os volumes referentes ao momento mais violento da luta armada tiveram o seu período diminuído; por exemplo, os volumes II e III cobriram apenas três e cinco anos, respectivamente, assim como a média de fotografias por página e por capítulos aumentou. Além dos atributos formais, o conteúdo das imagens fotográficas constitui o elemento fundamental para a análise dessa dimensão visual da sociedade mexicana no período. A história do México narrada visualmente representa não apenas uma novidade no que se refere à linguagem histórica, mas também uma forma especial de construção da memória no decorrer dos acontecimentos. A análise desse movimento será desenvolvida nos próximos capítulos.

# 2
# NARRATIVA FOTOGRÁFICA E REPRESENTAÇÃO VISUAL DA REVOLUÇÃO

A representação da guerra na fotografia, assim como na pintura e na literatura, é tema polêmico. No caso da fotografia, podemos dizer que existe nos álbuns investigados um padrão de representação em que se destacariam três grupos de elementos: os "personagens", o "espaço" e a "violência". No caso dos *personagens*, podemos dividi-los em: principais – os "líderes", que de muitas maneiras assumem um papel simbólico fundamental na narrativa –; os secundários – os "oficiais" e "representantes dos estados maiores" –; e, por fim, os personagens coletivos – as "tropas" de infantaria, cavalaria e artilharia. O segundo grupo de elementos denominamos de *espaço*: o "local" propriamente dito do conflito, ou seja, o teatro da guerra, com seus "acampamentos" e "equipamentos militares"; dentro ainda desse grupo, podemos inserir as imagens do "cotidiano" da guerra, cenas do descanso, momentos de refeição e de diversão dos soldados. Por fim, o terceiro grupo de fotografias poderia ser reunido em torno da idéia da representação da *violência* do conflito por meio das cenas de destruição, devastação, mortos e feridos, e as cenas de "ação".

Normalmente, o que a representação fotográfica nos legou foram os momentos dos preparativos da batalha e de seus efeitos, em vez de cenas da luta em si. Entretanto, essas fotografias da devasta-

# 80 CARLOS ALBERTO SAMPAIO BARBOSA

ção, da destruição e da morte são consideradas testemunhos eloqüentes, o suficiente para representar a violência de uma guerra e de sua ação. Essas imagens perpetuam um sentido material da guerra, que reforça o sentido de "ter estado lá" do fotógrafo, e prova a violência captada pelo olhar do observador. Pretendo apresentar como essas representações foram montadas pelo trabalho dos Casasola. Neste capítulo, os personagens principais aparecerão em três itens separados. Em primeiro lugar, os líderes revolucionários políticos, assim denominados porque, além de possuírem funções militares, destacaram-se como líderes políticos durante e após a revolução, como é o caso de Francisco Madero, Venustiano Carranza e Álvaro Obregón. Em segundo, aparecerão os líderes revolucionários militares populares cujas imagens ficaram vinculadas ao período da luta armada, mas mantiveram uma força muito grande no imaginário popular. São eles Emiliano Zapata e Francisco Villa. Em terceiro, aparecerão os líderes militares anti-revolucionários: Porfirio Díaz e Victoriano Huerta. Em seguida, apresentaremos os personagens coletivos, as tropas e, por fim, os últimos grupos de elementos que constituem o espaço da guerra, dos equipamentos militares, da vida cotidiana e da violência.

## Os líderes revolucionários políticos: Francisco Madero, Venustiano Carranza e Álvaro Obregón

A narrativa visual dos álbuns reserva um espaço considerável à figura dos heróis fundadores, que denominamos aqui como líderes revolucionários. No levantamento dos sete álbuns, o tema "movimento armado" representa, em média, 16,69% das fotografias, e o maior número delas está concentrado no Volume IV, onde a média atinge 35,68% das fotografias. Esses líderes, como não podia deixar de ser, confrontam-se com representantes dos poderes constituídos, os líderes anti-revolucionários, que na média dos sete volumes representa quase a metade, 8,91%, das imagens. No álbum aparecem como

A FOTOGRAFIA A SERVIÇO DE CLIO 81

principais líderes revolucionários: Francisco Madero, Venustiano Carranza, Álvaro Obregón, Emiliano Zapata, Francisco Villa, além de outros de importância menor e de definição mais complexa, como Pascual Orozco, Francisco Murguia, Eulalio Gutiérrez e Roque Gonzalez Garza. Os principais líderes anti-revolucionários apresentados foram Porfirio Díaz e Victoriano Huerta; e como secundários, figuram Felix Díaz, Aureliano Blaquet e Bernardo Reyes.

As fotografias do primeiro líder revolucionário político, *Francisco Ignacio Madero*, aparecem nos dois primeiros volumes.[1] O primeiro volume vai ser dominado pela dualidade Francisco Madero e Porfirio Díaz. Inicia-se com uma biografia de Porfirio Díaz e praticamente termina com um capítulo sobre a sua renúncia. Mas a concentração maior das fotografias de Díaz encontra-se na primeira parte do álbum, enquanto a de Madero, na segunda, o que, do ponto de vista cronológico, representa a passagem do governo Díaz para o governo de Madero, após a vitória da revolução.

Como Madero é apresentado nos álbuns de Casasola? As palavras de Gustavo Casasola sobre Madero na sinopse que abre o primeiro volume são significativas:

> Assim [...] surgiu a personalidade do senhor Francisco I. Madero, rico fazendeiro de San Pedro, Coahuila, de firmes convicções democráticas e de um valor cívico a toda prova, quem desde anos anteriores havia participado na luta política em seu Estado natal, proclamando suas idéias democráticas em um livro que causou sensação: *La Sucesión Presidencial*. (HGRM, v.I, p.XII)

Madero assume a posição de "apostolo da democracia", como aparece em uma legenda no primeiro capítulo em que foi introduzida a sua figura e em sua primeira fotografia no álbum (ibidem, p.108-

---

1  No Volume I, contabilizamos 52 fotografias, de um total de 79, nas quais os líderes revolucionários surgem como assunto central. No Volume II, Madero aparece em 43 de um total de 89 fotografias. Seu grande antagonista será Porfirio Díaz, que aparece no Volume I com 86 fotografias e apenas uma Volume III.

82   CARLOS ALBERTO SAMPAIO BARBOSA

15).[2] Esse capítulo é importante, na medida em que lança as bases para compreender Madero como defensor dos ideais da democracia, "dando a conhecer ao povo as palavras até então desconhecidas de: Não reeleição! Sufrágio livre! Democracia!" (ibidem, p.XII). O capítulo traz um breve histórico da trajetória de Madero, rico *terrateniente* de Coahuila, "idealista concentrado. Um democrata puro e lutador nobre e desinteressado..." (ibidem, v.II, p.108-9). Tal caminho desembocou na criação da campanha anti-reeleicionista.

No Volume I, treze capítulos foram dedicados a Francisco Madero e à sua campanha, primeiro para se eleger presidente e depois para derrubar a ditadura de Díaz. O momento de inflexão na trajetória de Madero vai ser a sua prisão, registrada no capítulo "Aprehensión de Madero"; a partir desse momento ele se torna um revolucionário. Nesse sentido, o capítulo "Madero atraviesa la frontera. Derrota de Casas Grandes, Chih" (ibidem, v.I, p.246-51) é fundamental na montagem da sua imagem de guerreiro: primeiro aparece cavalgando, dirigindo-se para as frentes de combate (ibidem, v.I "Madero atraviesa la frontera. Derrota de Casas Grandes, Chih);[3] em outra imagem, ferido; e posteriormente, montado a cavalo (ibidem).[4] Apesar da derrota maderista em Casas Grandes, surgia a representação do líder revolucionário, condensada na fotografia da página 250. Na sua legenda lê-se: "Don Abrahan González, General Pascula Orozco e outros chefes revolucionários, se reúnem com Don Francisco I. Madero na fazenda de Bustillos". Nessa fotografia, Madero é o único co sentado e encontra-se no centro da imagem, rodeado pelos outros

---

2   A legenda completa diz: "*El que con el transcurso del tiempo llegara a ser el apóstol de la democracia, don Francisco I. Madero, en un grupo familiar, después de su regreso de Europa a principios del siglo XX*" (p.109).

3   Ver as fotografias na seqüência das posições 7, legenda: "*El caudillo don Francisco I. Madero se dirige al frente de sus tropas rumbo al sur de Chihuahua*" e 8, legenda: "*El jefe de la Revolución, don Francisco I. Madero, durmiendo a campo raso*" (p.246).

4   Há duas fotografias onde aparece ferido, nas p.248 e 250, e montando a cavalo, na p.251. Um fato interessante é a presença de José Garibaldi comandando uma coluna revolucionária maderista no Norte do México. Há algumas fotografias dessa fase da luta com Garibaldi.

A FOTOGRAFIA A SERVIÇO DE CLIO 83

líderes revolucionários; a cena é suficientemente eloqüente para demonstrar que ele se tornara a figura central da luta militar e política. O espaço central da fotografia é sempre reservado para o personagem principal e estabelece uma hierarquia em relação aos outros personagens da imagem.

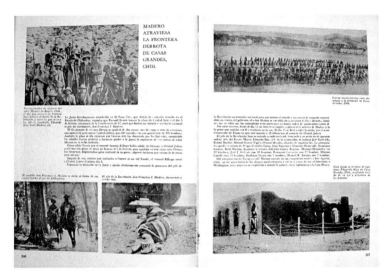

Foto 1   Páginas do capítulo "Madero atraviesa la frontera. Derrota de Casas Grandes, Chihuahua", ca. 1911.

A imagem de Francisco Madero como um líder militar representante de setores populares vai sendo construída e consolidada nos álbuns a partir de sua vitória militar no Norte do México, dos tratados de paz e da posterior renúncia de Díaz. Mas é importante esclarecer que as vitórias no Norte foram conquistadas por Pascual Orozco e Francisco Villa, e não por Madero. Além disso, pelas roupas e pelas fisionomias das pessoas, as tropas que aparecem nas fotografias não demonstram em nenhum momento serem compostas por uma camada social mais desfavorecida. Na verdade, o álbum apresenta Madero como o guerreiro da democracia, articulando as duas imagens dos que apoiavam o líder – setores das elites e setores populares.

Foto 2   Francisco I. Madero reunido com Abraham González, Pascual Orozco e outros chefes revolucionários na Fazenda Bustillos, ca. 1911.

O percurso de Madero como um guerreiro da democracia vai ser condensado nas fotografias do capítulo "Entrada triunfal de Madero" (HGRM, v.I, p.327-9). Sua chegada à capital no dia 7 de junho de 1911 foi um fato que atraiu grande público, aproximadamente cem mil pessoas; segundo consta no álbum,

> foi motivo de um entusiasmo indescritível, especialmente entre as massas populares, que invadiam as ruas em grandes grupos lançando gritos ao seu ídolo, e 7 de junho de 1911 é um dia memorável pelo regozijo das multidões, nunca antes conhecido na história de México [...] Não cessou um momento de ser aclamado pela imensa multidão que invadia todas as ruas da cidade [...] uma recepção feita a herói algum foi tão espontânea, tão significativa, tão sincera... (HGRM, v.I, p.XVI)

Uma grande catástrofe acontecera no dia anterior à sua entrada, um terremoto que deixou muitas vítimas, e que levou algumas pessoas a acreditarem tratar-se de um mau presságio; mesmo assim, segundo o texto do capítulo, isso não impediu que acontecesse uma grande festa política: "Repicam os sinos das torres da Catedral, as sirenes das fabricas, os silvados das locomotivas das outras estações" (ibidem, p.328); essa sinfonia de sons se misturava com o alarido da multidão numa recepção para um grande líder. Vemos aqui a consolidação da imagem de Madero como um dos expoentes da política mexicana. Segundo o álbum, um guerreiro da democracia.

Se no primeiro volume a contraposição de Madero se dá em relação ao governo estabelecido de Porfirio Díaz, no segundo se dá contra Victoriano Huerta. Podemos falar em dois momentos da trajetória de Madero no álbum: um primeiro, que abarcou a eleição presidencial, e um segundo, referente ao seu período de governo. Há destaques para o enfrentamento da sublevação liderada por Félix Díaz, Bernardo Reyes e Victoriano Huerta, chamado de "Dezena Trágica".

Temos uma seqüência de capítulos cobrindo a "Dezena Trágica" (HGRM, v.II, p.513-59). A rebelião dos generais Félix Díaz, Bernardo Reyes, Gregorio Ruiz e Manuel Mondragón, iniciada na

Foto 3   Francisco I. Madero chega ao Palácio Nacional, 1913.

madrugada do dia 9 de fevereiro, representou uma tentativa de golpe que foi contida pelo ministro de Guerra e Marinha, general Ángel Garcia Peña. Madero tomou conhecimento dos acontecimentos e saiu do Castelo de Chapultepec, a cavalo, escoltado por alunos do Colégio Militar em direção ao Palácio Nacional, para comandar pessoalmente a luta, mesmo tendo sido alertado do risco que corria. Mas a fotografia clássica desses acontecimentos se tornará a imagem que aparece na página 520 do álbum com a legenda "O presidente da República, senhor Francisco I. Madero, chegando ao Palácio Nacional pela manhã de 9 de fevereiro de 1913". Posteriormente, a partir dessa fotografia e de outra imagem do fotógrafo Osuna, seria realizado um mural, de Juan O'Gorman, denominado "Dia da Lealdade Nacional".[5]

Os combates entre as forças legalistas e os golpistas duraram até o dia 18, quando Madero e Pino Suarez foram presos. No dia 22,

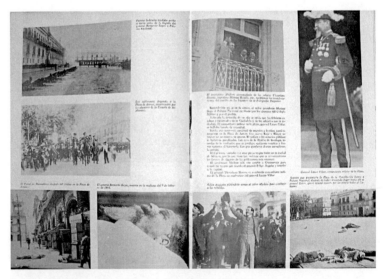

Foto 4    Páginas do capítulo sobre a Dezena Trágica, 1913.

---

5   Nesse dia também se comemora o dia do Exército, mas em razão desses acontecimentos, é mais conhecido como "Dia da Lealdade Nacional". Para uma discussão sobre esse mural, verificar a tese de Vasconcellos (2003, p.192-9).

A FOTOGRAFIA A SERVIÇO DE CLIO  87

quatro dias depois de sua prisão, durante a transferência desses do Palácio Nacional para a penitenciária, foram assassinados. A morte de Madero serviu para solidificar a imagem do mártir pela democracia e a traição de Victoriano Huerta. O local onde foram mortos, próximo à Ciudadela, foi registrado pelas lentes dos Casasola, e as imagens foram utilizadas no capítulo intitulado "El general Victoriano Huerta desconoce al gobierno" (HGRM, v.II, p.535-8). No local onde os dois caíram mortos, alguns populares construíram uma cruz de pedras. A imagem da cruz no chão, cercada por crianças e adultos, aparece na fotografia da página 536. Posteriormente, com a derrota de Huerta, as roupas usadas pelo presidente e seu vice, no dia de sua morte, foram encontradas no sótão do palácio e fotografadas. O capítulo inicia-se com a frase retirada do jornal El Liberal, de 4 de setembro de 1914, "A Revolução Constitucionalista está plenamente justificada" (HGRM, v.III, p.838-9).[6]

A imagem de herói e mártir que se sacrificou pela democracia foi reforçada pela literatura. Martín Luiz Guzmán (1992),[7] um dos mais destacados escritores mexicanos que vivenciaram a revolução e sobre ela escreveram, produziu um texto no sétimo aniversário do início da revolução, reforçando essa imagem:

> Francisco I. Madero é um herói. Herói o fez o povo do México desde o primeiro momento [...] Madero herói, imortal e intangível, o povo do México quis simbolizar – encarnar melhor, fazendo-o particularmente humano e ativo – muitos anseios vagos, muitas esperanças contra suas dores [...] Madero significa, dentro de nossa vida pública, uma reação do espírito, nobre e generoso, contra a brutalidade porfiriana [...] O povo

---

6  Essas imagens de relíquias de personagens históricos, que constituem uma verdadeira sacralização de objetos e ossos de homens ilustres, transformadas em culto político, serão muito recorrentes nos diversos volumes dos álbuns fotográficos.

7  O livro de Guzmán (A orillas del Hudson), publicado pela primeira vez em 1920, reuniu ensaios, críticas, poemas e artigos diversos produzidos entre 1915 e 1916, durante sua estada em Nova York, e publicados na Revista Universal e no jornal El Gráfico.

## 88 CARLOS ALBERTO SAMPAIO BARBOSA

do México pressentiu nele a força generosa e moralizadora, disposta ao sacrifício e inimiga do crime, que o México espera há muito tempo.

Francisco Madero foi considerado, segundo John Rutherfort, o primeiro símbolo social da Revolução Mexicana. Num primeiro momento de sua carreira política, ainda durante o governo de Porfirio Díaz, tentou-se criar uma imagem negativa de Madero por meio da imprensa oficial. Essa tentativa se baseou em algumas de suas características pessoais: era espírita, vegetariano, provinha de uma família rica que produzia licores baratos para a população pobre mexicana, ou seja, era alguém que vivia à custa dos vícios alheios, covarde, por sua ausência nos campos de batalha, daí a pecha de "caudilho invisível". Essa visão negativa, ou a "contralenda" de Madero, será combatida por uma imagem construída durante e após a luta armada, pela literatura, em três traços de interpretação da lenda sobre o líder da revolução: patriotismo, religiosidade, utopia (Rutherford, 1978).

A partir dessas primeiras constatações, podemos afirmar que os álbuns dos Casasola foram fundamentais para o estabelecimento de uma imagem de Madero, pois ele era apresentado pela imprensa porfirista como um "revolucionário invisível". Assim, sua ausência do campo de batalha foi desmentida nos álbuns mediante um número considerável de fotografias. Se comparamos as imagens de Madero com as de Villa e Zapata podemos concluir que, para os Casasola, o grande líder da revolução foi Madero. Isso significa que interpretaram a revolução do ponto de vista liberal – a substituição de homens no poder e a volta do Estado de Direito era o objetivo único da revolução na visão desses fotógrafos. Cabe lembrar que estamos nos referindo a uma publicação que teve sua primeira edição em 1921, ou seja, num momento em que a luta armada já tinha terminado e os exércitos camponeses tinham sido vencidos e seus líderes, assassinados.[8]

---

8 Para a campanha movida pelos jornais porfiristas e a divulgação da idéia de um *"caudilho invisible"* pelos jornais *El Diário* e *El Tiempo*, de 26 e 28 de novembro de 1910, respectivamente, ver Rutherford (1978, p.158). Rosa Casanova (2005)

A FOTOGRAFIA A SERVIÇO DE CLIO 89

Se Porfirio Díaz e Madero se polarizam no Volume I, no Volume II a polarização se dará entre Madero e Huerta, as personalidades mais fotografadas e que dominaram a representação visual nesse tomo. Venustiano Carranza dominou os volumes III e IV.[9] Ele foi a personalidade mais fotografada nos volumes que cobrem o período mais intenso da revolução, ou seja, os volumes II, III e IV. Isso corrobora a visão favorável aos constitucionalistas dos fotógrafos, pois foi com a vitória desses exércitos que Carranza assumiu o poder e fez promulgar a Constituição de 1917, considerada por alguns autores, como Silva Herzog, o ponto final do processo revolucionário.

O primeiro momento em que Carranza surge com alguns atributos de um líder militar coincide com o primeiro capítulo em que aparece como uma personalidade política de destaque nos álbuns. Isso ocorre no capítulo "El gobernador de Coahuila, Don Venustiano Carranza, desconoce al goberno del General Huerta" (HGRM, v.II, p.548-9); a primeira fotografia, provavelmente, era um retrato oficial do governador, mas a segunda, na parte inferior da página, apresenta alguns atributos que denotam um líder militar: em uma região plana, com vegetação rasteira, um grupo de aproximadamente onze homens montados a cavalo ocupam o centro da fotografia, Carranza está no centro de um grupo de seguidores. A legenda da fotografia, "O senhor Venustiano Carranza ao sair em 26 de fevereiro de 1913 de Saltillo, levantado em armas contra o governo do general Huerta acompanhado dos senhores..." (HGRM, vol.II, p.548) conduz à interpretação dessa imagem para a figura que centraliza o enquadramento. A imagem sugere que Carranza se levanta em armas, apesar de nenhuma arma ser vista na fotografia.

Outro elemento que se destaca é a data 26 de fevereiro de 1913, ou seja, logo após a "Dezena Trágica", o golpe militar e a morte do

---

destaca que Agustín Casasola não possuía uma relação próxima com Madero, em parte por sua atuação no jornal *El Imparcial* de claras tendências. Ela afirma que no álbum de 1921 se observa uma deferência ao trabalho de Porfirio Díaz, Bernardo Reyes e, em maior medida, a Leon de la Barra.

9 Carranza foi fotografado no Volume I apenas duas vezes; já no Volume II, 21; no Volume III, 78; e no Volume IV, 148, perfazendo um total de 249 fotografias.

90 CARLOS ALBERTO SAMPAIO BARBOSA

presidente e de seu vice. O ato de não-reconhecimento do governo golpista foi imediato, na seqüência do golpe de Huerta. Essa imagem foi reforçada pelo texto do capítulo quando se reproduziu um decreto enviado ao Congresso de seu Estado, desconhecendo o novo governo de Huerta. Dessa fotografia se infere ainda um elemento a mais, o movimento dado pela presença de homens montados a cavalo e toda a sua simbologia. A figura eqüestre, como veremos a seguir, estava muito presente nas mais diversas representações fotográficas dos homens revolucionários. Seguem-se a essa fotografia outras sem a presença de Carranza, mas que dão sentido ao capítulo. Todas essas fotografias aglutinam maior sentido de luta, porque novamente surgem elementos humanos armados, agora não em posição de combate, mas de vigia, equilibrando as outras fotografias sem elementos de luta.

Em um outro capítulo intitulado "El Primer Jefe, Don Venustiano Carranza, en Sonora" (HGRM, v.II, p.680-3), Carranza foi representado como um líder militar. A primeira observação a ser feita diz respeito ao título do capítulo: nele se destaca a marca que permanecerá em outros momentos do álbum, ou seja, a denominação de Carranza como "Primer Jefe"; na maioria das vezes que o nome dele aparece, vem acompanhado por esse título, o que denota a idéia de chefe supremo da revolução. Ganhou esse título por ter sido o primeiro a se levantar contra a traição de Huerta. Esse capítulo é importante porque nele a imagem de Carranza está mais associada a atributos militares. Nas dez fotografias do capítulo, pelo menos cinco estão ligadas diretamente à construção da representação de um líder militar; e nas outras cinco, embora não diretamente, há elementos que também contribuem para essa representação.

As fotografias que mais poderiam se aproximar dessa representação de um líder militar foram aquelas tomadas de sua entrada na Cidade do México após a derrota do exército federal, apresentadas no capítulo "Entrada triunfal del Primer Jefe, Don Venustiano Carranza, a la Ciudad de México" (HGRM, v.III, p.839-43). Essas fotografias produzem a representação de um líder vitorioso na guerra, aclamado quando chega ao poder, momento de consagração de

A FOTOGRAFIA A SERVIÇO DE CLIO 91

sua vitória. Esse ato político é simbólico: o desfile da vitória para receber as honras militares e principalmente populares remonta à Roma Antiga, quando seus generais retornavam de campanhas vitoriosas de conquista de novas regiões.

Essas foram praticamente as únicas fotografias em que Carranza aparece como um líder militar, e explicam nossa afirmação de que Venustiano Carranza foi mais um líder político do que militar, ou até mesmo pode ter sido um pseudolíder militar. Acompanhar a trajetória de Carranza ao longo dos álbuns permite entender não só a visão que os fotógrafos tinham do acontecimento, o que influi na construção dessa memória, mas também como essas fotos sugeriram interpretações posteriores desses momentos. Essa constatação também é válida no que se refere à construção dos demais líderes da revolução, como veremos a seguir.

Álvaro Obregón aparece nos álbuns como líder militar.[10] Ele se torna um personagem muito importante no Volume III, mas passa a ser um elemento central, polarizando as representações, nos volumes IV e V. Nos quatro primeiros volumes, ele aparece como líder militar especificamente, mas as suas fotografias, a partir do Volume V, mostram-no como um líder político. O primeiro capítulo que apresenta uma fotografia de Obregón, "Combate de Santa María y Santa Rosa, Son" (HGRM, v.II, p.592-7), encontra-se no Volume II, mas o capítulo que lhe dedica maior atenção aparece mais adiante, intitulado "El General Álvaro Obregón toma Culiacan" (ibidem, p.703-5).

Na primeira fotografia, percebe-se claramente o processo de "canibalização" de fotografias pelos Casasola, pois essa imagem foi feita pelo fotógrafo pessoal de Obregón, e incorporada ao "Arquivo". Álvaro Obregón, assim como outros líderes, possuía um fotógrafo/cineasta próprio, encarregado de documentar os atos do Exército do Noroeste. Seu fotógrafo chamava-se Jesus Hermenegildo

---

10 Se no Volume I não há nenhum registro fotográfico dele, já no Volume II aparecem quatro fotos; no Volume III, 32; e 79 no Volume IV, compondo um total de 115 fotografias.

92  CARLOS ALBERTO SAMPAIO BARBOSA

Abitia, e o acompanhava em todas as batalhas. Era originário do Estado de Jalisco, seguiu o líder sonorense e o acompanhou durante vários anos (Rendón, 2002).[11] Para Obregón, a fotografia tornou-se um elemento fundamental na elaboração e projeção da imagem de um general revolucionário. Desde cedo, ele percebeu a importância da fotografia como uma forma de propaganda política. Em algumas fotografias encontradas nos álbuns dos Casasola foi possível estabelecer a autoria de Abitia.

Vemos também como a imagem e as suas legendas são feitas em torno da sustentação de uma produção de sentido dentro da lógica narrativa visual dos álbuns. A legenda fala em "General Álvaro Obregón acompanhado de seus ajudantes, capitão Francisco Serrano, tenente Aarón Sáenz e o Major Alfredo Breceda, durante o ataque a cidade de Culiacán". Com toda a certeza, essa fotografia não foi feita durante o ataque, mas sim, no máximo, durante um intervalo de uma batalha, pois a imagem que vemos mostra um grupo de soldados sentados em uma trincheira. Contribui para essa dúvida o texto escrito na própria fotografia, que diz: "O general Obregón e seus ajudantes visitando uma das principais trincheiras recuperadas dos federais em Culiacán", ou seja, essa imagem foi realizada após a tomada desse local.

É nas fotografias do Volume III que o culto em torno da figura de Álvaro Obregón teve início, especialmente em decorrência das duas batalhas de Celaya, nas quais se sagrou vencedor. Essas fotografias se apresentam carregadas de elementos militares: vestimentas, armas, cavalo e o avião, que foi utilizado para atacar os navios da marinha federal. Obregón, nessas ocasiões, aparece vestido com um uniforme militar. As legendas, os títulos e o texto, assim como as outras fotografias do capítulo ancoram a produção de um sentido, ou seja, ele como um líder militar. As palavras "operação", "Estado-Maior", "avanço" e "inspeção" contribuem para esse entendimento por meio das legendas e dos textos dos capítulos. As fotografias das campa-

---

11  Abitia, além de fotógrafo e cineasta, era músico e construtor de instrumentos musicais.

A FOTOGRAFIA A SERVIÇO DE CLIO    93

nhas do exército, de grande força estética, sugerem uma ação de combate, mas voltaremos a elas mais adiante.

Percebe-se que existe uma estrutura narrativa que segue uma seqüência: apresentação dos personagens principais, Álvaro Obregón; secundários – seus generais e subordinados imediatos –; personagens coletivos – as tropas revolucionárias e do exército federal –; o espaço e equipamentos – os equipamentos de combate, cavalos, trens, armas, artilharia, aviões, navios, e a ação em si –, o exército federal entrincheirado e posicionado com a sua artilharia e os revolucionários atuando a partir de uma ruína de uma casa e também entrincheirados. A última fotografia de um revolucionário fuzilado e enforcado pelos federais demonstra a violência da revolução.

O capítulo "La Batalla de Celaya" (HGRM, v.III, p.1014-17). retrata uma das mais importantes batalhas da revolução, pois marcou a primeira grande derrota da Divisão do Norte, comandada por Villa, e um primeiro passo para tornar Obregón um dos principais líderes militares do constitucionalismo. Essa representação da escalada de Obregón ao poder se completará no capítulo seguinte. Esse se abre com um retrato duplo de Obregón, trajando um uniforme militar completo e de tom claro, ao lado de Benjamín Hill,[12] com trajes civis e *sombrero de charro*. Esse retrato de corpo inteiro, em estúdio, de dois generais do Exército Constitucionalista é de grande importância. A fotografia se apresenta em formato retangular, com grandes dimensões, que tomam três quartos da página, mostrando os personagens principais, os líderes com a indumentária própria, e em seguida a infantaria e a artilharia constitucionalistas e a bateria villista em conjunto com uma série de personagens secundários.

Os dois capítulos seguintes referentes a Obregón representam momentos-chave na produção da sua imagem como um dos princi-

---

12  Benjamín Hill era um ambicioso agricultor do sul do Estado de Sonora. Foi prefeito da cidade de Navojoa, e quando estourou a Revolução converteu-se em um fervoroso partidário de Madero. Tornou-se oficial das tropas revolucionárias desse Estado e íntimo colaborador do general Obregón. Foi um dos membros da chamada "Dinastia Sonorense". Foi secretária de Guerra durante o governo de Obregón e morreu de forma misteriosa logo depois de assumir o cargo.

94 CARLOS ALBERTO SAMPAIO BARBOSA

pais líderes da revolução naquele momento. Essa produção vai se dar em torno do seu sacrifício e sua coragem pessoal, verificados durante a Batalha de León, a qual se seguiu à de Celaya e praticamente definiu a vitória final das tropas de Obregón. Essas fotografias aparecem no capítulo referente aos combates de Leon: "Los combates de Leon" (HGRM, v.III, p.1024-7), ocorridos próximo à cidade de Leon, nos meses de maio e junho de 1915, quando Villa conseguiu reorganizar suas tropas, após a derrota na batalha de Celaya, e atacou novamente Obregón. Os villistas mais uma vez quase obtêm a vitória, mas ficam sem munição e, conseqüentemente, vêm a ser derrotados. Álvaro Obregón foi ferido no braço direito e substituído por Benjamim Hill, o mesmo personagem que apareceu no capítulo anterior e que foi inserido naquela foto para articular aquele capítulo com este. O capítulo se abre com uma fotografia de Villa entre outros militares; segue-se a apresentação dos personagens coletivos, as tropas e as artilharias villistas transportadas de trem para o local dos combates; na página seguinte, aparecem tropas de Obregón, Diéguez e Murguía, também em trens, seguindo para a cena da batalha. Vejamos como o texto do capítulo narrou o acontecido:

> Em 2 de junho, o general Obregón fazia um reconhecimento, quando os artilheiros villistas lançaram granadas sobre o grupo no qual se encontravam o general Álvaro Obregón e seus acompanhantes [...] Passado esse momento, os oficiais viram que faltava um braço ao general Obregón; imediatamente ele foi levado a um lugar seguro para receber os primeiros socorros, e o médico principal, o doutor Enrique Osornio, teve de amputar-lhe o braço direito [...] Ainda convalescendo, o general Obregón avança com seu poderoso exército e toma Encarnación no dia 20 de junho, e Aguascalientes em 10 de julho [...] e o general Obregón realiza viagens de inspeção por San Luis Potosí, Tampico e Monterrey. (HGRM, v.III, p.1025)

Constata-se que Obregón permitiu que seu fotógrafo acompanhasse e registrasse os procedimentos cirúrgicos de amputação dentro da sala de cirurgia. Segundo o álbum, ainda convalescente, ele

A FOTOGRAFIA A SERVIÇO DE CLIO 95

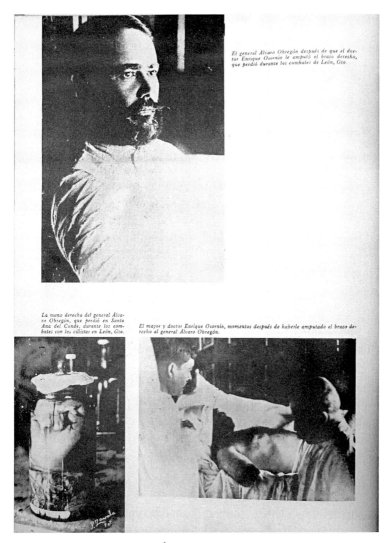

Foto 5   A amputação do braço de Álvaro Obregón, 1915.

participou das batalhas e tomou duas localidades, Encarnación e Aguascalientes, além de realizar viagens de inspeção. Ele tinha plena consciência de que essas fotos seriam úteis para a criação de uma imagem de valentia e coragem.

## 96 CARLOS ALBERTO SAMPAIO BARBOSA

Vejamos o que o próprio Obregón (1966, apud Nava & Fernández, 1997, p.96), em suas memórias, relatou sobre esse momento dramático:

> Faltavam uns 25 metros para chegar às trincheiras, quando [...] sentimos entre nós a súbita explosão de uma granada [...] Antes ainda de me dar conta do ocorrido, pude ver que me faltava o braço direito, e sentia dores fortíssimas [...] Só me restava uma prolongada e angustiante agonia [...] Impulsionado por essas considerações, com a mão que me sobrava tomei a pequena pistola Savage que levava no cinto e disparei sobre mim mesmo, pretendendo consumar a obra que a granada não havia terminado [...] Meu propósito se frustrou, pois a arma não tinha mais nenhuma bala no tambor [...] Pensei que minha vida não se prolongaria por muitas horas, razão pela qual chamei o general Murguía e lhe disse "Diga ao primeiro chefe que caí cumprindo com meu dever, e que morro bendizendo a revolução".

Suas palavras reforçam a imagem de valentia. As fotografias "atestam" seu sacrifício: sua mão e parte do braço direito tornaram-se símbolos desse ato heróico. Essa relíquia, guardada pelo médico, passou a constituir-se como peça do imaginário da revolução. A relíquia foi doada ao governo em 1935, quando se erigiu um monumento em sua homenagem no local onde foi assassinado em 1928 – um restaurante na localidade de San Ángel, na Cidade do México, onde comemorava a sua reeleição. Mais impressionante era que, para ver a sua mão, era necessário se abaixar numa espécie de reverência ao caudilho da revolução; esse ato lembrava o mesmo gesto dos visitantes do monumento construído para Napoleão em Paris, "Les Invalides". Essa relíquia histórica permaneceu em exposição até 1989, quando por fim foi incinerada, segundo a versão oficial, em razão do lastimável estado de decomposição.[13]

---

13 Informações retiradas do artigo de Nava & Fernández (1997). Novamente aqui surgem dois dados recorrentes na política mexicana, a necrofilia e uma ação de relicário, no caso em questão, com a mão de Obregón.

A FOTOGRAFIA A SERVIÇO DE CLIO  97

Algumas personalidades, que podem ser definidas como líderes intermediários, foram fotografadas e inseridas nos álbuns, como Pascual Orozco, Plutarco Elias Calles, Felipe Angeles, Adolfo de la Huerta, Roque Gonzales Garza e Eulalio Gutiérrez. Mas esses personagens, embora tenham tido importância, não alcançaram o mesmo destaque dos três anteriormente: Madero, Carranza e Obregón. Calles ganhará visibilidade posteriormente, quando se torna presidente do México e organiza o Partido Nacional Revolucionário.

## Os líderes revolucionários militares populares: Emiliano Zapata e Francisco Villa

*Emiliano Zapata* foi pouco registrado nos quatro primeiros volumes do álbum.[14] Ele e seu movimento não foram retratados durante o período revolucionário por razões de localização. Como foi dito antes, os Casasola não cobriram os levantes camponeses de Morelos, porque estavam em outro local. Por essa razão, tiveram que comprar material de outros fotógrafos, por exemplo, de Hugo Brehme, para compor o álbum. O movimento também foi deixado de lado por motivos sociais – os camponeses/indígenas não tinham o prestígio social dos exércitos comandados por líderes brancos de extratos superiores. As referências a Zapata e ao zapatismo não são muitas nos álbuns, assim como nos relatos literários. Uma visão positiva só se encontra entre seus seguidores.[15]

O primeiro capítulo, no álbum, sobre Emiliano Zapata e o zapatismo denomina-se "Emiliano Zapata se levanta en armas" (HGRM, v.I, p.252-5). Nesse capítulo, dois pequenos textos referem-se, primeiro, à rebelião organizada pelos maderistas, e, segundo, a Zapata, um breve histórico do movimento e as primeiras ações:

---

14  Nos volumes I, II, III e IV foram apenas 7, 12, 12 e 2 fotografias, respectivamente; ou seja, 33 imagens do líder revolucionário sulista.

15  Para um balanço da literatura durante o período da luta armada, ver o livro de Rutheford (1978, p.173-8).

98 CARLOS ALBERTO SAMPAIO BARBOSA

Foto 6   Emiliano Zapata, ca. 1913.

desarmamento da guarnição do *"pueblo"*, corte dos fios de telefone e telégrafo e continuação da campanha contra as vilas de San Rafael Zaragoza, Jantetelco, Cuatla, no Estado de Puebla, onde, segundo o autor, os zapatistas cometeram vários abusos contra a população lo-

A FOTOGRAFIA A SERVIÇO DE CLIO  99

cal. Há referências a ataques a uma estação ferroviária e a um trem militar e combates contra forças federais. As fotografias, num total de dez, apresentam três retratos: um do professor Pablo Torres Burgos, um de Emiliano, e outro de Eufemio Zapata. O retrato de Emiliano Zapata merece atenção especial. Essa fotografia foi realizada por Hugo Brehme e tornou-se um ícone imagético do líder guerrilheiro Emiliano Zapata. Várias foram as suas reproduções, mesmo em gravuras feitas por José Guadalupe Posada. Dois autores, Daniela Marino e Ariel Arnal, analisam essa fotografia que circulou amplamente no México. Nos jornais quase não se encontram reportagens sobre o levante zapatista. Daniela Marino (1998, p.239) afirma que na Cidade do México "não existiu o que poderíamos chamar um discurso fotográfico pró-insurgente". A autora pesquisou dois jornais da "imprensa ilustrada": *La Semana Ilustrada* e *La Ilustración Semanal*, e complementa a análise com a produção realizada por dois fotógrafos, Hugo Brehme e Cruz Sánchez. Segundo ela, essa imprensa tinha um caráter oficial e produzia estereótipos em relação ao movimento zapatista. Considerado, em geral, "como um movimento camponês com caudilhos populares, pouco organizados, sem motivações políticas, que não ameaçavam o centro do poder, mas o acusava [...] de dedicar-se ao 'banditismo', à 'depredação' e o atribuiu todo tipo de estigmas" (ibidem, p.255). Segundo a autora, essa visão permaneceu durante o período entre 1910 e meados de 1914.

No final de 1914 e início de 1915, ocorreu uma mudança em relação à imprensa ilustrada que ameniza seu discurso crítico. Esse período corresponde ao momento áureo do movimento camponês, tanto do Sul quanto do Norte, quando esse se tornou uma alternativa real de poder. Posteriormente, passado esse momento, ocorreu um silêncio sobre o zapatismo na imprensa ilustrada, que perdurou até o assassinado de Emiliano Zapata, em 1919. A autora explica esse silêncio em razão de uma possível censura aos meios de comunicação durante esse tempo. Outra conclusão a que ela chega diz respeito ao maior destaque dado na imprensa ilustrada às atividades guerrilheiras no Norte do país do que no Sul, segundo ela em razão

# 100 CARLOS ALBERTO SAMPAIO BARBOSA

de maior prestígio de seus líderes, entre eles, especialmente, Francisco Villa, e de seus programas políticos, além de um maior respeito em relação a essa força opositora pela imprensa da capital. Cabe esclarecer que Francisco Villa tinha maior consciência da importância da divulgação, por meio da imprensa, de seus feitos e projetos do que Emiliano Zapata. No que se refere aos álbuns por nós pesquisados, constatamos que tanto Zapata como Villa foram sub-representados, não havendo essa diferença em relação ao líder do Norte.

Em seu artigo "Construyendo símbolos – Fotografía política en México: 1865-1911", cujo objetivo principal é analisar a fotografia política no México tendo como enfoque principal o zapatismo, Ariel Arnal (1988) toma como eixo de sua investigação as imagens publicadas em revistas e em jornais. Uma das fotografias analisadas, o retrato de Emiliano Zapata (de autoria de Hugo Brehme, mas também pertencente ao "Arquivo Casasola" e utilizada no álbum), o leva à conclusão de que a imagem transmitida por essa fotografia possibilita fazer crer que o movimento zapatista era formado por camponeses e/ou índios bárbaros e pobres, distantes dos costumes urbanos, ou seja, da civilização. Seus líderes não teriam controle sobre seus homens, algo típico da bandidagem existente no campo mexicano nessa época. Essa visão era apresentada pela imprensa capitalina com o intuito de desqualificar, conscientemente, a imagem do movimento zapatista.

A fotografia de Emiliano Zapata por Hugo Brehme é singular, pois podemos inferir dela que há uma empatia entre fotógrafo e fotografado. Brehme, fotógrafo alemão que se estabeleceu no México no início do século XX, percorreu o país realizando fotografias do Sul e do Centro do território mexicano; suas mais famosas imagens são justamente as referentes ao movimento revolucionário. Essa foto, segundo Arnal, possivelmente foi realizada no pátio do Hotel Moctezuma, em Cuernavaca, quartel-general dos zapatistas quando esses tomaram a cidade por volta de maio de 1911. A imagem, um retrato de corpo inteiro de Emiliano Zapata, responde a um desejo desse de construir uma imagem de líder revolucionário de um exército. Para

A FOTOGRAFIA A SERVIÇO DE CLIO 101

compor a imagem, Zapata utiliza elementos iconográficos próprios de um profissional da luta revolucionária: uma carabina, as *cananas* cruzadas em seu peito, o sabre embainhado, segurado com sua mão esquerda, e a faixa com as cores nacionais (verde, vermelho e branco), a banda de general. A carabina e as *cananas* cruzadas remetem a um poder militar que Zapata intenta mostrar que possui. O sabre, elemento simbólico por excelência, numa guerra em que as armas de fogo predominam, remete a uma idéia de liderança, pois era usado apenas por oficiais no exército. Ele representa uma intersecção entre o poder militar e o poder político, que é reforçado pela faixa (banda de general), afirmando um poder (local) sobre suas tropas e uma tentativa de estabelecer um poder nacional.

Podemos perceber nessa atitude a apropriação de símbolos arrebatados de um inimigo, pois temos de lembrar que o exército sulista era uma tropa de camponeses, irregular e temporário, que não usavam uniformes e cujas armas eram as que possuíam ou adquiriam dos inimigos. Para Arnal, esses símbolos apropriados por Zapata tornam-se um troféu de guerra e sugerem um "canibalismo simbólico". Significam, ao mesmo tempo, a vitória sobre o inimigo e o respeito e a admiração por ele. Trata-se da construção de uma imagem à maneira dos antigos sacerdotes pré-hispânicos, que vestiam a pele de sacrificados em busca de reconhecimento; no nosso caso, militar e político.

Julgamos que podemos ir além dessa explicação de Arnal, pois, como ele mesmo informa um pouco mais à frente em seu texto, Zapata não era um camponês típico. Na realidade, sua origem advém de líderes comunitários de Anenecuilco e Villa de Ayala, e por isso não vestia, no seu cotidiano, nem a manta branca nem as sandálias de *huaraches*, típicas dos camponeses do Sul do México. Usava, isso sim, o traje de *charro* – chapéu de feltro, botas de montar, revólver na cintura. Zapata era um tratador de cavalos, o que não implica uma desvinculação em relação à população que lidera. Era um indivíduo do campo e, portanto, está inserido na sua tradição camponesa.

Segundo Arnal, a recepção dessa imagem no meio urbano é, no fundo, pendular, no sentido de que tanto pende para uma interpre-

## 102 CARLOS ALBERTO SAMPAIO BARBOSA

tação de que os capitalinos acabam vendo em Zapata um fantoche de líder, como também poderiam admitir legitimidade em relação à sua posição de líder. Ainda segundo Arnal (1988, p.71): "Essa fotografia, talvez mais que nenhuma outra, passará a ser uma imagem mítica dentro do imaginário coletivo do mexicano da segunda metade do século XX. Sua utilização como símbolo da luta pela propriedade da terra ('a terra é de quem a trabalha') deixou marcas na consciência latino-americana". A fotografia realizada por um estrangeiro não contaminado pelos estereótipos nacionais conseguiu dar liberdade a Zapata de mostrar-se como líder.

O próximo capítulo sobre o zapatismo e Zapata, "Zapatistas llegan hasta Milpa Alta", encontra-se no Volume II (p.399-402). O texto faz um balanço da situação dos conflitos no Estado de Morelos, nos meses de agosto a novembro de 1911, durante o governo interino de De la Barra. Segundo o texto, Zapata teria faltado com a palavra nos acordos para pôr fim às hostilidades e ocupou Cuatla; e em resposta, Victoriano Huerta avançou sobre as tropas zapatistas. Temos exemplos da segregação nos textos do capítulo:

> Indescritível foi o *terror* que se apoderou dos habitantes da capital ao ter noticia de que a gente do *"Atila del Sur"* (nome com que a imprensa designou a Emiliano Zapata), havia saqueado o município de Milpa Alta, situado nos limites entre o Distrito Federal e Morelos [...] E de fato, no dia 24 de outubro de 1911, um numeroso grupo de zapatistas caiu sobre a mencionada povoação, cometendo toda classe de *atropelos: incêndio* do Palácio Municipal e casas comerciais, *destruição* de arquivos, *assassinatos, violações* e *saques,* ao grito de: Morra Madero! Viva Zapata! (HGRM, v.II, p.401, os grifos são nossos)

Esse trecho deixa evidente a desqualificação do movimento revolucionário sulista, segundo texto do álbum, liderado pelo "Atila do Sul". Havia referências a "terror", abuso da força, incêndios, destruições, assassinatos, violações e saques de propriedades, mas elas não são demonstradas através de imagens fotográficas.

O reinício das hostilidades se deu após a visita de Madero a Morelos durante sua campanha presidencial, quando esse acreditou

A FOTOGRAFIA A SERVIÇO DE CLIO    103

que Zapata não teria condições de controlar suas tropas, que tinham fama de bárbaras, e interpretou a destruição da cidade de Cuatla como prova da sua bandidagem. O jornal *El Imparcial* publicou, em 20 de junho de 1911, a reportagem que fundou a lenda negra do selvagem Zapata como o moderno "Átila do Sul" (Womack Jr., 1992).[16] A entrevista de um general de brigada do Exército Federal, Juvencio Robles, ao jornal *El País*, em fevereiro de 1912, prevendo a derrota dos zapatistas, reafirma essa leitura das imagens: "Em um lapso de tempo relativamente curto – predigo – reduzirei essa falange de *bandoleiros* que atualmente assolam o Estado de Morelos com seus crimes e roubos dignos de *selvagens*" (ibidem, p.134). Até um revolucionário como Juan Sarabia chegou a falar em Zapata como "um imbecil ainda que de boa fé..." (apud Womack Jr., 1992, p.206). Essa visão negativa foi reforçada durante o governo de Victoriano Huerta, quando atingiu um grau de histeria, expresso em livros como o de Antonio D. Melgarejo, *Crímenes del zapatismo*, e de Héctor Ribot (um extremista de direita) que escreveu, sob o pseudônimo de Alfonso López Iriarte, *El Atila del Sur* (apud Rutherford, 1978, p.175).

Zapata aparece em fotografias especialmente no capítulo "El zapatismo" (HGRM, v.III, p.816-18). Na primeira, retratado em roupas civis, ou melhor, vestindo um terno, paletó com lenço no bolso, colete, camisa branca, um adereço provavelmente para fechar o paletó e gravata clara de bolinhas. Fotografia provavelmente feita em estúdio, posada para ocasiões solenes. Fica claro o contraste com as outras fotografias apresentadas até então no álbum. O capítulo contextualiza a situação da revolução no início de 1914, ou seja, no momento de maior ascensão das facções camponesas. Essas fotografias suavizam sua imagem e apresenta-o como um homem civilizado, que também se veste de maneira urbana.

Emiliano Zapata reaparece nos álbuns em fotos do período de vitória das forças "Convencionalistas" no final do ano de 1914, quando essas controlam praticamente todo o México e avançam para to-

---

16    Essa lenda chegou à sua perfeição com o livro do norte-americano H. H. Dunn (1934, 1964).

mar a capital. Essas imagens são apresentadas no capítulo "Avance de la Division del Norte, rumbo a México. Conferencias Villa-Zapata em Xochimilco" (ibidem, p.929-33). A fotografia de Zapata mais importante nesse capítulo mostra-o em sua situação clássica de retratos coletivos, sentado ao centro da imagem, acompanhado por dois outros líderes zapatistas e pelo cônsul americano.

Foto 7    Villa e Zapata chegam à Cidade do México, 1914.

Quase na seqüência desse capítulo foi colocado outro de suma importância, pois corresponde ao ápice do controle das facções camponesas da capital mexicana durante a revolução: "Entrada triunfal del Ejercito Convencionista a la capital" (ibidem, p.940-3). Nesse

A FOTOGRAFIA A SERVIÇO DE CLIO 105

capítulo foram inseridas três das fotografias mais conhecidas de Zapata e de Villa. Nelas, os líderes aparecem, primeiro, montados a cavalo, entrando na Cidade do México; depois, dentro do Palácio Nacional com Villa sentado na cadeira presidencial e Zapata ao seu lado; a última mostra Villa, Zapata, José Vasconcelos e Eulalio Gutiérrez e membros do corpo diplomático sentados a uma mesa para um almoço no mesmo Palácio. Nelas, principalmente nas duas últimas, o desconforto de Zapata é evidente. O que mais chama a atenção foram seus olhos desconfiados do mundo urbano. No capítulo "El general Emiliano Zapata sale a campana" (HGRM, v.III, p.956-7), vemos as últimas fotografias do líder sulista no álbum. O capítulo seguinte, inserido no Volume IV, mostra sua morte: "Muerte del general Emiliano Zapata" (ibidem, v.IV, p.1320-4). A edição e a diagramação das fotografias nesse capítulo são emblemáticas. A primeira fotografia é um retrato de Emiliano Zapata, com olhos marejados e tristes; segue-se a essa um retrato do coronel Jesus Guajardo, de perfil, bem-vestido, com roupas civis, trata-se do militar que tramou a emboscada que levou à morte do líder sulista. A próxima imagem é uma reprodução da Carta de Guajardo a Zapata, aceitando o seu convite para unir-se às forças revolucionárias; ela fazia parte do plano de atrair o general sulista para uma armadilha. Posteriormente, Casasola fotografou o cadáver de Zapata, num caixão, na cidade de Cuatla, um dia após a sua morte. Nas páginas seguintes, são apresentadas fotografias das roupas de Zapata quando foi morto, da cela, da primeira tumba e do sepulcro construído depois, além de uma vista panorâmica do *pueblo* de Anenecuilco e da casa ande nasceu.

Vários jornais da capital, como *Excélsior* e *El Universal*, noticiaram a morte do general sulista, e seus editoriais mostravam alegria, utilizando expressões como "davam 'calorosas felicitações' aos executantes dos planos", e pela eliminação de "um elemento daninho" e reforçaram o discurso oficial, segundo o qual a eliminação do "sanguinário cabeça" ajudaria o país. Segundo esses jornais, sua morte significava o fim do movimento zapatista. Já no jornal ligado a Álvaro Obregón, *El Demócrata*, a notícia foi comentada com informes

Foto 8   Morte de Emiliano Zapata, 1919.

mais contidos nas felicitações ao traidor e ao presidente Venustiano Carranza (apud Batra, 1997, p.82).

Para suprimir as dúvidas que poderiam surgir sobre a veracidade ou não da morte de Zapata, o governador de Morelos, Pablo González, expôs o corpo na sede da polícia na cidade de Cuatla aos fotógrafos. O primeiro a chegar foi um fotógrafo local, J. Mora, que registrou as primeiras imagens do corpo ainda banhado em sangue, rodeado por soldados do Exército Federal, que seguraram a cabeça do morto para melhorar a fotografia. Apenas na manhã seguinte os fotógrafos da capital chegaram, e entre eles, Agustín Casasola. Encontram o corpo já limpo e num caixão de madeira; foi Casasola quem realizou, talvez, a fotografia mais divulgada, de perfil, conhecida como "a foto carrancista", segundo expressão de Armando Batra (1997, p.77). Para aumentar a sua dramaticidade e força de expressão, duas sobrinhas de Zapata, María Salazar e Francisca León, aparecem ao lado do caixão. O enterro ainda foi filmado, para dissipar qualquer dúvida sobre a morte do general revolucionário. O féretro foi assistido por uma multidão, incluindo familiares de Zapata que vieram de longe. Toda essa preocupação, como o registro da morte,

A FOTOGRAFIA A SERVIÇO DE CLIO 107

não eliminou a dúvida sobre a morte de Zapata, várias histórias foram se espalhando pela região sobre a sua sobrevivência, o que contribuiu para reforçar o mito em torno desse "herói".[17] Vejamos os principais capítulos em que *Francisco "Pancho" Villa* surgiu como elemento principal na representação fotográfica.[18] O primeiro foi "Sublevación de Francisco Villa" (HGRM, v.I, p.226-9). Nesse capítulo, com nove fotografias, a primeira apresenta um retrato de Villa montado em um cavalo, imagem que iria se tornar um símbolo desse líder revolucionário. Nessa fotografia, Villa aparece com um *sombrero de charro*,[19] algo que não era muito comum à época, com cartucheiras cruzadas no peito, um casaco escuro. A fotografia, provavelmente, passou por um corte, pois ele apenas está enquadrada à frente do seu cavalo e a qualidade da imagem não é muito boa. O texto informa os primeiros passos desse revolucionário, que foi inserido na revolução por um convite de Abraham Gonzaléz, "homem relacionado com os rancheiros de sua terra".

Villa era um "bandoleiro que vagava pela terra, perseguido sempre por ter contas com a justiça [...] era um sujeito astuto, mas des-

---

17 Para maiores informações sobre a morte de Zapata, ver Batra (1997) e Womack Jr. (1992, p.323-5), e outras publicações, como: *Zapata – Iconografia* (1996) e Krauze (1992). Segundo John Rutherford (1978), Zapata só foi aceito como um líder revolucionário após a sua morte. Entre os anos 1910 e 1919, ele era visto como demônio ou fantasma da Revolução. O cineasta Salvador Toscano filmou seu enterro; as imagens podem ser vistas no filme *Memórias de um mexicano*, de 1950, editado por sua filha Carmem Toscano.

18 Ele foi representado nos álbuns com quatro, sete, 37, quatro e seis, respectivamente, dos volumes I ao V, com um total de 58 fotografias. Ou seja, ele, assim como Emiliano Zapata, foi pouco fotografado por sua importância dentro do processo da revolução. O maior destaque acontece no Volume III, justamente o que abarca o período de 1914 a 1916, auge dos movimentos camponeses, representados pela tentativa de criar uma unidade por meio da Convenção de Aguascalientes e pela tomada da Cidade do México.

19 *Charro* ou *Charra*, originalmente, refere-se ao nativo da província de Salamanca, na Espanha; no México, obtém outras características, sendo imputado àquele cavaleiro que se veste com um chapéu de abas largas e um traje bordado; significa também aquela pessoa que grita ou fala alto (*chillón*), muito chamativo também por suas roupas carregadas em cores e adereços de mau gosto.

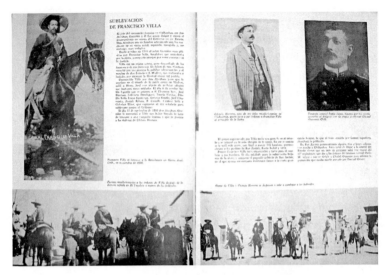

Foto 9   A estrutura narrativa do álbum: líderes principais e secundários.

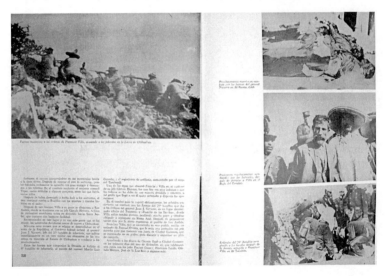

Foto 10   Representação da ação e da violência.

A FOTOGRAFIA A SERVIÇO DE CLIO 109

confiado dos homens e de suas promessas" (HGRM, v.I, p.226). Essas foram as primeiras linhas sobre o perfil desse personagem revolucionário nos álbuns. O capítulo mostra fotografias de revolucionários mortos, prisioneiros e de federais recolhendo feridos; ele foi montado em torno da construção de atributos de militares e de batalhas: Villa montado a cavalo, com cartucheiras cruzadas, tropas a cavalo e segurando carabinas, em combate, mortos e feridos. A mesma estrutura da representação da guerra de outros capítulos se repete nesse: personagens principais, secundários, coletivos, espaço, equipamentos, ação e violência.

Foto 11    Francisco Villa com membros de seu exército, antes da tomada da Cidade de Juarez, 1911.

Villa foi representado com certo destaque no capítulo "Torreon en poder del General Francisco Villa" (HGRM, v.II, p.669-72). Nele encontra-se a fotografia muito conhecida de Villa freando seu cavalo que vem a galope. Essa fotografia tornou-se um marco da iconografia villista. Na realidade, ela foi feitas por fotógrafos norte-americanos que acompanhavam as filmagens das atividades de Villa para os jornais cinematográficos e pela empresa Mutual Film Corporation, que realizava as filmagens para uma película sobre a vida de Villa. A

110 CARLOS ALBERTO SAMPAIO BARBOSA

Mutual utilizou essa imagem para a divulgação de seu filme, o que deu ampla difusão a essa fotografia em jornais, revistas e livros. Os Casasola adquiriram essa imagem e por meio deles ela tomou novo impulso de divulgação e acabou ficando conhecida como uma fotografia dos Casasola.[20]

Não só essa fotografia pertence aos cinegrafistas da Mutual, como a imagem seguinte, nesse capítulo, também foi feita a partir de uma fotografia deles. No caso do álbum, foi feito um desenho a partir da fotografia com pequenas alterações.[21] As legendas são significativas: "O general Francisco Villa em sua entrada triunfal a cidade de Torreón, no dia 2 de outubro de 1913" e "O general Francisco Villa e seu Estado-Maior, passando revista a suas tropas antes do ataque a cidade de Torreón" (HGRM, v.II, p.669). Na realidade, essas fotografias foram realizadas após a tomada da cidade de Ojinaga, que ocorreu entre os dias 1º e 10 de janeiro de 1914. Provavelmente, elas foram feitas quando as tropas villistas deixavam a cidade após a sua tomada, ou seja, no dia 11 de janeiro. Portanto, a primeira legenda está completamente equivocada, pois não se trata da entrada triunfal em Torreón, e sim da saída de Ojinaga. A data também não confere, pois não foi feita no dia 2 de outubro, mas também no dia 11 (Reyes, 1992).[22]

Essas fotografias permitem uma reflexão sobre a problemática da imagem e das edições do álbum. Esse foi montado segundo interesses da edição das imagens para criar um efeito de narrativa visual, e não como um registro da realidade e buscou construir uma determinada imagem de Villa e dos demais personagens da revolução. As fotografias estavam subordinadas aos ditames da ordenação de um projeto de narrativa visual do autor e não a uma ordem cronológica dos acontecimentos ou dos fatos.

---

20  Para uma ampla discussão sobre os cineastas norte-americanos que acompanharam Francisco Villa, e do qual me utilizei para várias interpretações, ver o excelente trabalho de Aurelio de los Reyes (1992).
21  Compare com a fotografia n.30, na p.133, do livro de Reyes (1992).
22  Ver a seqüência de fotografias de números 2 a 62 (Reyes, 1992, p.85-185).

A FOTOGRAFIA A SERVIÇO DE CLIO 111

Essas fotografias foram feitas pelos vários cinegrafistas e por dois fotógrafos de *still* da Mutual, dirigidos por Carl von Hoffman.[23] A tomada de Ojinaga não pôde ser filmada pois seu desfecho ocorreu durante a noite; mas no dia seguinte, logo pela manhã, quando a luz era conveniente para as filmagens, Villa saiu da cidade com toda a sua tropa e desfilou diante dos cinegrafistas previamente preparados. A batalha, aliás, poderia ter se encerrado mais rapidamente, mas Villa, que havia iniciado o cerco ao local em 1º de janeiro de 1914, interrompeu os combates no dia 5 para ir até Ciudad Juarez assinar um contrato com a Mutual Film para a realização de um filme sobre a sua vida. Os seus primeiros anos foram representados ficcionalmente. O personagem de Villa jovem foi interpretado por Raoul Wash e, no que se refere ao período da revolução, filmou-se o próprio Villa em algumas batalhas reais.[24] Com a assinatura do contrato, Villa retornou a Ojinaga e finalizou os combates no dia 10 de janeiro.

No final de 1913, vários acontecimentos atraíram a atenção dos meios de comunicação do vizinho do Norte para o personagem de

---

23 Eram oito cinegrafistas no total, Hoffman e mais sete. Carl von Hoffman, segundo as informações de Reyes, nasceu na Rússia e fotografou a guerra russojaponesa, em 1905, enquanto era tenente da Guarda Montada Imperial Russa; emigrou para os Estados Unidos e trabalhou como fotógrafo do *The Globe* e, depois, *The World*; passou a filmar e registrou de um aeroplano manobras militares norte-americanas. Realizou um trabalho fotográfico sobre os fortes norte-americanos, fotografou em Cuba e acompanhou Theodor Roosevelt em sua viagem à América do Sul; esteve muito ligado aos interesses norte-americanos. Depois do México, foi à Europa filmar a Primeira Guerra Mundial, e também a tomada de Kochak pelos bolcheviques em 1917. Posteriormente, estabeleceu-se na Alemanha e trabalhou como cinegrafista durante o advento do expressionismo alemão (cf. Reyes, 1992, p.43, 379 e 390).

24 O filme foi realizado, recebeu o título *The life of General Villa*, dirigido por Christy Cabanne (talvez ajudado por Raoul Walsh). O cinegrafista foi, muito provavelmente, Carl von Hoffman, e um outro operador não identificado. O roteiro era de Frank Woods. E os atores foram: Raoul Walsh, no papel de Francisco Villa, jovem; o próprio Francisco Villa; Teddy Sampson e Irene Hunt como irmãs de Villa; W. H. Long como um federal que violou a irmã de Villa, e W. H. Lawrence como cúmplice. O roteiro, muito provavelmente, foi baseado nos relatos de jornalistas norte-americanos que estavam no México, entre eles, John Reed (cf. Reyes, 1992).

112 CARLOS ALBERTO SAMPAIO BARBOSA

"Pancho" Villa. A rápida transformação de uma pequena guerrilha em um exército bem organizado, sua liderança sobre seus homens, seu carisma e as vitórias que o conduziram ao cargo de governador de Chihuahua, Estado fronteiriço com os Estados Unidos, as insinuações de simpatia ao socialismo despertaram a curiosidade dos homens de imprensa. Além disso, é preciso levar em conta que os norte-americanos possuíam enormes propriedades no México e interesse em investimentos nesse país, o que explica a preocupação com a segurança da fronteira. Por isso, logo foram enviados vários correspondentes para a região fronteiriça e para o México. Esse interesse de Holywood por Villa não era algo isolado e se inseria num contexto mais amplo. Vários segmentos políticos dos Estados Unidos demonstraram grandes interesse em conhecer melhor essa figura emblemática. Um dos mais conhecidos foi John Reed, enviado pelas revistas *The World* e *Metropolitan,* seguidos por Timothy Turner, do *The Sun* e *El Paso Times,* e muitos outros. Existia uma grande demanda de informações sobre a situação do México na sociedade americana, razão pela qual foram enviados para lá jornalistas, fotógrafos e cinegrafistas. O primeiro que escreveu vários artigos de grande repercussão entre críticos literários e até para o presidente Woodrow Wilson. Várias atitudes de Villa eram motivo de debate em torno da sua posição com relação aos Estados Unidos: o fato de não ter condenado de forma direta a invasão norte-americana a Veracruz e a admiração que alguns militares tinham por ele foram alguns dos fatores que atraíram a atenção de conservadores desse país, inclusive vendo na sua figura uma possível saída para o México.[25] Portanto, entre o final de 1913 e abril de 1916, data do ataque à cidade de Columbus, Villa foi muito procurado por repórteres, fotógrafos e cinegrafistas, e teve rápido e intuitivo senso da importância da publicidade que esses meios poderiam lhe render.

---

25 Cf. Katz (1999, v.I), especialmente o capítulo 9: "El surgimiento de Pancho Villa como dirigente nacional: sus relaciones com Estados Unidos y su conflicto com Carranza" (p.355-404). Outra figura importante da esquerda daquele país que ficou fascinada por Villa foi Mother Jones (Mary Harris Jones).

A FOTOGRAFIA A SERVIÇO DE CLIO 113

Adaptou equipamentos para melhor receber e permitir o trabalho desses profissionais. Anexou um vagão modificado para receber os jornalistas, com camas, mesa com espaço para uma máquina de escrever, cozinha e um cozinheiro chinês muito elogiado pelos correspondentes americanos; outro vagão foi adaptado para ser um laboratório cinematográfico.

Aurelio de los Reyes (1992, p.37) argumenta que existiu uma dificuldade técnica para captar as cenas de guerra pelos cinegrafistas: "Para os cinegrafistas de atualidades, captarem as guerras ou os acontecimentos extraordinários em países distantes foi um verdadeiro problema..." pela distancia para se chegar ao país e ao local do conflito com todos os equipamentos e depois enviar de volta a notícia, o que deixava as imagens sem o mesmo impacto. A resolução desse problema foi a reconstrução das imagens em estúdio. A Revolução Mexicana foi um excelente campo de provas para os cinegrafistas, pois o jornalismo cinematográfico estava dando apenas seus primeiros passos (iniciou-se por volta de 1910 com o *Pathé Journal*) e o México estava muito próximo e os meios de transporte e comunicação com os Estados Unidos facilitavam a tarefa, apesar das dificuldades apontadas.

Segundo Aurelio de los Reyes, os problemas dos cinegrafistas eram bem parecidos com os dos repórteres fotográficos: distância dos acontecimentos, dificuldades técnicas para o envio do material num prazo compatível com a dinâmica da notícia, acesso aos locais de combate, censura e a representação da guerra, ou seja, como transmitir o sentido de combate.

Se Villa foi para os meios de comunicação norte-americanos um tema atraente, o mesmo não se pode dizer em relação ao álbum fotográfico: há poucas fotos suas e a imagem transmitida a partir dele foi pendular – ora negativa, ora positiva.

Continuemos a acompanhar esse personagem ao longo dos álbuns. Villa aparece em sua pose clássica freando seu cavalo após um galope no capítulo "El general Villa derrota a los federales en Torreon" (HGRM, v.III, p.762-7). Também essa fotografia não foi feita pelos Casasola, mas pelos cinegrafistas ou fotógrafos norte-

Foto 12 Caudilho a galope - Francisco Villa, ca. 1914.

americanos que acompanharam Villa durante esse período. Em outro capítulo, "Saltillo y Zacatecas en poder de Villa. Distanciamento Villa-Carranza" (ibidem, p.794-802), Villa aparece com uniforme militar, traje que vestiu pela primeira vez para filmar algumas cenas para a Mutual. Seu primeiro uniforme foi dado pela própria companhia porque, segundo seus representantes, sua imagem não condizia com a de um líder militar. A preocupação com a sua imagem

A FOTOGRAFIA A SERVIÇO DE CLIO 115

pública se estendeu para a de seus soldados e Villa passou a vestir seus homens como um exército regular, dando atenção especial para a sua guarda especial, chamada de "Los Dorados". Gostou tanto do uniforme que o transformou em traje mais comum, como podemos constatar nas demais fotografias tiradas a partir dessa data. As fotografias permitem presenciar essa mudança entre as primeiras, do início da revolução para as últimas, quando Villa passou a se vestir de modo diferente, abandonando as roupas simples de um *peon* por uniformes militares.[26]

Há novas representações de Villa, dessa vez numa posição de avanço para a Cidade do México (HGRM, v.III, p.929-33), mas as fotografias mais conhecidas da Revolução Mexicana, como já mencionei no caso de Zapata, estão no capítulo "Entrada Triunfal del ejercito convencionista a la capital" (ibidem, p.940-3). Os dois principais líderes militares das facções camponesas entram na capital do país e centro político mexicano, em um domingo dia 6 de dezembro de 1914, à frente do Exército Convencionista dividido em tropas de artilharia, infantaria e cavalaria, que agrupavam aproximadamente cinqüenta mil homens. O álbum assim descreveu essa entrada:

> À frente da "poderosa coluna" iam em briosos corcéis os generais Francisco Villa e Emiliano Zapata. Villa vestia seu uniforme de general de Divisão e Zapata portava elegante traje de charro: jaqueta de camurça cor bege, com uma águia bordada em ouro nas costas; calça preta com bordados de prata e um amplo chapéu. Assim caminhava silencioso e deselegante ao lado do sorridente e satisfeito chefe da Divisão do Norte. (HGRM, v.III, p.940)

---

26 Nesse capítulo, duas fotografias na última página confirmam uma prática comum no Arquivo Casasola, a que nos referirmos anteriormente, a do apagamento dos nomes de fotógrafos. Quando comparamos essas imagens com as do livro de Reyes (1992), vemos que a foto do canto superior esquerdo foi feita pelo fotógrafo norte-americano W. H. Horne (seu nome aparece sobre a identificação dos personagens na fotografia); na segunda, ela foi feita por H. J. Gutierrez. Em ambos os casos suas assinaturas estão apagadas no álbum (ver Reyes, 1992, p.185).

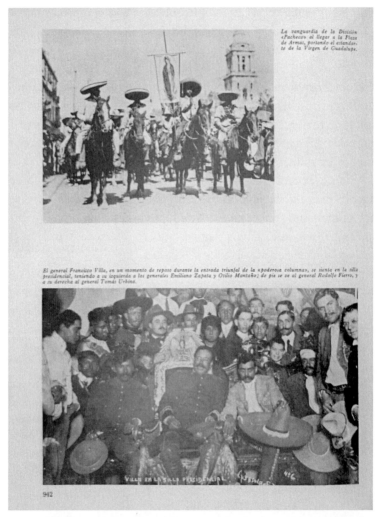

Foto 13  Francisco Villa sentado na cadeira presidencial tendo ao lado Emiliano Zapata, 1914.

Após essa primeira fotografia, seguem-se outras sete. Elas apresentam chefes intermediários do Exército Convencionista, como Felipe Ángeles, Raúl Madero com outros oficiais, as tropas zapatistas da "División Pacheco" com seu estandarte da Virgem de Guadalupe e suas bandas de música. Mas a fotografia de Villa sentado na cadeira presidencial dentro do Palácio Nacional, tendo ao seu lado Zapata, tornou-se emblemática. Villa traz um sorriso no rosto e um ar alegre, satisfeito, mas Zapata não parece à vontade. Se agregarmos essa fotografia à seguinte, quando se deixaram fotografar durante um banquete no palácio com membros do gabinete e do corpo diplomático, notamos o seu ar ensimesmado, severo, áspero e distante, olhar desconfiado, quase hostil ao fotógrafo.

Foto 14  Os generais Villa, Zapata e José Vasconcelos com o presidente provisório Eulálio Gutiérrez no Palácio Nacional, 1914.

Voltando à fotografia da cadeira presidencial, na qual Zapata aparece segurando na mão seu enorme *sombrero*, vemos também Villa rodeado por pessoas que, provavelmente, nunca haviam entrado no Palácio; eram rostos da mais diferente tez, chapéus texanos, grandes, pequenos, alguns vestiam uniformes, outros trajavam terno e gravata, e os demais, as tradicionais mantas branca dos camponeses. Vemos também adultos e crianças, homens do Norte e do Sul, alegres e tristes. Um painel do povo mexicano, o aglomerado de personagens nessa fotografia quase não deixa espaço para um fundo, onde

118 CARLOS ALBERTO SAMPAIO BARBOSA

se pode observar um canhão de um quadro na parede do salão. Villa e Zapata representam uma espécie de retrato do México, de Norte a Sul.[27] Essa fotografia sintetiza o auge da revolução camponesa. Villa não contava com a simpatia dos intelectuais, pois a maioria apoiava a facção de Carranza. Os poucos que deram apoio e sustentação ideológica ao líder camponês tinham estado ligados ao governo maderista, tais como Manuel Bonilla, Miguel Díaz Lombardo e Federico González Garza. Dentre outros intelectuais que se aproximaram do villismo, cabe mencionar os escritores Mariano Azuela, Martin Luis Guzmán, o poeta peruano, José Santos Chocano, e o professor e diretor de escola Manuel Bauche Alcalde. Villa, ao contrário de outros líderes da revolução, permitiu que os intelectuais próximos a ele expressassem opiniões que em muitos casos não eram identificados inteiramente com a sua (Katz, 1999, t.1, p.321-9). Villa foi uma figura ambígua que adquiriu ampla publicidade dentro e fora do México. Seu caráter contraditório e esquivo contribuiu para torná-lo uma personalidade confusa e multifacetada. Encarnou o machismo mexicano e hispânico,[28] mas também a imagem positiva do bandido providência, da invencibilidade, do heroísmo épico. Friedrich Katz, em seu trabalho sobre Pancho Villa, mencionou três lendas sobre ele: a lenda branca, que apresentava um Villa vítima do sistema social e econômico do México porfiriano, baseada principalmente no livro *Memorias de Pancho Villa* de Martín Luis Guzmán; a lenda negra, que o pinta como um assassino; e a lenda épica, erigida ao longo da própria revolução e construída pelas canções populares e por John Reed, em suas reportagens publicadas nos Estados Unidos e posteriormente em seu livro *México insurgente* (Katz, 1999, p.15-22).[29]

---

27 Veja uma análise dessa desconfiança nas páginas 214 a 219 de John Womack Jr. (1992).

28 Uma boa discussão sobre o tema do machismo mexicano encontra-se nos capítulos II, III e IV do livro de Octavio Paz (1992).

29 Referindo-se à lenda branca, ver Guzmán (1987). Segundo Katz (1999), a versão mais ampla e sistemática da lenda negra foi realizada por Celia Herrera

A FOTOGRAFIA A SERVIÇO DE CLIO  119

Como bem considerou Carlos Monsivais (1988, p.335-6), os álbuns da *Historia gráfica* eternizaram a imagem de um caudilho a galope. Na disputa pelo poder, os atributos necessários à sua conquista estão representados nessas imagens: rapidez, habilidade e, acrescentaríamos, o fuzil. Villa foi também identificado com o "Centauro" dentro da revolução. Simbologia interessante, apesar de criada por seus adversários, os centauros, seres monstruosos da mitologia grega, humanos na metade superior e cavalos na metade inferior, significam uma dupla natureza do homem (Chevalier & Gheerbrant, 1997, p.219). Geralmente significam o ser bruto, selvagem, insensato, mas representam também o lado dos bons combatentes. Retratam o embate entre a razão e o instinto. Aqui novamente vemos uma tentativa de desqualificar Villa com a imagem de uma força da natureza, como selvagem, bandido, dominado pelo instinto e não pela razão do mundo civilizado da política e da razão.

Zapata e Villa, essas duas figuras nucleares no imaginário coletivo da Revolução Mexicana, nunca foram assimilados positivamente pela elite mexicana. O álbum procurou neutralizar a importância desses líderes, reservando os melhores atributos para os líderes ligados ao projeto dos constitucionalistas. Assim procurou realizar as figuras de Madero, Carranza e Obregón. Villa foi um pouco mais representado que Zapata nos álbuns, mas nota-se que os dois foram neles desqualificados.

## Os líderes anti-revolucionários: Porfírio Díaz e Victoriano Huerta

*Porfírio Díaz* foi o primeiro chefe anti-revolucionário. Como já dissemos antes, ele rivalizou com Francisco Madero no Volume I dos álbuns, quando apareceu em 86 fotografias. Foi o personagem

---

(1981); ainda segundo o autor, a escritora seria descendente de uma família que tinha uma disputa familiar contra Villa. Para a lenda épica, ver Reed (1974).

120 CARLOS ALBERTO SAMPAIO BARBOSA

individual mais fotografado nesse primeiro volume. O segundo chefe anti-revolucionário foi Victoriano Huerta, que no primeiro álbum foi fotografado apenas duas vezes, mas no segundo, cinqüenta; e no terceiro, dezessete.

A representação de um líder militar, no caso de Porfirio Díaz, pelas fotografias vai se dar principalmente pelas vinculações com eventos militares como manobras, desfiles e paradas militares, promoções ou trocas de comandos das forças armadas, ou em momentos de condecoração e em inaugurações de instalações bélicas. Além, é claro, das datas comemorativas, tanto as nacionais como as do exército. Não foi representado, em nenhum momento, como os outros líderes, em cenas de luta: posava como chefe militar hierarquicamente situado em relação às Forças Armadas.

Carlos Monsivais, em artigo escrito em 1969, comenta o primeiro capítulo dos álbuns de Casasola, iniciado com Díaz:

> Das brumas que sucedem ao daguerreótipo surgem os traços de Porfirio Díaz. De pé, inescrutável, a mão aferrada às luvas brancas, com o uniforme e o espadim e as condecorações que se somam ao desejo de mostrar humildade de quem só cumpriu com seu dever; de pé, tão imóvel como quem solicita comparações geológicas, com os olhos não fixados em objeto algum nem perturbados por figura conhecida, com a vista nem perdida nem a espreita, Porfirio Díaz inicia o Arquivo Casasola, a *Historia gráfica de la Revolución Mexicana*.[30]

Na representação fotográfica de Díaz expressa nos capítulos dos álbuns, observamos que seus trajes, ora militares ora civis, denotam uma busca de transmissão de uma imagem da figura política que, como mandatário do poder, é ao mesmo tempo representante do poder civil e militar. A quantidade de fotografias do presidente da República em eventos militares e em trajes militares (usando o uniforme, foram 28 fotografias) permite constatar a vinculação do po-

---

30 Continuidad de las imágenes [Notas a partir del Archivo Casasola], in Monsivais (1988, p.328).

A FOTOGRAFIA A SERVIÇO DE CLIO 121

Foto 15  O Presidente Porfírio Díaz, 1910.

der estatal com o poder militar. Díaz encarnava os dois: era um militar de carreira que chegou ao poder por um levantamento das Forças Armadas e se manteve por meio de eleições subseqüentes sustentadas pelas mesmas Forças Armadas. Essa constatação é interessante porque, embora o chefe de Estado mexicano apareça freqüentemente representado em trajes militares, a bibliografia caracteriza o México do início do século XX como oligárquico, autoritário, dominado pelos caciques locais; e ao mesmo tempo como moderno, em constante progresso, resultado das inovações tecnológicas advindas da penetração do capitalismo (principalmente o norte-americano, mas também o inglês, o espanhol, o francês e o alemão) investido na indústria têxtil, no sistema bancário, na mineração, no petróleo, na agricultura, na pecuária e na ampliação do sistema ferroviário (cf. Camín & Meyer, 1984).[31]

Nesse aspecto, o governo Díaz não foi considerado um regime militar. Segundo Alan Knight (1986, p.37): "O governo de Díaz não

---

31 Para um maior aprofundamento sobre o governo e o período denominado como porfiriato, ver Villegas (1988) e Katz (2002).

# 122 CARLOS ALBERTO SAMPAIO BARBOSA

foi militar. É certo que o exército jogo um papel muito importante ao manter a Pax Porfiriana [...] O regime gozada de outras bases institucionais – civis, caciquistas – e o exército, sob nenhum conceito, era um ator político autônomo...". Hans Wener Tobler (1994, p.113-28) destaca a importância dos militares numa primeira fase do governo de Díaz, entre 1876 até 1888, ou seja, o término de seu segundo mandato, mas no período seguinte o grupo político representado pelos *científicos* prevaleceu e os militares ficaram em segundo plano.

Não cabe aqui uma explanação mais detalhada sobre o longo governo de Díaz, mas apenas assinalar que a representação fotográfica dos últimos dez anos desse governo tendeu para uma valorização da representação fotográfica com ênfase na imagem militar, ou, como o próprio Tobler diz, personalista, denotando preocupação com o culto à personalidade. Porfirio era o centro do mundo político mexicano ou visto também como árbitro supremo dos conflitos entre as elites locais e sociais, resultado, segundo esse autor, da ausência de instituições políticas fortes (ibidem, p.115-16). É possível supor que Porfirio Díaz tenha usado conscientemente a imagem militar com o intuito de fortalecer a imagem do seu poder.

Andrea Noble (1998) também percebeu a importância da imagem visual, mais precisamente da fotografia, no centro dos embates pela formação da nação mexicana. A imagem, ou melhor, a dimensão visual encontra-se no centro das questões do poder. Segundo essa autora, existiria um reduzido padrão de postura e pose. Esses padrões teriam procurado registrar, confirmar e construir uma representação do poder e da ditadura de Díaz. Em nossa pesquisa, constatamos que esses padrões se traduziram também numa personalização do seu governo, explicitado na sobreposição do chefe de Estado e do militar.

O chefe de Estado aparecia nas fotografias com trajes civis. É curioso notar que Díaz se deixava registrar com trajes civis em eventos militares e com trajes militares em eventos políticos. Na quarta fotografia do capítulo "Sexta reelección del general Porfirio Díaz para el período 1904-1910" (HGRM, v.I, p.55), ele surge, do fundo escu-

A FOTOGRAFIA A SERVIÇO DE CLIO   123

ro de um dos salões do Palácio Nacional, com seu uniforme de gala, o peito coberto de medalhas, sentado em uma cadeira que lembra um trono da realeza. As fotografias de Díaz no álbum o colocam num *status* central na história da nação. Como muito bem afirmou Noble, existe uma convergência da representação fotográfica do poder de Porfirio Díaz e da fotografia. Mesmo após a sua renúncia, em 25 de maio de 1911, foi tratado num capítulo à parte. O ex-presidente viaja para a Europa, onde continua sendo fotografado para a montagem do álbum e é saudado como um grande estadista. Se ele não era mais capaz de governar o país, era reconhecido como tendo sido um grande governante e comparado com Napoleão e com o Kaiser. Em Paris, visitou o túmulo de Napoleão, em Les Invalides. Segundo o texto do capítulo:

> O general Díaz percorreu todas as salas, dirigindo-se logo à tumba de Napoleão, e ao deter-se em frente à vitrine que guarda a espada do vencedor da Áustria, o general Niox, diretor do hotel, retirou a espada e, pondo-a nas mãos do general Díaz, disse: "Nenhuma mão melhor que a sua deve tocar esta gloriosa arma". O general Díaz, ao recebê-la, beijou-a visivelmente emocionado. Essa deferência não havia sido dispensada até então nem aos reis que haviam visitado Paris. (HGRM, v.I, "El general Díaz en el destierro", p.353)

Na Alemanha, assistiu às manobras militares do exército alemão como um simples espectador; mas, reconhecido, foi convidado à tribuna do Kaiser Guilherme II, e lá "Ao chegar [à tribuna], o general Díaz tirou o chapéu respeitosamente, Guillerme II se adiantou e, estendendo a mão, lhe disse: 'Coloque o chapéu, sou eu quem deve cumprimentá-lo como o maior estadista da América'" (ibidem).

Os Casasola transformaram os significados das imagens, eles não fizeram apenas uma simples inversão. O exemplo do desterro de Díaz demonstra claramente isso. Os exemplos evocados não deixam dúvidas sobre as relações dos Casasola. Consideravam que o antigo ditador havia sido um grande estadista para o seu país e, por isso, produziram uma imagem muito positiva do governante. Essa leitu-

# 124 CARLOS ALBERTO SAMPAIO BARBOSA

ra que se pode fazer dos álbuns revela a visão favorável da família Casasola sobre a política e a história mexicana nesse período. Isso explica por que a morte de Díaz, em 2 de julho de 1915, em Paris, não passou em branco: foi noticiada num capítulo do Volume III e nos últimos volumes; numa reconfiguração de valores ele chega a ser incluído nas comemorações dos heróis revolucionários (HGRM, v.III, p.1035).[32]

O Volume I apresenta uma sociedade militarizada não apenas a partir das fotografias do presidente, chefe das forças armadas, mas em vários capítulos a preocupação com o setor militar foi registrada, como nos casos das formações e dos desfiles de reservistas, nas campanhas contra os indígenas, na apresentação de novos navios da marinha ou nos equipamentos de defesa da costa, na inauguração de escolas militares e nas entregas de prêmios e condecorações aos alunos militares. Esses capítulos sintetizam a preocupação dos organizadores do álbum com esse setor da sociedade. Uma seqüência de fotografias apresenta, além de exercícios militares dos jovens cadetes, os professores, as bibliotecas, o salão de descanso e as instalações para a higiene pessoal. A modernização por que passava o México no âmbito econômico estendia-se para o âmbito militar, observado na profissionalização gradual das forças armadas, realizada por uma missão do exército prussiano. Essa mudança foi retratada nas fotos.

*Victoriano Huerta* foi o segundo maior líder anti-revolucionário representado nas fotografias dos álbuns. No Volume I, sua presença foi insignificante, com apenas duas imagens, mas no Volume II, ele vai rivalizar com Francisco Madero: enquanto esse foi fotografado em 43 oportunidades, Huerta foi registrado em cinqüenta momentos diferentes. No Volume III ele ainda aparece em dezessete fotografias. Ao contrário de Porfirio Díaz, que aparece ora como militar ora como civil, Victoriano Huerta foi fotografado poucas vezes em trajes militares. Sua imagem era já muito vinculada ao exército, daí

---

32 Voltaremos a essa discussão no último capítulo deste livro.

provavelmente a necessidade de fixar uma imagem de legitimidade desse líder no campo político nos vários capítulos em que ele foi estampado.

Foto 16  Victoriano Huerta com seu Estado Maior, 1913.

Os momentos mais marcantes da representação militar de Huerta pelas lentes dos Casasola se restringem à "Dezena Trágica", quando ele aparece apenas duas vezes, a primeira em que é retratado com trajes civis, e outra, em que foi flagrado de costas entre outros militares. Ele, que foi o grande articulador da derrubada do presidente Madero, não foi registrado na medida de sua importância política. Posteriormente, no capítulo que marca a sua indicação como presidente constitucional interino do México, foi fotografado em uniforme de gala, medalhas e sabre. Essa imagem tornou-se ícone da Revolução e foi reproduzida em diversas publicações. Em razão de sua subexposição, foi interpretado como símbolo do regime obscurantista, embora hoje saibamos que tal artifício ocorreu por uma falha

126 CARLOS ALBERTO SAMPAIO BARBOSA

no dispositivo do *flash* levando o fotógrafo repetir o ato fotográfico (HGRM, v.II, p.542-3).[33]

Huerta buscou solidificar sua imagem pública como um chefe de Estado tanto no que diz respeito à política interna, em festas e cerimônias públicas, exemplificado no ato de depositar uma oferenda no túmulo de Benito Juarez ou na abertura da XXVI Legislatura (HGRM, v.II, p.640-3 e 691-3), como na política externa, nos momentos de reconhecimento das monarquias européias: Espanha, Bélgica, Inglaterra, e o imperador da Alemanha, e governos como Turquia, Rússia e França (ibidem, p.644-5). Huerta detinha o total controle do exército, e durante seu governo aumentou seu contingente, o orçamento militar e reorganizou seus comandos. Consolidou seu poder e infringiu duros golpes aos oposicionistas. Passou nos primeiros testes políticos militares da reorganização da oposição por meio da criação do Exército Constitucionalista, mantendo-o em suas regiões originarias e nas eleições de 26 de outubro de 1913, saindo-se vitorioso, com maioria no Congresso, além de resistir à invasão dos Estados Unidos ao porto de Veracruz. Sua preocupação com a imagem pública esteve mais voltada para a construção de uma legitimidade política interna e externa. Em 1914, não resistiu às pressões internas, com a ascensão dos revolucionários que infringiram várias derrotas ao Exército Federal.

Os álbuns representam também uma série de líderes anti-revolucionários que poderíamos classificar como intermediários, pelas poucas imagens encontradas em suas páginas, e também pela importância menor que tiveram na revolução. Destacaram-se em determinados momentos ou regiões especificas, mas sem a abrangência dos outros, e entre eles podemos citar: Bernardo Reyes, Félix Díaz, Aureliano Blanquet, e outros.

---

33  Para a discussão relativa à falha do *flash*, veja o artigo de Daniel Escorza Rodríguez (2005).

## Personagens coletivos, fotografias do povo combatente: estado-maior, oficiais e tropas

Os líderes sempre gozaram de grande destaque, como tratamos nas seções anteriores, mas além dos grandes nomes, como Díaz, Madero, Huerta, Carranza, Villa, Zapata e Obregón, seus oficiais, ou como foi utilizado em várias legendas seus "estado-maiores", também eram fotografados. Uma quantidade considerável de fotografias publicada nos álbuns que cobrem o período da luta armada retratou as tropas federais ou revolucionárias em diferentes momentos do pré- e do pós-conflito. Outro grupo de fotografias que se destacam é o dos oficiais, muitas vezes em retratos coletivos do chamado "estado-maior" deste ou daquele exército, divisão e batalhão. Existe também a presença em grande quantidade dos retratos individuais de diversos personagens que participaram dos conflitos. As tropas foram registradas em diversos momentos, nos desfiles, marchando, embarcando em trens, em formação, nas entradas "triunfais" nas cidades conquistadas ou de saída para outro combate. Além desses, foram estampados os "tipos pitorescos", mulheres, participantes anônimos da grande luta revolucionária; todos passaram pelas lentes dos Casasola.

Essa "inundação de imagens" representa a "imagem do povo combatente", como bem definiu Carlos Monsivais (1988, p.336). Esses retratos coletivos, em sua maioria, eram realizados em ambientes externos, em varandas, quintais de residências e nos acampamentos. Apenas uma minoria foi feita em interiores. A escolha do espaço aberto talvez se relacionasse com o fato de que o conflito, a luta, dava-se nesses espaços, e não nos escritórios e gabinetes. O retrato coletivo remete a uma idéia, além da própria dimensão militar óbvia, de um grupo interligado por laços de solidariedade. A fotografia foi utilizada como recurso da memória daqueles que lutaram juntos, subordinados e superiores. Remete à construção de uma solidariedade coletiva.

Quando Luis Medina Pena (1994, p.21-2) analisa a origem e o recrutamento do exército revolucionário, em particular das forças

128 CARLOS ALBERTO SAMPAIO BARBOSA

do Nordeste e do Noroeste, alude que a tradição miliciana nessa região é tão antiga quanto a sua própria colonização:

> Prestar serviço militar em defesa da comunidade, mais que uma obrigação, foi um requisito de sobrevivência pessoal e coletivo, desde a fundação das primeiras povoações até meados do século XIX [...] Assim, as unidades milicianas foram sempre o que os psicólogos sociais chamam de grupos cara a cara, com dependências mútuas entre os indivíduos marcados pela tradição ou por pautas sociais que vinham de muito tempo atrás. Incluíam não só as relações familiares entre os voluntários, foram essas consangüinidades políticas, como também as normas sociais predominantes na comunidade e, muito particularmente, as que normatizavam de fato as obrigações milicianas. Esses corpos tinham não só a coesão interna, que lhes dava o fato de ter sido recrutados em um lugar geográfico determinado, como também agregavam as lealdades implícitas das relações familiares e clientelísticas, em uma sociedade primária com o resto da unidade e com seu chefe.

Os retratos coletivos possuíam um sentido de fortalecimento da coesão interna dos antigos e dos novos revolucionários, e não serviram apenas para os denominados "estados-maiores", mas para as tropas também. A fotografia assumia uma dimensão de fixação para além da memória do grupo da própria existência desse.

Nesses retratos, a pose normalmente era composta de três modos: o primeiro, todos em pé; o segundo, todos sentados; e um terceiro, intermediário, com uma parte sentada e outra em pé. Em várias oportunidades eram retratados montados a cavalo. Em quase todas as fotografias os personagens aparecem em posição frontal, com olhar direto e compenetrado para a câmera. As fotografias permitem uma análise da hierarquia das relações militares, sociais e políticas, por meio das relações entre os fotografados e suas localizações espaciais nas imagens: a centralidade e o primeiro ou segundo plano. Quanto mais central e em primeiro plano, maior era o destaque dado aos personagens importantes.

Também os retratos individuais dos participantes do conflito se encontram em quase todos os capítulos dos volumes, mas em mais

A FOTOGRAFIA A SERVIÇO DE CLIO  129

Foto 17   Galerias de Retratos – Líderes Zapatistas.

Foto 18   Galerias de Retratos – Generais do Exército do Noroeste que lutaram com Álvaro Obregón.

de uma oportunidade existem verdadeiras "galerias de retratos". São verdadeiros panoramas faciais, seqüências de *close-up*. Desfilam, ante nossos olhos, os inúmeros personagens da revolução: Benjamin G. Hill, Manuel M. Dieguez, Plutarco E. Calles, Salvador Alvarado, tenente Francisco Serrano, Coronel Abelardo L. Domingues, general Eulalio Gutiérrez, e tantos outros generais, tenentes, coronéis e capitães.

Nos primeiros volumes (do Volume I ao IV), os retratos fotográficos se sucedem em seqüência, rapidez e quantidade estonteantes. A partir do Volume V, essa velocidade diminui, se acalma e volta a aumentar no Volume VI, justamente com a eleição e os primeiros anos do governo de Lázaro Cárdenas.

As fotografias das *tropas*, ou seja, dos soldados paramentados para a luta ou após um combate, constituíram um tema recorrente na tradição pictórica ocidental, e essas imagens foram incorporadas pela fotografia.

As fotografias das tropas revolucionárias maderistas, na fase em que a Revolução estava no seu início, confundem-se com as próprias imagens de Madero como revolucionário. As fotografias panorâmicas remetem para além da escala de um evento circunscrito; simbolizam uma visão de um tema ou assunto em toda a sua amplitude. A idéia de panorama pode ser remetida à própria estrutura do álbum, ou seja, um panorama fotográfico da Revolução Mexicana (Trachtenberg, 1989, p.88-9).

As fotografias das tropas zapatistas agrupam-se em dez capítulos dos três primeiros volumes. Nelas, os guerrilheiros zapatistas destacam-se por suas roupas e *sombreros* de abas largas, feitos de palha, ambos de coloração clara. Em geral, seguram uma carabina e portam estandarte da Virgem de Guadalupe, prática comum entre as tropas do Exército do Sul. O período de luta mais intenso do ponto de vista político e militar também corresponde ao de carga simbólica mais forte, expressa nas imagens das tropas zapatistas nos álbuns. Inicia-se com a fotografia da entrada noturna das vanguardas zapatistas, na noite de 24 de novembro de 1914, seguida por uma fotografia panorâmica da chegada de Emiliano Zapata à frente de seu exército, no Zocalo, em frente ao Palácio Nacional, acompanhado por grande multidão. Vemos nesse mesmo capítulo uma fotografia do desfile das tropas zapatistas com um estandarte da Virgem de Guadalupe (HGRM, v.III, p.926-8).

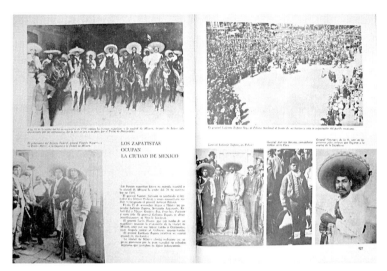

Foto 19   Zapatistas ocupam a Cidade do México, 1914.

As fotografias evidenciam uma profunda religiosidade marcada pelo estandarte da Virgem de Guadalupe que surge em três oportunidades. As fotografias das tropas zapatistas, segundo alguns comentaristas, representam um verdadeiro "bosque branco do exército camponês" ou a "onda branca dos zapatistas" sobre a Cidade do México; essa alusão refere-se às suas vestimentas, ou seja, as mantas brancas.[34] As fotografias sugerem a imagem de que o poder, durante esse período de comando camponês sobre o México, manteve-se pela força das armas, sobrepondo-se ao poder político: o fuzil substituiu o cedro como símbolo de poder (HGRM, v.II, p.670, 701 e 711; v.III, p.763, 808, 941, 953 e 959). Já a famosa Divisão do Nor-

---

34   Cf. "Notas sobre la historia de la fotografia en México". *Revista de la Universidade de México*, México, v.35, 1980; "Continuidad de las..." (p.336).

te, fotografada nos volumes II e III, é muito pouco representada nos álbuns, e não condiz com a importância desse exército nas lutas desse período. Proporcionalmente, podemos falar que o Exército Federal foi mais fotografado e inserido no álbum que os exércitos revolucionários camponeses. As imagens das forças federais em combate contra os revolucionários surgem em vários momentos, sendo representadas especialmente quando partiam da capital para lutar tanto no Norte como no Sul, além de já ter sido estampadas nos capítulos referentes a desfiles, manobras e exercícios militares antes da revolução (HGRM, v.III, p.752-6).

Existem poucas fotografias do Exército Federal relacionadas à revolução no Volume I. Nos volumes II e III, as fotografias se sucedem em maior quantidade até a sua dissolução, em decorrência do tratado de Teoloyucan. Em muitas dessas fotografias vemos as tropas federais embarcando nos trens militares que as transportavam para os locais de conflito. As tropas militares são facilmente identificadas por utilizarem uniforme militar padrão: quepe e botas. As fotografias mostram as tropas bem equipadas, com carabinas, mochila, cinturão com apetrechos e munição. Normalmente, são apresentadas organizadas em formação regular de colunas. Elas retratam a infantaria, a cavalaria e a artilharia sendo embarcadas com seus canhões, metralhadoras e munição (cartuchos e granadas), rumo ao Norte, para combater as tropas revolucionárias dessa região. Há também fotografias das tropas em marcha em algumas cidades e nos seus acampamentos.

As *tropas estrangeiras* têm destaque em dois momentos precisos dos álbuns: primeiro, no desembarque de tropas norte-americanas na cidade portuária de Veracruz (HGRM, v.III, p.768-81), e após o ataque de Villa à cidade de Columbus, nos Estados Unidos (ibidem, v.IV, p.1100-9).

As fotografias seguem o padrão da narrativa visual dos álbuns. As primeiras fotografias são de marinheiros do navio Dolphin, do almirante Enrique Mayo, chefe da marinha norte-americana em Tampico, e de seu respectivo opositor, o general Ignacio Morelos

A FOTOGRAFIA A SERVIÇO DE CLIO 133

Zaragoza, chefe das Forças Armadas da cidade. Há também fotografias do presidente norte-americano e do ministro mexicano das Relações Exteriores e várias imagens de navios de guerra norte-americanos ancorados na baía de Veracruz. O capítulo contém fotografias de tropas invasoras desfilando pela cidade, acampadas, preparando e comendo o rancho, ou mesmo descansando, sentados num banco da praça. Além disso, há imagens das manifestações populares na capital contra a invasão, assim como das negociações realizadas em Niagara Falls (Estados Unidos).

Aparecem poucas fotografias representando ação militar: apenas a de um soldado norte-americano disparando sua metralhadora ou de soldados federais mexicanos atirando de uma esquina. Outras fotografias remetem à idéia de ação militar: são as imagens de feridos deitados nas camas dos hospitais e de cadáveres de mexicanos. No capítulo referente ao ataque de Pancho Villa ao território norte-americano, poucas são as imagens de tropas.[35] O objetivo do capítulo é realçar o nacionalismo mexicano com imagens de manifestações populares contrárias à invasão estrangeira. O texto ressalta que esses foram derrotados e expulsos do território mexicano.

## Observação visual, velocidade, proximidade, dramaticidade e violência

As fotografias analisadas nesta seção enfocam os "locais", os "equipamentos militares", a "vida cotidiana" nos acampamentos, a "violência" da luta, as "destruições" e as imagens de "combate", da guerra em ação. As fotografias dos "locais" dos conflitos pretendem situar o observador num espaço determinado: essas imagens são poucas e tratam principalmente do combate que se realiza em uma determinada cidade ou local específico, como fábricas, minas, edifí-

---

35  Destaque para uma fotografia assinada por H. Horne, em que se vê o traslado dos corpos de soldados norte-americanos para serem sepultados em suas respectivas cidades de origem.

134 CARLOS ALBERTO SAMPAIO BARBOSA

cios etc. Essas fotografias funcionam como um lastro de realismo para os álbuns, pois os eventos não ocorriam em locais desconhecidos mas em cidades e locais identificáveis pelo público.

As fotografias dos "equipamentos militares" são mais recorrentes nos álbuns. Em muitos casos os equipamentos não são o assunto principal, mas adquirem uma grande importância para a composição da imagem dos líderes militares. Em diversas ocasiões, esses aparecem ao lado da artilharia do seu exército, das metralhadoras e outras armas, reafirmando sua figura de líder guerreiro. O mesmo ocorre em relação aos oficiais, aos "estados-maiores" e às próprias tropas. Os equipamentos bélicos tornaram-se simbólicos porque representam o poder das armas no processo revolucionário.[36]

As cenas da "vida cotidiana" são referenciadas por fotografias que têm como assunto central imagens dos acampamentos mexicanos (HGRM, v.I, p.292; v.II, p.529, 680, 702 e 703; v.III, p.764, 765, 779, 780, 781, 789, 808, 818, 822, 946 e 1016; v.IV, p.1108.), com suas barracas completamente desorganizadas e improvisadas, verdadeiros bivaques, como as do acampamento revolucionário de Rio Bravo, das tropas do general Lucio Blanco, em Nuevo Leon, de Venustiano Carranza, e de outros soldados revolucionários com suas *soldaderas*, cozinhando para seu *juan*. Esses acampamentos contrastam com os das tropas federais em Ciudad Juárez, bem mais organizados. As tropas norte-americanas que invadiram Veracruz também mostram organização nos seus acampamentos. Numa fotografia vê-se um grupo de soldados "comendo o rancho" em uma grande barraca aberta; em uma segunda imagem, dois militares "preparam o rancho". Sabe-se que muitas dessas fotografias possuíam a função básica de mostrar as boas condições em que viviam os soldados, o que se prestava para tranqüilizar as famílias e a opinião pública, transmitindo uma imagem de guerra limpa. Chamam a atenção, nesse

---

36 Só consideramos imagens de "equipamentos militares" quando da existência de uma referência na própria legenda da imagem, ou quando esses eram os assuntos centrais. Exemplos: fotografias de canhões, metralhadoras e armas em geral, trens, navios e aviões.

A FOTOGRAFIA A SERVIÇO DE CLIO 135

mesmo sentido, duas fotografias em que aparecem marinheiros norte-americanos na cidade ocupada de Veracruz: nessas duas imagens existe certa descontração das tropas, pois nelas se vêem grupos de marinheiros; na primeira, do navio *UMS Bristol*, e na segunda, do *Utah*, sentados calmamente num banco de praça, todos em roupa de passeio, posando para o fotógrafo, com fisionomias tranqüilas.

Uma fotografia inserida no capítulo sobre a Batalha de Celaya, "As aguerridas forças da Divisão do Norte entoam em um de seus descansos seu hino de guerra 'La Adelita'" (HGRM, v.III, p.1017), mostra os momentos de relaxamento, de descanso, de alimentação ou de higiene pessoal. Há uma curiosa fotografia (ibidem, v.IV, p.1314) de um soldado do exército federal sendo barbeado por um colega, durante uma pausa entre os ataques às tropas villistas: ela serve como contraponto à seriedade da guerra, porque retrata o lado humano das tropas.

Essas fotografias, tanto as dos locais como as dos equipamentos e da vida cotidiana das tropas, funcionam como um "olho do espectador" sobre a vida mundana da guerra. Os acampamentos e a vida cotidiana se enquadram nessa nova perspectiva da produção da informação visual sobre a guerra. Agora não serão apenas registrados os heróis, os generais, mas os soldados comuns, preparando o almoço ou durante a refeição e fazendo a barba. A representação da guerra, nesses casos, se dá em um espaço e um tempo reais, a partir de um local definido, com equipamentos militares e, principalmente, com soldados reais. Essas fotografias definem o tempo num momento preciso. Sua narrativa visual, ou seja, o conjunto de fotografias com suas legendas e textos cria um "retrato mental" da revolução, pois produzem uma ponte entre o "acontecido" e o que é apresentado pelos álbuns até os espectadores. São fotografias "testemunhas", uma evidência de que o fotógrafo esteve lá e foi um observador dos acontecimentos. Essa idéia de um observador visual é incorporada pelo público espectador dessas imagens, proporcionando o que se convencionou chamar de uma "estética da proximidade".

Essa estética da proximidade será ainda mais reforçada pelas fotografias de "combate", "ação" ou "violência". As fotografias de

## 136 CARLOS ALBERTO SAMPAIO BARBOSA

feridos nos campos de batalhas ou deitados nas camas dos hospitais, de cadáveres caídos pelas ruas das cidades ou nos campos, incinerados em pilhas ou em caixões, de fuzilamentos, enforcamentos, prisões, de destruição dos elementos materiais como edifícios em geral, pontes e trens, condensam, por um lado, a estética da proximidade, mas, por outro, contribuem para uma "estética do horror" ou da "violência da guerra". A produção de uma estética da proximidade e da violência realça a carga dramática da fotografia em comparação com a imagem pictórica. Essa estética da violência é um recurso que a fotografia tinha para registrar a ação da guerra em si. A tentativa de produzir instantâneos dos combates é um desafio enfrentado pela fotografia. Procuraremos interpretar o significado dessas fotografias estampadas nos quatro volumes dos álbuns.

A primeira seqüência de fotografias de maior destaque na construção de uma representação de ação e combate se encontra no capítulo "Emiliano Zapata se levanta em armas" (HGRM, v.I, p.252-5). Nas duas últimas páginas do capítulo, duas fotografias apresentam cenas de combate: na primeira imagem, no alto da página, a cena apresenta, em primeiro plano, uma linha de soldados federais agachados e atirando em direção ao segundo plano, onde podemos visualizar alguns elementos zapatistas. Os elementos federais e revolucionários (zapatistas) são facilmente identificáveis, pois os primeiros estão vestidos com uniformes e os segundos, com as suas famosas mantas e calças brancas, além dos chapéus largos de palma. Mais para o lado esquerdo da fotografia, observa-se uma névoa que cria uma sensação de fumaça produzida pelos tiros. A fotografia seguinte também chama a atenção, pois, no canto inferior esquerdo da imagem, aparece um grupo de quatro federais apontando para um grupo de oito zapatistas localizados, num plano não muito distante, no canto superior esquerdo e no centro superior da imagem. Nas duas fotografias não se nota nenhuma defesa natural ou artificial, portanto os grupos estariam combatendo quase frente a frente.

As duas fotografias merecem atenção, pois sugerem questões relacionadas à representação de guerras. Com base nelas, cabe indagar como um fotógrafo pôde realizar uma imagem dos dois grupos

A FOTOGRAFIA A SERVIÇO DE CLIO **137**

em luta, preservando a sua integridade física, especialmente na primeira fotografia, onde, pelo ângulo da imagem, ele estaria na zona de tiro? Como ele pôde realizar imagens nítidas utilizando equipamentos pesados e com tripé? Essas fotografias apresentam um esquema estático de composição, denotando uma idéia de imagem posada. A resposta a essas perguntas seria de que ele recorreu a uma encenação da batalha, portanto ele teria realizado um simulacro, de acordo com seus interesses e necessidades de realizar uma imagem do combate, procurando transmitir um "instantâneo de guerra" para conferir maior legitimidade ao seu trabalho.

Nesse mesmo volume e nos outros também se observam fotografias que provavelmente foram posadas. Retratam soldados revolucionários, federais ou mesmo *Rurales* em trincheiras ou sob proteção de algum elemento natural, com suas carabinas e metralhadoras, mirando ou atirando para um inimigo fora do enquadramento da fotografia (HGRM, v.I, p.290 e 301; v.II, p.399, 400, 598, 599, 600, 601, 610, 612, 625, 627 (2), 633, 634 e 696 (2); e v.III, p.782, 785, 799 e 1015). Chama a atenção uma fotografia realizada de um vagão de trem, no qual, em todas as suas janelas, soldados federais aparecem apontando suas armas, e na legenda se lê: "Federais respondendo um ataque surpresa dos zapatistas" (ibidem, v.II, p.601). Se era um ataque surpresa, como o fotógrafo conseguiu se posicionar naquela localização perfeita para enquadrar todo o vagão e todas as janelas ocupadas por soldados? Provavelmente essa fotografia procurou simular os constantes ataques a trens realizados pelas forças zapatistas e um ataque em especial, revidado pelo general Rasgado, referenciado no texto do capítulo (ibidem, v.II, p.598).Assim, é reafirmada a idéia de que os três discursos constituidores dos álbuns – fotografia, legenda e texto – são elementos indissociáveis na interpretação de seu trabalho.

Algumas fotografias podem ser consideradas como instantâneos da guerra, mas elas são poucas e de grande importância. A primeira fotografia que destacamos encontra-se no Volume II e traz a seguinte legenda: "Os federais derrotam aos zapatistas em Amecameca" (HGRM, v.II, p.399-401). Nessa fotografia, realizada muito próxi-

Foto 20  Representação da guerra, ca. 1915.

Foto 21  Representação da Guerra, ca. 1913.

mo aos soldados, aparece uma sombra que cobre o lado direito da imagem, possivelmente de algum soldado se movimentando próximo à lente; ela apresenta o avanço de tropas federais, podendo ser claramente inserida dentro dos padrões de uma fotografia "instantânea". A fotografia transmite uma idéia de movimento e de ação. Em outra fotografia do mesmo gênero, ou seja, avanço de tropas, e que se assemelha muito à anterior, alguns revolucionários villistas

A FOTOGRAFIA A SERVIÇO DE CLIO 139

se movimentam para um ataque, e dois deles, que aparentam ser atingidos, caem (HGRM, v.III, p.794-802; a fotografia se encontra na p.799). Essa fotografia se aproxima muito das imagens feitas pelos modernos fotógrafos de guerra, como Robert Capa e outros. Em algumas outras fotografias, a idéia de instantâneos de guerra também é transmitida, mas não com a mesma força (ibidem, v.II, p.625, 670). Não queremos aqui discutir a autenticidade ou a inautenticidade das imagens,[37] mas sim o papel do presumível "caráter atestatório" que elas infundem na consolidação de uma narrativa visual e que remete à constituição de uma "História visual da Revolução Mexicana", ancorada em seus líderes, mártires, heróis e vilãos, e na violência da guerra. A ampla circulação que os álbuns tiveram a partir dos anos 1940 leva-nos a perceber que essas fotografias se tornaram um atestado de um parto violento que deu origem ao nascimento do México moderno.

Na concepção de uma "estética da violência" incluem-se também as fotografias das temáticas de prisioneiros, feridos, cadáveres, fuzilamentos, enforcamentos e destruição. Essas se concentram principalmente nos volumes II e III. Dentro dessa temática, o capítulo referente à "Dezena Trágica" é o mais eloqüente, ainda mais por sabermos que Miguel Casasola fotografa pessoalmente esse acontecimento, e também pelo grande espaço dado aos acontecimentos de fevereiro de 1913 no álbum: 24 páginas. Esse capítulo pode ser considerado uma síntese dessa idéia do registro da violência (HGRM, v.II, p.515-38).

Nessa seqüência de fotografias encontramos, sem sombra de dúvida, a fotografia instantânea e a estética da violência em sua plena utilização. São várias fotografias de feridos, como a do garoto sendo resgatado numa maca pela Cruz Vermelha, de barricadas feitas de pedregulhos ou improvisadas com outros materiais, e de soldados leais ou sublevados atrás das suas metralhadoras e canhões

---

37  Para uma ótima discussão do papel da fotografia como documento e debate a respeito da importância da autenticidade ou inautenticidade da imagem, ver o artigo de Ulpiano T. Bezerra de Meneses (2002).

posicionados para atirar. Vemos também uma grande quantidade de soldados nas ruas, movimentando-se, em posição de combate ou descansando, mas o fotógrafo também registrou a população atônita diante do espetáculo da violência e fugindo dos combates.

Foto 22  Estética da Violência – Os dez dias que arrasaram com a Cidade do México, 1913.

Nesse capítulo vemos a devastação de casas e edifícios públicos ou privados da Cidade do México, causada pela luta entre tropas leais e sublevadas. Os prédios dos jornais *Nueva Era* e *El Heraldo*, semidestruídos por tiros e granadas, o do *El País*, incendiado, assim como a casa de Madero, que também teve o mesmo fim. O relógio "de la glorieta de Bucareli" está destroçado, postes de luz e paredes estão destruídos pelas granadas. Os cadáveres espalhados pelas ruas e praças, no Zócalo, nas proximidades do Palácio Nacional, e outras localidades da cidade também foram retratados. Eles eram tantos que precisavam ser recolhidos e incinerados, na região de Balbuena, para evitar uma epidemia na capital (HGRM, v.II, p.532). As fotografias de cadáveres serão comuns em outros capítulos dos álbuns, em alguns momentos retratados já em seus caixões, transportados

A FOTOGRAFIA A SERVIÇO DE CLIO  141

Foto 23  Estética da Violência – Imagens do horror da guerra, cenas de cadáveres sendo incinerados, 1913.

por cavalos, enfileirados, depois de serem recolhidos após uma batalha ou fuzilamento. Vemos fotografias de artilheiros federais mortos sobre os canhões, sendo sepultados ou ao longo de caminhos e estradas de ferro (HGRM, v.I, p.233; v.II, p.496). Há imagens de cadáveres na cidade de Veracruz, tanto de "patriotas mexicanos" como de soldados norte-americanos, mortos durante a "Expedição Punitiva" (ibidem, v.III, p.772-3; v.III, p.1100-9). Uma fotografia chama a atenção no Volume II, um grupo de rebeldes derrotados por tropas federais no Estado de Michoacan é exibido como troféu num estandarte dos revolucionários, que diz: "Autonomia do Povo" (ibidem, v.II, p.637). Nem mesmo os chefes revolucionários escaparam do registro visual de seus cadáveres, desde os oficiais e líderes secundários, como o general Juan Banderas, Lucio Blanco e Francisco Murguía, até os principais, como Emiliano Zapata, Francisco Villa e Venustiano Carranza (ibidem, v.IV, p.1321; v.V, p.1620-21; Fig.91-92; v.IV, p.1417; v.V, p.1592 e 1596). Mas a estética da violência também será representada pelas fotografias de fuzilamentos e enforcamentos.

Foto 24 Estética da violência – A Revolução chegou à capital, cenas de destruição da cidade, 1913.

Com base no exposto, podemos lançar algumas questões sobre a representação fotográfica da guerra: em que medida a fotografia é capaz de mostrar a guerra na sua complexidade e totalidade? Ela ajuda os espectadores a compreendê-la, de uma forma mais ampla, pelo fato de retratar múltiplos aspectos do conflito? É possível, para a fotografia, expressar sentimentos provocados pela guerra? Como a fotografia se coloca em relação à pintura histórica que representa guerras e batalhas? Iniciando pela última questão, poderíamos afirmar que a fotografia trouxe uma mudança no que se refere à representação visual da história. Segundo Trachtenberg (1989, p.74-5):

> a força das fotografias repousa em seus aspectos mundanos – seu retrato da guerra como um evento que ocorre no espaço e no tempo real – apresenta uma concepção diferente do ambiente dentro do qual a guerra acontece: não expressa o cenário ou o tempo fictício de um teatro [...] mas o tempo real e um campo preciso, ou seja, o campo de batalha...

Foto 25   Morte de Francisco Villa, 1923.

Segundo ainda esse autor, essas mudanças vieram acompanhadas por perdas na possibilidade de compreensão da forma global das batalhas e do desdobrar da guerra e do real significado dos eventos.

## 144 CARLOS ALBERTO SAMPAIO BARBOSA

Acreditamos, no entanto, que esse limite do entendimento, na realidade, advém da própria mudança da guerra no século XIX: a guerra moderna caracteriza-se pelo uso de exércitos formados pela população. A concepção da "nação em armas" marca o advento da convocação em massa de conscritos para as campanhas entre Estados-nações, a partir principalmente do século XIX. A guerra definitivamente tornou-se um novo evento político, muito complexo, e ampliou o grau de dificuldade da sua representação.[38]

A guerra tornou-se um acontecimento complexo e fragmentado, apresentando várias perspectivas simultâneas. Como alguém poderia vivenciar o caos da guerra e representá-lo de maneira inteligível, de forma a tornar compreensível todo o significado histórico e político do acontecimento narrado por meio de imagens tão segmentadas? Segundo Trachtenberg (1989, p.75), essa problemática é resolvida pela própria característica da fotografia com a sua fragmentação e tendência a cobrir os aspectos cotidianos: "A inevitável fragmentação da reportagem fotográfica coincidiu com a fragmentação da informação, pelas quais líderes políticos, generais, soldados e público são igualmente confrontados com uma nova forma de história representada pela Guerra...".

A própria história construída a partir da narrativa escrita também enfrenta o problema de abordar a totalidade de um acontecimento. Por esse motivo, admitindo as limitações nesse sentido, optamos por recortes que permitem, na medida do possível, relacionar a parte com o todo. No que se refere à produção de sentimentos provocados pelas imagens visuais, não se pode negar que o impacto produzido pela narrativa histórica, a partir de fotos, é de natureza distinta e mais intensa do que a narrativa construída por documentos escritos. Tratando-se das narrativas visuais, o debate em torno da capacidade da representação das imagens em geral não se restringe ao aspecto da

---

38 O autor clássico que discute o surgimento das concepções modernas de guerra é Von Clausewitz (1979). Ver também, para uma discussão sobre as transformações da arte da guerra, o livro de Keegan (1995).

A FOTOGRAFIA A SERVIÇO DE CLIO  145

representação fotográfica e diz respeito à representação da revolução nas artes plásticas, no cinema e na própria literatura.[39] Na tradição pictórica, em geral, essa problemática também está inserida. Entre as representações de acontecimentos históricos, batalhas, guerras e revoluções merecem o lugar de honra (Burke, 2001, p.146). Essa tradição vem desde a Antigüidade e chega aos nossos dias, tendo sido reforçada pela pintura histórica, encomendada por soberanos, governos e, mais recentemente, pelos periódicos ilustrados. Essa representação não se desenvolve sem problemas, pois como apresentar cenas de batalhas que são espalhadas num espaço reduzido de um quadro ou de uma fotografia. Uma solução foi a concentração em uma determinada ação, ou alguns poucos indivíduos, fragmentando o acontecimento em pequenas peças. Essa forma de representar as batalhas encoraja o uso de um "estoque de figuras" simbólicas. Para ajudar pintores e fotógrafos a representar uma luta o mais dramaticamente possível, procurou-se criar o que era mais típico para representar uma batalha em particular (ibidem, p.147).

Como vimos, os Casasola respondem a essa problemática da fotografia de guerra por meio do seu trabalho como fotógrafos, colecionadores e editores. Seus álbuns compõem uma estratégia de representação que denominarei de uma *narrativa visual ou fotográfica de representação da revolução*. Essa estrutura baseia-se em um certa seqüência da edição das fotografias, que seria: a) personagens principais – líderes revolucionários e anti-revolucionários –; b) personagens secundários – oficiais, estado-maior, auxiliares e outros líderes –; c) personagens coletivos – as unidades militares ou tropas –; d) espaço e equipamentos – equipamentos bélicos e localização (vida

---

39  Na nossa dissertação de mestrado desenvolvemos a representação da Revolução por meio da literatura, enfocando uma obra em particular, produzida "no calor da hora", ou seja, durante o próprio processo revolucionário. Nesse trabalho, a representação da violência já surgia como tema, assim como o debate em torno de como representá-la (Barbosa, 1996). Para a literatura, ver também Rutherford (1978). Como já foi dito anteriormente, os próprios cinejornalistas também colocaram essa questão, conforme Reyes (1992).

146 CARLOS ALBERTO SAMPAIO BARBOSA

cotidiana, acampamentos) –; e) ação.[40] A seleção de um estoque de figuras simbólicas, Porfirio Díaz, Francisco Madero, Venustiano Carranza e Álvaro Obregón, já é eloqüente por si só. Esses personagens, tornados *emblemas narrativos*, permitem compreender melhor a concepção de política, de sociedade e da história mexicana desse período.

A estética da violência está inter-relacionada com a estética da proximidade e consolida a idéia de uma carga dramática que a fotografia agrega à produção da informação visual. O próprio estabelecimento dos fundamentos e das características básicas da fotorreportagem, segundo Jorge Pedro Sousa, surge com as coberturas das guerras. O autor destaca alguns desses aspectos:

a) descoberta definitiva por parte dos editores das publicações ilustradas de que os leitores queriam também ser observadores visuais; a fotografia passa a ser vista como uma força atuante e capaz de persuadir devido ao seu "realismo", à verosimilitude [...] b) a percepção de que a velocidade entre o momento de obtenção da foto e o da sua reprodução era fundamental numa esfera de concorrência [...] que começou a acentuar a *cronomentalidade*[41] dos fotojornalistas envolvidos e a tornar a "atualidade" um critério de valor-notícia (também) fotojornalístico [...] c) a aquisição da idéia de que era preciso estar perto do acontecimento[42] [...] d) a emergência da noção de que a fotografia possuía uma carga dramática superior à da pintura e que era nisso que residia o poder do novo *medium* [...] e) a guerra é despida da sua auréola de epopéia; f) evidencia-se que a imagem da guerra é freqüentemente a imagem que dela dá o vencedor ou pelo menos de que a imagem final da guerra é conformada pela imprensa mais forte.[43]

---

40 Encontramos certa semelhança nas análises de Cícero Antônio F. de Almeida (2002) das fotografias de Flávio de Barros.

41 Cronomentalidade também pode ser definida como uma retórica da velocidade.

42 Estética da proximidade que, mais tarde, foi amplamente utilizada pelos fotógrafos dos anos 1930, imortalizada por Robert Capa e a sua famosa fotografia do miliciano abatido.

43 Essas características remontam ao século XIX com a cobertura da Guerra de Secessão dos Estados Unidos, passando pela Primeira Guerra Mundial e de-

A FOTOGRAFIA A SERVIÇO DE CLIO  147

As fotografias da violência da guerra, das devastações, da destruição, dos mortos e feridos, assim como dos fuzilamentos e enforcamentos condensam uma carga dramática na imagem fotográfica. As imagens da violência perpetuam um sentido físico da guerra e transmitem ao espectador uma noção de proximidade em relação ao evento, transformando-o em um observador visual da guerra. Daí surge a noção da "fotografia como o olho da história". Por intermédio desse olho somos levados a ver a violência, ou melhor dizendo, os resultados da violência da guerra, com imagens de cadáveres, soldados feridos, maltrapilhos ou em hospitais de campanha, como se fosse a ação em si, o combate. Vemos também cenas da destruição causada nas cidades e mesmo na natureza. A guerra em si é um tema de forte carga dramática. A realidade representada é a realidade da violência e da seriedade da guerra. A fotografia de guerra acaba se tornando o principal fator responsável pela estética do horror.

Essas fotografias que permitem construir uma narrativa visual da Revolução Mexicana ao longo dos álbuns que contêm imagens de combate criam a oportunidade de representar os comandantes de uma maneira heróica. Os líderes militares ou civis que se engajaram em uma determinada luta utilizaram essas imagens em seu proveito político posterior. Esse foi o caso da *Historia gráfica de la Revolución Mexicana*, que valorizou a participação de Francisco Madero, Venustiano Carranza e Álvaro Obregón como os pais fundadores do Estado e da sociedade mexicana moderna. Nesse aspecto, fica clara a posição dos construtores dessa versão da Revolução Mexicana. Eles privilegiam os vencedores – os líderes constitucionalistas, que derrotaram os líderes dos exércitos camponeses. Zapata e Villa são representados como elementos secundários nesse processo, mas sua força política e sua penetração popular não permitiam que suas participações fossem ignoradas, embora tenham sido enfraquecidas por meio da edição e da estrutura da narrativa. No que se refere à

---

sembocando no surgimento do fotojornalismo moderno entre os anos 1920 e 1930 (Sousa, 2000, p.37-9).

imagem de Porfirio Díaz, ela foi montada de forma ambígua: por um lado, representava o governante autoritário, obstáculo ao desenvolvimento político mexicano, mas, por outro, foi o líder que comandou o país no seu desenvolvimento econômico e era reconhecido como o grande governante na Europa, chegando no final do álbum a ser inserido entre os grandes líderes políticos mexicanos. É preciso lembrar que Casasola iniciou suas atividades como fotógrafo "oficial" do porfirismo.

Entre a pouca receptividade da primeira edição dos álbuns nos anos 1920, quando a revolução, com seus líderes, com sua violência e mortes, quis ser esquecido pela sociedade mexicana, e a boa recepção obtida nos anos 1940, com a segunda edição, mostra-se que ocorreu uma transformação importante no país. O horror dos corpos feridos e da violência da guerra cedeu espaço para heróis e mártires de uma nova sociedade. Ocorreu uma sacralização da revolução que as lentes dos Casasola ajudaram a construir. A revolução se transformou em uma aventura, com atos de nobreza dos participantes que conseguiram controlar atos de barbarismo ou selvageria, sempre relacionados aos exércitos camponeses. A guerra de uma luta entre diversos grupos e classes sociais tornou-se uma experiência enaltecida como ação conjunta de toda a sociedade, liderada por homens especiais, permitindo o surgimento de uma nova liderança política que se legitimou no poder. Os inimigos de outrora foram reunidos, dividindo lado a lado o mesmo espaço de uma página do álbum, mas no conflito geral os vencedores se destacam no conjunto da obra.

# 3
# A CONSTRUÇÃO, A CONSOLIDAÇÃO E O ESPETÁCULO DO PODER

> "A solenidade não é uma característica
> do poder: ela é o poder."
> (Monsivais, 1988, p.329)

O objetivo deste capítulo é investigar a dimensão visual produzida pelas fotografias sobre eventos políticos da sociedade mexicana entre o período de 1900 e 1940. Retomemos, de início, uma reflexão de Claude Lefort (1991, p.9) sobre o político à luz da experiência do nosso tempo, buscando "encontrar os sinais do político lá onde são, com mais freqüência, ignorados, ou denegados...". O autor reflete sobre a democracia moderna, que estabelece um *mise en forme* que antecipa uma nova determinação-figuração do *lugar do poder*, ou novo espaço, a partir do qual se deixa ver e estabelecer um novo pólo simbólico. Esse *lugar do poder* implica uma dimensão da representação do poder cujo espaço se apresenta como o *lugar vazio*, ou seja, estabelece-se um discurso de que o poder não pertence a ninguém, aquele que o exerce não o detém, apenas o encarna: um grupo, pessoa ou partido político ocupa-o por certo tempo, sendo periodicamente renovado. O Estado adquire, nessa fase, uma impessoalidade. A sociedade não é mais representada na figura dos dois corpos do rei, como bem desenvolveu Ernst Kantorowicz (1998), ou de um

150 CARLOS ALBERTO SAMPAIO BARBOSA

príncipe, mas se configura nas representações de povo, nação e Estado, nas quais a identidade e as condições sociais adquirem novos significados de unidade.

Seguindo as pistas lançadas por Lefort, pretendemos observar os sinais do poder visível e invisível por meio das fotografias que representam o espaço político mexicano presente nos álbuns, e compreender como se manifesta a dupla mediação apresentada primeiro pelos fotógrafos e posteriormente pelos editores dos álbuns, na construção das imagens do poder.

Há várias manifestações fotográficas em relação ao político e ao poder, e um dos primeiros temas da fotografia política são os retratos solenes que cada novo presidente realiza. Advindo ainda da herança de uma tradição pictórica, quando o retratado aparecia em tamanho natural ou até maior, de pé ou sentado num trono, o retrato se impõe nos álbuns.

Em face da grande transformação política ocorrida no México com a revolução, as imagens do poder se modificam. No período das décadas de 1920 e 1930, as fotografias mostram os governantes no dia-a-dia de seu trabalho, criando a ilusão da intimidade do governante com o povo, o que denota uma preocupação de determinar que a distância social fora abolida. Os novos homens públicos são retratados de forma a transmitir uma imagem de dinamismo, juventude, vitalidade, coragem e eficácia, tanto no campo de batalha como no trato da coisa pública.

Os rituais de transmissão do poder, muito retratados no álbum, se apresentam como um momento privilegiado de representação do político. Quando nos referimos a rituais presentes no álbum estamos considerando aqueles que apresentam uma regularidade relacionada aos períodos presidenciais. Representam o lugar do poder ocupado transitoriamente, com alternância de personagem, o que é típico de um governo representativo. Esses rituais também se prestam a uma tentativa de transmissão de valores sociais e políticos, além de permitirem uma aproximação entre governante e governados. As fotografias permitem ampliar as repercussões desses rituais entre a população: muito mais do que a palavra imprensa, a imagem atinge

A FOTOGRAFIA A SERVIÇO DE CLIO **151**

um número infinitamente maior de pessoas. Advém desse fato a necessidade de dar ênfase aos rituais de passagem entre o antigo e o novo ocupante do cargo presidencial. A declaração da vitória eleitoral, chamada no México de *bando*, e o juramento à Constituição, chamado *protesta*, significavam momentos privilegiados de representação do poder e por esse motivo eram intensamente retratados. A existência de uma quantidade de fotografias sobre a política nos leva a supor que existia um sistema de construção e transmissão de imagens do poder. Quando nos referimos a sistema, temos em mente uma estrutura de produção que envolve fotógrafos, estúdios, equipamentos, empresas de comunicação e um público receptor, além, é claro, do político consciente da existência dessa engrenagem e da importância da construção da sua auto-imagem. Havia uma produção/encenação para um público muito amplo.

Desde o advento da fotografia verifica-se uma tendência ao realismo em detrimento de uma representação mais alegórica própria da pintura, o que justifica a maior utilização da fotografia no registro dos atos políticos e consolida uma dimensão visual em que o padrão visual de representação é a imagem fotográfica. Os Casasola foram artífices, em conjunto com esse novo Estado, da construção dessa nova forma de visibilidade do poder.

Nos eventos políticos, como afirma Lefort, existe um elemento ritual intrínseco ao seu processo. As imagens estampadas nas centenas de páginas dos álbuns dos Casasola permitem explorar o significado desse poder. A fotografia constitui um dos melhores instrumentos de representação dessa solenidade do poder ao divulgá-la e ampliá-la para um número muito maior de pessoas, além daquelas que presenciaram diretamente o evento, aumentando sua potencialidade de recepção do espetáculo. Para compreender esse processo, estruturamos este capítulo em cinco seções: a primeira apresenta as transformações da representação do poder nos últimos dez anos do governo de Porfirio Díaz até o governo de Victoriano Huerta; a segunda apresenta a política no contexto da luta armada, enfocando dois eventos fundamentais da busca de uma legitimidade institucional por meio dos capítulos dedicados à "Convenção de Aguasca-

## 152 CARLOS ALBERTO SAMPAIO BARBOSA

lientes" e ao "Congresso Constituinte" de Querétaro; a terceira e a quarta seções pretendem seguir as campanhas e as solenidades de posse e juramento dos governos pós-revolucionários, desde Álvaro Obregón até o governo de Lázaro Cárdenas, com o intuito de mostrar essas mudanças na política mexicana; e a quinta trata da violência política dos anos 1920 e 1930 nas diversas rebeliões e revoluções desse período, assim como nos confrontos políticos.

## A imagem do poder como bastão sagrado

As fotografias dos álbuns *História gráfica de la Revolución Mexicana*, deixando de lado aquelas relativas ao movimento bélico, são essencialmente calcadas nos acontecimentos políticos mexicanos.[1] Podemos observar que o álbum, de uma forma obsessiva, registra o exercício do poder. A tônica dessas fotografias de temática política girava em torno dos presidentes em exercício, dos principais líderes políticos, da atuação deles nas datas comemorativas e da "vida íntima" dos governantes. Essas fotografias abarcam o que podemos definir como o espetáculo do poder com os seus ritos, essenciais para a afirmação de uma legitimidade recentemente constituída.

Como afirma Monsivais (1988, p.331): "um país se governa desde os seus ritos", e um dos ritos primordiais que os álbuns transmitem diz respeito aos momentos de eleições presidenciais e de transmissão dos governos. Assim, uma das balizas cronológicas do álbum está relacionada aos períodos presidenciais, mais especificamente à posse dos mandatários, os chamados retratos solenes dos presidentes empossados. Essas fotografias revelam a "face do poder": Porfirio Díaz, Francisco Leon de la Barra, Francisco Madero, Victoriano

---

1 O padrão temático visual "Ritual Político", que aglutina as temáticas "Político", "Eleitoral", "Diplomacia", "Judicial" e "Internacional", totaliza 33,07% das representações fotográficas. Conforme mostramos anteriormente, os temas "Político", com 19,63%, e o "Eleitoral", com 8,78%, dos assuntos fotografados, em média, foram os mais recorrentes.

Huerta, Francisco Carvajal, Eulalio Gutiérrez, Roque Gonzalez Garza, Venustiano Carranza, Adolfo de la Huerta, Álvaro Obregón, Plutarco Elias Calles, Emilio Portes Gil, Pascual Ortiz Rubio, Abelardo Rodrigues e Lázaro Cárdenas. Vejamos como foram apresentados nos álbuns os acontecimentos políticos entre os governos de Díaz e Huerta. O primeiro capítulo inicia com a "Biografia del general Porfirio Díaz" (HGRM, v.I, p.2-5). Na representação fotográfica dos rituais políticos e do poder de Porfírio Díaz destacam-se algumas imagens do ato amplamente registrado nos álbuns denominado, em espanhol, *bando* presidencial, uma espécie de edito ou mandato solene com o resultado das eleições, o qual deveria ser divulgado ao público. Presenciamos imagens do *bando* presidencial em várias fotografias.

Foto 26  Rituais do poder: imagens da posse de Porfírio Díaz pela sexta vez, 1904.

Outra solenidade muito recorrente refere-se ao juramento do presidente ou, em espanhol, a *protesta*, que nessa época acontecia na Câmara de Deputados (ibidem, v.I, p.54). Esse evento, como um todo, propiciava uma série de momentos importantes do ponto de vista do

## 154 CARLOS ALBERTO SAMPAIO BARBOSA

registro visual, por meio das fotografias, como o desfile de Díaz pelas ruas da capital escoltado pelo seu estado-maior, sendo observado pela população. Outros atos flagrados pelas câmeras dos fotógrafos referem-se, novamente, a retratos coletivos de políticos, de assessores de diversos níveis das esferas federal, estadual e municipal que se deixam registrar ao lado do candidato, além de momentos de entregas de estandartes dos diversos clubes políticos. Os banquetes constituíram outro evento político fotografado em abundância, com o objetivo de visualizar o apoio ou comemorar um triunfo eleitoral. Os retratos coletivos das posses dos gabinetes, suas renúncias, respectivas trocas no meio de um mandato também foram objeto de interesse.

Os retratos dos políticos, em especial de Díaz, foram realizados, de modo geral, em pé ou sentados. Nessas fotografias, os olhos do retratado são focalizados acima dos do observador, reforçando a sua posição superior. As roupas eram solenes, pois o decoro não permitia que fossem mostrados em roupas do cotidiano. O fraque era o traje oficial ou, então, o uniforme característico do político da primeira década do século. Representam um símbolo da posição social elevada e da civilidade. Os ambientes ideais para a realização das fotos eram os palácios, gabinetes, salões, restaurantes luxuosos; enfim, o espaço interior do poder. Os objetos que compunham a cena eram cadeiras presidenciais, poltronas, palanques, cortinas, mesas de trabalho, associados ao poder e à sua magnificência. A postura e a expressão estática transmitem a sua ação de dignidade, autoridade e permanência no poder. Elas nos remetem aos padrões da pintura e da estatuária do passado. As vestimentas e o espaço de representação da época do porfiriato marcam nítido contraste com as fotografias da revolução.

Encontramos também as representações fotográficas da oposição, principalmente da campanha *anti-reeleicionismo*. Nessas representações se destacam os retratos individuais dos principais líderes políticos da campanha contra uma nova reeleição de Díaz. Os retratos coletivos surgem novamente; neles vemos um grupo de pessoas que fundaram o Partido Nacional Democrático. Chama a atenção nesse capítulo a inserção de dois documentos e de uma montagem

A FOTOGRAFIA A SERVIÇO DE CLIO 155

com reproduções das manchetes de dois jornais. O primeiro documento refere-se a uma ata de fundação do "Club Antirreeleccionista Valentin Gómez Farias", e o segundo, a uma carta de Madero a Manuel Urquidi (HGRM, v.I, p.113 e 115). Esse formato de edição com inserções de documentos constitui uma enunciação de um discurso imagético relacionado ao álbum que visualmente procura construir a história do México.

Ainda no campo que denominamos representação da oposição ao porfiriato, encontramos os capítulos "Antirreeleccionismo – 1900-1908" e "Plan Liberal" (ibidem, p.73-8). Neles vemos uma galeria de retratos com fotografias dos participantes desses movimentos, como Antonio I. Villarreal, Juan Sarabia, Santiago R. de la Veja, Luis Cabrera, Diodoro Batalha, Filomeno Mata, Julio Uranga, Carlos Uranga, Cesar Cannales, Fernando Iglesias Calderon, E. Flores Magón, R. Flores Magón, J. Flores Magón, Camilo Arrriaga, Librado Rivera, Praxedis Guerrero, Antonio Diaz Soto y Gama e Alfonso Craviooto (ibidem, p.73-8 e 79-86). As campanhas políticas de Madero surgem nas páginas seguintes, assim como a Convenção "Anti-reeleicionista", com fotografias da Assembléia, de manifestações populares de apoio e da conseqüente repressão policial.

No que se refere ao momento da renúncia de Porfirio Díaz, três fotografias apresentam a reação popular à sua saída do poder: a primeira mostra um pequeno grupo bebendo cerveja com bandeiras e estandartes contra Díaz e as demais retratam uma multidão se concentrando no Zócalo, nos tetos dos bondes, e que, segundo a legenda, gritavam "Viva Madero! Viva a Revolução! Morte ao Gal. Díaz!". Um novo governo toma posse com a renúncia de Díaz. Nesse contexto, encontramos um retrato solene do licenciado Francisco Léon de la Barra, com imagens suas fazendo o juramento (*protesta*) na Câmara dos Deputados como presidente provisório e do seu novo gabinete. O último capítulo do Volume I registrou o lançamento de Madero como candidato à presidência da República, mas a campanha presidencial de 1911 foi apresentada principalmente nos capítulos que abrem o Volume II do álbum.

156 CARLOS ALBERTO SAMPAIO BARBOSA

O que mais chama a atenção nas fotografias sobre o período Madero são as imagens da sua campanha eleitoral e do dia de sua posse, quando ele aparece discursando para um grande público, o que não existia no período anterior. Nas fotografias referentes ao capítulo "Madero, presidente electo" (HGRM, v.II, p.403-5), vemos três imagens em que o líder discursou para o público, de um balcão, e a população estava aglomerada nos espaços disponíveis para melhor ouvi-lo e vê-lo: em cima dos bondes ou dos carros. Outras fotografias, que devem ser destacadas, dizem respeito aos retratos coletivos com partidários e membros de clubes políticos (ibidem).

O período governamental de Madero foi curto (novembro de 1911 a fevereiro de 1913), mas contou com uma oposição, tanto militar, golpista, como política. As representações fotográficas que se destacam nesse contexto referem-se às imagens dos acontecimentos políticos, mas com uma diferenciação temática, pois além de abarcar os mesmos padrões anteriores – foto solene/oficial, *bando* presidencial, *protesta*, desfile na rua, gabinete, banquetes –, mostram fotografias do presidente com grupos específicos: clubes políticos ou grupos que referenciam uma classe ou uma categoria. Os álbuns mostram também os acontecimentos políticos com a participação do público. Apesar de podermos dizer que existia apenas uma incipiente democracia, começa a surgir nesse momento uma nova representação do político: ele se apresenta ao público como líder popular. Este constitui um dos primeiros sinais de mudança para uma nova imagem do poder. Essa nova visibilidade foi interrompida com o advento da revolução e só será retomada na década de 1920, em um novo patamar.

O curto governo de Victoriano Huerta (19 de fevereiro de 1913 a 15 de julho de 1914), somado ao acirramento do conflito armado, desviou o foco do editor dos álbuns dos acontecimentos políticos para o movimento armado.[2] Os volumes II e III que abrangem esse

---

2 Ver o Anexo VI, no qual podemos acompanhar que a temática "Movimento Armado", de 22,11% no Volume I, vai para 45,64% no Volume II, 62,88% no III, e volta para 25,63% no IV, ao passo que as temáticas "Político" e "Eleito-

A FOTOGRAFIA A SERVIÇO DE CLIO 157

governo apresentam reduzido número de fotografias políticas. Essa escassez de imagens pode ser explicada pelo quadro de luta civil generalizada em todo o país, o que levou o editor dos álbuns a privilegiar, na edição, as fotografias que enfocavam a temática militar. Não obstante, o governo de Huerta procurou construir uma imagem de legalidade captada pelos fotógrafos: no álbum há vários capítulos que procuraram representar a existência de uma vida política normal, apesar da guerra.

Nessa fase de crise da estrutura política do Estado mexicano, observamos que, apesar da expansão da guerra civil, os vários capítulos do álbum revelam uma vontade de manter uma ilusão de normalidade política. As fotografias continuam a apresentar as imagens dos gabinetes presidenciais, dos banquetes, das festas cívicas. Nota-se a ausência de fotografias de manifestações políticas públicas e de grandes públicos. Surge, como novidade, um destaque maior para os acontecimentos que envolvem a câmara dos deputados e sua dissolução e as eleições para legitimar o governo Huerta. Chama ainda a atenção um capítulo que cobre o reconhecimento internacional de alguns países ao novo governo, o que revela uma busca incessante de legitimação, tanto nacional como internacional, do governo (HGRM, v.II, p.403-5).

Os álbuns procuram transmitir uma sensação de continuidade política, de manutenção de uma legalidade duvidosa. O próximo passo dos álbuns na esfera política será enfocar essa busca de legalidade, após a renúncia de Huerta. Com sua queda, assumiu o poder o ministro das Relações Exteriores Francisco C. Carbajal. Seu interinado durou poucos dias, pois Obregón, representantes do Exército Federal e delegados das embaixadas da Inglaterra, do Brasil, da França e da Guatemala assinaram o Tratado de Teoloyucan, simbolizando a dissolução das forças armadas e o fim dos conflitos (HGRM, v.III, p.823-6).[3]

---

ral", respectivamente, seguem a seguinte trajetória: 17,04% e 16,02 no Volume I, 17,51% e 3,32% no II, 19,03 e 0,21% no III, e 17,20% e 16,24% no IV.

3  O embaixador brasileiro é Cardoso Oliveira.

158 CARLOS ALBERTO SAMPAIO BARBOSA

O governo ditatorial de Huerta terminava e tinha início uma batalha pela paz e por uma reorganização do Estado mexicano. As forças vitoriosas eram muito heterogêneas dos pontos de vista social, econômico, geográfico, cultural e em relação ao projeto político para o país. Num primeiro momento, o *Primer Jefe*, Venustiano Carranza, foi quem centralizou o amplo espectro político-social. Os capítulos "Entrada triunfal del Ejercito Constitucionalista a la capital de la República" e "Entrada triunfal del Primer Jefe, Don Venustiano Carranza, a la Ciudad de México" (ibidem, p.827-31 e 839-43) simbolizaram a tomada de poder das forças vitoriosas. A narrativa iniciava com a saída do exército derrotado, para logo depois mostrar as tropas vitoriosas desfilando pelas ruas e pela praça central, núcleo fundamental da política mexicana. Os soldados, a cavalo, levavam bandeiras e armas em punho. Nos meses seguintes, essas forças se aglutinaram em torno de duas grandes propostas: a Convenção de Aguascalientes e a Constituinte de Querétaro.

## A política na encruzilhada da Revolução

### A Convenção de Aguascalientes

Com a vitória militar da coalizão de forças que se antepuseram ao governo de Huerta e a dissolução do Exército Federal, a grande tarefa que se colocou no horizonte dos revolucionários mexicanos era reorganizar o Estado, e isso passava pela pacificação do país mediante a realização de um grande acordo entre as diversas facções em luta. Álvaro Obregón exerceu um papel fundamental nessa tentativa de manutenção da unidade e convenceu tanto os representantes villistas como os carrancistas a cumprirem o Pacto de Torreon[4] e

---

4 Pacto que selou o acordo entre Francisco Villa e Venustiano Carranza, no qual ficou estabelecido que, assim que fosse derrubado o governo ditatorial de Victoriano Huerta, se convocaria uma Convenção das tropas revolucionárias para discutir as eleições e demais assuntos de interesse geral (ver Knight, 1986, p.813).

A FOTOGRAFIA A SERVIÇO DE CLIO 159

convocarem a Convenção Revolucionária Mexicana para o dia 1º de outubro de 1914, na qual todos os militares envolvidos na luta contra Huerta participariam representados por delegados eleitos na proporção de um para cada mil revolucionários. Essa convenção se realizaria na Cidade do México, no recinto da Câmara dos Deputados. Em princípio, os villistas se recusaram a comparecer alegando que a capital não era um local neutro. A Convenção Revolucionária, no intuito de aglutinar as forças, aprovou a mudança de local e escolheu a cidade de Aguascalientes. Assim, no dia 10 de outubro, reiniciaram-se os trabalhos no Teatro Morelos. Com o estabelecimento de um local neutro, os villistas foram novamente convidados a enviar representantes às diversas facções revolucionárias. Existiam cinco grupos distintos: os carrancistas, os villistas, um terceiro grupo de 26 delegados zapatistas que chegaram apenas no dia 26 de outubro, um quarto grupo de delegados obregonistas e, por fim, um grupo de representantes "independentes". Faziam parte dessa Convenção 57 generais, governadores militares, 95 representantes de tropas e mais a delegação zapatista. Portanto, essa convenção ficou restrita aos elementos militares, deixando de fora os civis, que em grande parte apoiavam Carranza.

A Soberana Convenção – título conferido no primeiro dia de atuação para marcar sua posição de independência dos diversos grupos políticos –, na tentativa de resolver as rivalidades entre os diversos líderes, votou pela renúncia simultânea dos três líderes principais: Carranza, Villa e Zapata. O primeiro não reconheceu a autoridade jurídica da assembléia e retirou-se para Veracruz. Villa foi reconhecido como chefe da Divisão do Norte, e Zapata, do Exército do Sul, pelo novo presidente provisório, Eulalio Gutierrez. Obregón e seus delegados optaram por permanecer ao lado de Carranza e abandonaram a assembléia. Com Carranza deixando a capital, as tropas que apoiavam a Convenção, basicamente as zapatistas e villistas, ocupam a Cidade do México, fato que ocorreu nos dias 24 e 25 de novembro de 1914 (cf. Tobler, 1994, p.310-14).

No que se refere à Convenção de Aguascalientes, há uma série de capítulos que mostram os acontecimentos ali ocorridos. Para co-

Foto 27   Imagens da Convenção de Aguascalientes, 1914.

brir a Convenção, Agustín Víctor Casasola envia seu filho Gustavo Casasola, na época com apenas quatorze anos: essa foi a iniciação do adolescente no fotojornalismo. Nesse período, tanto Agustín como Miguel praticamente não saíram da capital, o que explica as poucas imagens no álbum referentes aos exércitos constitucionalistas que na ocasião encontravam-se fora da capital (Ruvalcaba, 1996, p.194).[5]

As fotografias mais recorrentes foram as referentes à mesa diretiva, aos grupos de delegados carrancistas, villistas e zapatistas, ao ato de assinatura da bandeira como forma simbólica de juramento às decisões da Soberana Convenção, além de retratos dos partici-

---

5   O autor informa que foram feitas 46 fotografias da Convenção, das quais 36 são 5 x 7 em chapa de vidro e as restantes são de nitrocelulose. Nos capítulos dos álbuns são estampadas 52 imagens. Identificamos sessenta fotografias nos capítulos relacionados à Convenção nos álbuns, cujos assuntos permitem afirmar que foram feitas durante sua realização. Esse exemplo é revelador do processo de produção dos álbuns. Provavelmente, o editor, Gustavo Casasola, o mesmo que na época fotografou, utilizou todas as imagens e mais algumas compradas de terceiros. Para o número de fotografias, ver a nota 26 de Ruvalcaba (1996).

A FOTOGRAFIA A SERVIÇO DE CLIO 161

pantes, individuais ou em pequenos grupos, do salão com os delegados assistindo aos debates e discursos e da eleição e juramento de Eulalio Gutierrez como presidente provisório.

Um fato que gerou muita polêmica se deu durante o discurso de Antonio Diaz Soto y Gama, delegado zapatista, que se recusou a assinar a bandeira mexicana, pois "esse estandarte em que havia jurado a Assembléia é de Iturbide e de Iguala; que ele não assinaria, porque vale mais a palavra de honra que a assinatura estampada nessa bandeira" (HGRM, v.III, p.901). Tal atitude gerou vários protestos e os delegados carrancistas beijaram a bandeira e a levaram para guardá-la junto a esses delegados. A retratação desse fato nos álbuns era reveladora da leitura feita pelo editor: apresenta os obregonistas e os carrancistas como guardiãs do símbolo pátrio.

O que o álbum transmite é uma tentativa de restaurar o campo político e uma reestruturação do ritual político. A Convenção representou uma forma de recuperar uma divisão patente na sociedade mexicana, divisão essa que deu origem ao grande cisma. A Revolução Mexicana se encontrava numa encruzilhada entre dois projetos políticos: um deles surgido das propostas da Convenção, hegemonizado pelas facções zapatistas e villistas e com apoio de grupos menores, e outro, comandado por Carranza e que desembocou na Assembléia Constituinte, que veremos a seguir.

O espaço político retratado voltou a ser preenchido pelos delegados militares, embora muitos deles se apresentassem em trajes civis. A proibição da participação dos civis é sintomática do momento político. As fotografias confirmam também a afirmação de que muitos dos delegados eram, na realidade, representantes *designados*, ou seja, um delegado militar designava um terceiro para representá-lo, e em muitos casos eram civis. As concessões de credenciais também não eram as mais rigorosas, e assim os civis não estiveram de todo excluídos da Convenção.[6]

Com a desocupação da Cidade do México pelas forças constitucionalistas, a Convenção transferiu-se, a partir de 1º de janeiro de

---

6    Sobre a presença de civis, ver a discussão de Knight (1986, p.817-18).

162 CARLOS ALBERTO SAMPAIO BARBOSA

1915, para a capital. Sua mudança para a Cidade do México foi uma das muitas que se realizaram até a sua dissolução completa em outubro de 1915 (Ulloa, 1981, v.4).[7] A Convenção significou a união das facções villistas e zapatistas, por alguns meses, porque posteriormente houve desentendimentos que levaram a uma ruptura entre elas. Essa união temporária permitiu a ocupação do poder central e o fato deu origem a uma das imagens mais marcantes da revolução: fotos de Villa e Zapata sentados na cadeira presidencial no Palácio Nacional, após a entrada triunfante dos dois exércitos na Cidade do México.

## O Congresso Constituinte de Querétaro

Ao contrário do que se verificou na Convenção, quando Gustavo Casasola (na época, um iniciante no ofício de fotógrafo) foi designado para retratá-la, Agustin e Miguel Casasola se deslocaram até o local do Congresso e montaram um estúdio para cobrir, com maiores possibilidades, esse grande evento político. Nesse trecho do álbum as fotos mostram o nascimento do novo Estado mexicano, surgido a partir da elaboração da "Carta Magna" que passou a reger os destinos do país.

As fotografias referentes ao Congresso Constituinte de Querétaro, realizado nessa cidade entre os dias 1º dezembro de 1916 e 31 de janeiro de 1917, ao contrário dos capítulos destinados à Convenção (pequenos, fragmentados e dispersos no álbum), ocupam um espaço muito maior dentro do álbum. Em primeiro lugar, esse capítulo ocupa 42 páginas com 28 fotografias (HGRM, v.IV, p.1170-211). Sua proposta gráfica é muito mais formal, com fotografias retangulares verticais, ocupando a terça parte superior das páginas ímpares (entre as páginas 1171 e 1199); essa proposta editorial possibilitou maior regularidade no ritmo de leitura. O capítulo inicia-se com uma fotografia mostrando a fachada do teatro onde se realizou o congres-

---

7  Os dois estudos mais profundos da Convenção são os de Amaya (1966) e de Quirk (1962).

A FOTOGRAFIA A SERVIÇO DE CLIO **163**

so, o "Histórico Teatro Iturbide". O local escolhido para a deliberação da nova Constituição convocada para lançar as bases do novo Estado mexicano recebeu o nome do herói da consumação da independência mexicana, uma figura conservadora que reprimiu as tentativas populares de conquista de autonomia.

Merecem destaque as nove fotografias em que se apresentam delegados, respectivamente, dos Estados de Guanajuato, Oaxaca, Puebla, San Luis Potosí, Coahuila, Michoacán, e do Distrito Federal, rodeando Venustiano Carranza sentado ao centro. Esses delegados formavam a ala carrancista ou liberal que se contrapunha aos obregonistas, que por sua vez formavam a ala progressista ou jacobina do Congresso.

É difícil definir, com precisão, os deputados progressistas e liberais de acordo com critérios precisos de origem social, posição econômica, idade, condição civil ou militar. Podemos estabelecer as posições políticas dos delegados segundo critérios de procedência regional (Smith, 1973, p.363-95, apud Tobler, 1994, p.370). Os jacobinos provinham do Noroeste e da costa do Golfo, enquanto os carrancistas eram originários de Coahuila e do Centro do país. Os delegados dessa ala, formada por uma elite civil, acreditavam em métodos tradicionais de estabilização social e defendiam poucas mudanças em relação à Constituição de 1857. Não acreditavam em reformas sociais e se batiam por um Estado que tivesse pouca capacidade de intervenção na esfera econômica e social. Defendiam instituições semelhantes à de países como Inglaterra e Estados Unidos. Seu principal líder era Félix Palavicini (Tobler, 1994, p.347-71).

Quando tratamos da dimensão visual, em muitas oportunidades o invisível, o ausente, permite algumas reflexões. Os delegados que são fotografados com Carranza faziam parte da sua base de apoio, e os delegados progressistas estão ausentes dessas fotografias. Novamente encontramos na narrativa visual uma simpatia pelas posições carrancistas, o que confirma uma preferência mais conservadora dos fotógrafos e do editor dos álbuns.

Os textos que fazem parte desse capítulo foram, em sua totalidade, reproduzidos dos discursos e debates do Congresso que eram

164 CARLOS ALBERTO SAMPAIO BARBOSA

publicados no jornal *Diário do Congresso*. Esse recurso de utilização de discursos retirados de jornais da época, de documentos, programas, panfletos, planos, cartas, telegramas introduzidos nos álbuns, procura construir uma estratégia discursiva da representação da história. Dito de outra forma, a edição do álbum procura ser a mais objetiva possível, mostrando o que "realmente aconteceu". Assim, os álbuns, além de contarem com as fotografias e seu *status* de "olho da história", procuram alicerçar na parte textual a vinculação com um discurso histórico. A pretensão da objetividade oculta a posição subjetiva do editor do álbum perante a história que ele procura passar por meio do visual e de extratos de textos.

A enorme barba branca de Venustiano Carranza, seus atos políticos simbólicos, como a peregrinação a cavalo da capital até a cidade de Querétaro, onde estabelece a capital provisória da nação durante os trabalhos de elaboração das novas "tábuas da lei", a Constituição de 1917 e a posição central que ele ocupa na narrativa visual o colocam como um "Moisés mexicano". Na parte visual, podemos considerar a última fotografia como muito significativa: na montagem de várias fotos panorâmicas, onde presumivelmente todos os deputados da Constituinte estão presentes, Carranza aparece no centro da imagem, evidenciando seu papel de líder político que rege a assembléia.

Essa predominância de Carranza é complementada nesse volume com os capítulos e fotografias que cobrem sua eleição como presidente constitucional. As eleições para deputados, senadores e presidente foram marcadas para o dia 11 de março. Eleito sem dificuldade, seu juramento e sua posse acontecem no dia 1º de maio de 1917. Nas eleições legislativas o Partido Liberal Constitucionalista ganha todas as cadeiras, e dos 213 mil votos válidos para a presidência, Carranza recebe 197 mil; os restantes ficaram divididos entre Álvaro Obregón e Pablo González (Womack Jr., 2002, p.164).[8] Os capítulos referentes à posse do Congresso e de Venustiano Carranza não apresentam grandes novidades visuais. Sua fotografia como pre-

---

8  Após a posse dos deputados, esses se dividiram em vinte carrancistas incondicionais, oitenta obregonistas e cem "independentes".

A FOTOGRAFIA A SERVIÇO DE CLIO 165

Foto 28 Venustiano Carranza na cadeira presidencial, 1917.

sidente constitucional o mostra sentado em uma cadeira, vestindo traje escuro e a faixa presidencial sob o colete. As fotografias da declaração solene da promulgação da eleição, a sua fixação em locais públicos (*bando presidencial*) e o posterior juramento (*protesta*) obedecem a uma seqüência semelhante à dos presidentes anteriores.

Uma primeira constatação que se pode tirar do capítulo sobre a Constituinte é que esse é estruturado em sua forma narrativa com uma proposta gráfica formal, em comparação com os capítulos sobre a Convenção. A importância maior desse evento em detrimento do outro já pode ser notada pelo deslocamento de Agustín e Miguel para essa cidade e o estabelecimento de um estúdio no local, ao passo que, para a Convenção, o designado foi seu filho Gustavo, ainda um jovem aprendiz. Além da grande quantidade de páginas, as fotografias são poucas, apesar de terem sido produzidas em tamanho maior. Podemos observar que a proposta visual se apresenta mais forte com um ritmo de leitura mais lento que a média geral expressa no álbum. Esse tratamento supõe uma visão mais solene do acontecimento.

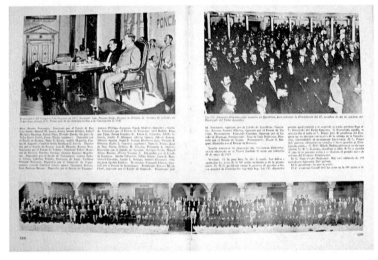

Foto 29  Carranza no centro do poder político, 1917.

Do ponto de vista político, as fotografias de Carranza que o colocam no centro do poder constitucional mostram que se ele não podia ser visto como um líder militar da revolução, ganhou destaque no álbum como o líder político da nação. Com a sua posse na presidência do novo Estado mexicano, para um mandato que terminaria em novembro de 1920, ele domina o espetáculo visível com suas 149 aparições no Volume IV da *Historia gráfica*. Seu maior

A FOTOGRAFIA A SERVIÇO DE CLIO 167

opositor, Álvaro Obregón, fica distante, com 79 aparições, nesse mesmo tomo.

## A domesticação dos guerreiros

No Volume IV, encontramos uma novidade no discurso visual dos álbuns: as campanhas políticas. O volume se inicia com o lançamento da candidatura de Álvaro Obregón, em maio de 1919, para a sucessão de Carranza nas eleições marcadas para 20 de novembro de 1920 (HGRM, v.IV, p.1326). Nesse pequeno capítulo, constatamos novamente uma narrativa pró-carrancista do editor do álbum, pois, segundo ele, Obregón não aguardara o momento oportuno de lançar sua candidatura:

> Publicamente se sabia que o general Álvaro Obregón era o candidato presidencial do senhor Venustiano Carranza, mas como em seu manifesto o general Álvaro Obregón censurou a Administração do presidente da República, acusando-o de não haver conseguido pacificar o país, o panorama político mudou subitamente. (ibidem)

Carranza, durante todo o seu período governamental, procurou neutralizar o poder político de Obregón, principalmente no que dizia respeito à sua influência entre os generais e demais militares revolucionários. O seu pedido de adiamento das candidaturas visava conseguir mais tempo para a consecução de seu intento. A retirada de Obregón da vida privada como fazendeiro foi também uma estratégia política deste para permitir maior campo de manobra. A manifestação da sua candidatura foi apenas a concretização de seus objetivos anteriores. O manifesto lançado à nação em 1º de junho de 1919 foi reproduzido na íntegra nas páginas dos álbuns, e nele Obregón procura mostrar que estava vinculado à tradição dos partidos e das idéias liberais mexicanas desde sua independência, sugerindo que Carranza, ao contrário, estava vinculado aos conservadores. Segundo Obregón, os problemas dos liberais no México eram

168 CARLOS ALBERTO SAMPAIO BARBOSA

sua divisão em várias facções, e para solucionar tal problema a grande tarefa política era a fundação de um Grande Partido Liberal, que unisse as diferentes correntes; já se apresentava no horizonte a fundação do partido da revolução (HGRM, v.IV, p.1327-31).[9] Após o lançamento da candidatura de Obregón pelo Partido Liberal Constitucionalista e de sua campanha política pelo país, sucedeu-se o lançamento das demais candidaturas: a do general Pablo Gonzalez, pela Liga Democrática, e a do engenheiro Ignacio Bonillas, pelos Partido Liberal Democrático, Civilista e Anti-Militarista (ibidem, p.1358-63, 1364-73). As fotografias estampadas nesses capítulos seguiram um padrão: os candidatos e partidários discursando em teatros, em balcões de edifícios e os banquetes de campanha com políticos que prestam apoio a cada um dos candidatos. Há fotografias de passeatas, de concentração de populares em estações de trens aguardando ou ouvindo os candidatos, bem como de comícios políticos.

Numa tentativa de solapar a campanha política de Obregón, Carranza decretou uma intervenção militar no Estado de Sonora, sob pretexto de que esse Estado não havia se submetido às decisões do governo federal no que dizia respeito ao Rio Sonora, declarado propriedade da nação. As autoridades locais, claramente obregonistas, representadas por seu governador Adolfo de la Huerta, não aceitaram tal decisão. Quando Carranza nomeou um novo comandante militar para o Estado, o governador e o comandante das forças do Estado, general Plutarco Ellias Calles, rebelaram-se e lançaram a "Revolução Constitucionalista Liberal", explicitando seus objetivos por meio do manifesto denominado "Plano de Agua Prieta".

Todos esses embates políticos e militares eram acompanhados pelo álbum (HGRM, v.IV, p.1384-7, 1388-90, 1391-3, 1394-5, 1402-4). O manifesto sonorense também foi apresentado em sua integra no álbum, trazendo até mesmo as assinaturas dos defensores do pla-

---

9 Para um aprofundamento dessa discussão, ver o livro de Luis Medina Pena (1994, p.53-7).

A FOTOGRAFIA A SERVIÇO DE CLIO  169

no (ibidem, p.1358-63), seguindo uma galeria de retratos que apresentavam a nova "face da revolução", capitaneada pelos seguintes generais: Enrique Estrada, Pascual Ortiz Rubio, Lázaro Cárdenas, Benjamin G. Hill, entre outros. Alguns deles vieram a se tornar presidentes da República. Sem apoio político e numa situação militar insustentável, Carranza tentou fugir para Veracruz, mas foi interceptado e acabou morto numa pequena localidade na serra de Puebla chamada Tlaxcalantongo (ibidem, p.1405-21).

O ano de 1920 marcou a último levante vitorioso de uma facção regional, aglutinada em torno de um grupo de sonorenses liderados por Obregón, e assinalou a transição da revolução violenta para a institucional (Knight, 1986, v.II, p.1045). A campanha política de Obregón se constituiu na realização de uma série de acordos com outros revolucionários, mas foi também marcada por expulsões, exílios espontâneos e mortes: os felicistas, que atuavam desde meados de 1916 no Estado de Oaxaca como uma facção independente, depuseram as armas, e seu líder Félix Díaz exilou-se, enquanto Manuel Peláez, Fernández Ruiz e Pablo González fizeram acordos e foram incorporados à vida política mexicana. Esse último, ex-candidato à eleição, apareceu numa fotografia ao lado de Obregón para demonstrar o pacto firmado entre eles. Quanto ao Exército do Sul, Gildardo Magaña e Genovevo de la O, últimos líderes remanescentes do zapatismo, aderiram ao Plano de Agua Prieta e desfilaram junto com as tropas vencedoras na capital, e também posaram para várias fotografias (HGRM, v.IV, p.1042-4).Villa "retirou-se" para uma fazenda em Durango, depois de um acordo de paz.

A Dinastia Sonorense, facção vitoriosa, passou a controlar o Estado com a nomeação de Adolfo de la Huerta, "Chefe Supremo da Revolução Constitucionalista Liberal", pelo Congresso como presidente provisório da República, com direito a fotografias de declaração do *bando* e a *protesta* na Assembléia do Congresso em 1º de junho de 1920. Foi feita a tradicional fotografia oficial do presidente com a faixa presidencial, em retrato de meio corpo. A fotografia da saída da Câmara dos Deputados não foi realizada, e não se vê em nenhuma delas o público presenciando a cerimônia.

Foto 30  O presidente Adolfo de la Huerta presenciando a parada militar, 1920.

O destaque do registro visual do governo de De la Huerta aparece no capítulo seguinte, quando se realizou um grandioso desfile militar no dia subseqüente à sua posse, com vinte mil soldados que garantiam sustentação ao "Plano de Agua Prieta" (HGRM, v.IV,

A FOTOGRAFIA A SERVIÇO DE CLIO 171

p.1429-35). As fotografias procuram transmitir a união das diferentes facções políticas, regionais e étnicas, pois até os índios yaquis estiveram presentes. Foram estampadas, também aqui, imagens do desfile de grupos tão diversos como os dos generais Álvaro Obregón, Benjamin G. Hill, Jacinto B. Treviño e Manuel Peláez: os primeiros como representantes dos sonorenses, e o último, uma espécie de "gangster" e mercenário, pois mantinha relações com representantes das companhias petrolíferas estrangeiras na região da Huasteca veracruzana, além de contatos com os grupos ligados a Félix Díaz, sobrinho de Porfirio Díaz (ibidem, p.1429).[10] Há também fotografias do grupo do general Guadalupe Sanchez, veracruzano de origem, que atuou no Sul e jurara lealdade a Carranza, prometendo-lhe proteção para a sua fuga, mas que rapidamente se aliou aos sonorenses. Pode ser visto ainda o líder revolucionário do Estado de Sinaloa, Enrique Estrada. Além desses generais, também há fotografias dos batalhões de índios yaquis. Há, porém, uma foto que merece destaque: nela aparecem, lado a lado, Pablo González, general encarregado durante o governo de Carranza da repressão aos zapatistas em Morelos, e Genovevo de la O, um dos líderes do Exército do Sul, no balcão do Palácio Nacional, os dois assistindo ao desfile das tropas (ibidem, p.1430-2). Essa foto revela até que ponto chegou as alianças.

Outras fotografias que chamam a atenção foram feitas do lado interno do Palácio Nacional. Há imagens de vários líderes ao lado do novo mandatário da nação, sentado na tradicional cadeira presidencial, tendo ao seu lado Plutarco Elias Calles, Benjamin G. Hill, Salvador Alvarado e Camacho, Genovevo de la O, esse ao lado de Pablo Gonzalez e demais líderes revolucionários. Nessas fotografias, Genovevo de la O faz lembrar Emiliano Zapata seis anos antes, sentado ao lado de Villa, no mesmo Palácio, com seus olhos desconfiados, fitando a câmera fotográfica (ibidem, p.1433-4).

---

10 Sobre Manuel Peláez, ver Knight (1986, v.II, p.770, 949-56 e 1044-5).

172 CARLOS ALBERTO SAMPAIO BARBOSA

Foto 31  Alianças políticas após o fim da luta armada Genovevo de la O, líder zapatista no Palácio Nacional, 1920.

## A institucionalização da Revolução

O objetivo desta seção é observar como se estruturou no álbum um discurso visual da política entre a eleição e a posse de Álvaro Obregón, em 1920. Esse momento representou o início da institucionalização da revolução, até a sua consolidação durante o governo de Lázaro Cárdenas, entre 1934 e 1940.

As fotografias das eleições de deputados e senadores foram feitas em 1º de agosto, e as presidenciais, em 5 de setembro de 1920. Elas foram apresentadas no Volume V do álbum. As fotografias estampam o presidente, os candidatos e as imagens de populares depositando seu voto nas seções eleitorais, além de uma reprodução do título eleitoral (*boleta – credencial*) do presidente provisório, Huerta. O capítulo estampou ainda imagens da instalação do XXIX Congresso da União.

O capítulo que marcou a confirmação de Obregón como presidente eleito trouxe uma novidade visual: ele posou ao lado de sua esposa e filhos gêmeos; já sua fotografia oficial como presidente empossado representou-o em pé, de meio perfil, destacando seu lado

A FOTOGRAFIA A SERVIÇO DE CLIO **173**

esquerdo ao lado da cadeira presidencial. Essa composição visual denota uma nova postura perante a máquina fotográfica e o poder.

Ao contrário de Carranza, Obregón possuía um cinegrafista e fotógrafo particular, o que nos leva a pensar que ele fosse consciente da importância do novo meio de comunicação para projetar a melhor imagem de sua figura política. Já as fotografias que completam o capítulo referente ao juramento, a declaração do *bando*, os banquetes e as festas da posse não trouxeram maiores novidades.

As fotografias do processo de campanha, eleição e posse de Calles, em 1924, apresentaram grandes novidades. No capítulo que mostra o lançamento de sua campanha em meados de 1923 pelos partidos Laborista Mexicano e Agrarista, ele aparece ao lado do seu chefe de propaganda, Puig Casaurac, em fotografias que mostram uma transmissão radiofônica denotando o início de uma nova fase das campanhas políticas com o uso do rádio e a necessidade de uma pessoa que coordenasse as ações de campanha e propaganda. Foi fotografado em meio à multidão nas ruas da capital, e com simpatizantes portando faixas em manifestações ocorridas na cidade, em um comício realizado nas dependências de um teatro e na convenção do Partido Agrarista (HGRM, v.V, p.1629-33).

Pela primeira vez, um candidato vai às ruas para fazer campanha eleitoral e se apresenta em manifestações públicas, o que não era registrado desde as campanhas de Madero, em 1910. Essas imagens denotam uma maior complexidade das campanhas políticas: nesse período, houve proliferação de partidos e grupos políticos regionais e locais e já havia sinais do personalismo que vai dominar a vida política mexicana a partir de então. (Medina Peña, 1994, p.60).

A posse de Calles, em 30 de novembro de 1924, significou outra grande mudança do ponto de vista da representação visual. O Congresso da União instalou-se no Estádio Nacional para receber o juramento (*protesta*). Nesse local, além do Congresso, encontravam-se representantes do corpo diplomático, funcionários públicos, oficiais do exército e mais de quarenta mil pessoas. Dentre as fotografias constantes nesse capítulo há uma foto oficial de Calles como presidente constitucional, na qual ele aparece saudando o público da plataforma montada no meio do estádio, e outras imagens de alguns dos diplomatas, oficiais do exército, deputados, e uma visão panorâmica do local (HGRM, v.V, p.1699-703).

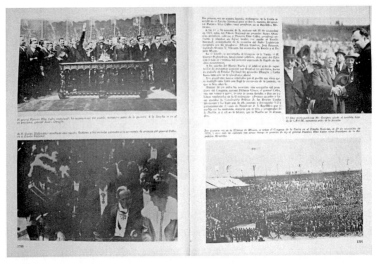

Foto 32   Política de Massas - Plutarco Elias Calles toma posse no estádio nacional, 1924.

Percebe-se que a preocupação quanto a um espetáculo de grandes proporções já existia nessa época. A cerimônia de posse tornou-se um ritual de massa, não ficando mais restrito ao recinto limitado do Congresso. A imagem da transmissão do cargo presidencial se amplia, do espaço fechado restrito aos deputados, senadores e poucos convidados especiais passa para o espaço aberto às grandes concentrações públicas de deputados, senadores, diplomatas, funcionários públicos, oficiais do exército e o público em geral. Mas esse ritual foi organizado a partir da própria estrutura do estádio que permitiu um ordenamento dessa massa, reproduzindo a própria política e a sociedade mexicanas.

A campanha eleitoral referente ao período presidencial seguinte (1928-1934) iniciou-se tendo em vista as mudanças constitucionais impostas por Obregón: a permissão de reeleição e a expansão do

A FOTOGRAFIA A SERVIÇO DE CLIO  175

período de governo para seis anos. Essas alterações fizeram surgir uma insatisfação que confluiu para a oposição. Afinal, a proibição da reeleição foi uma das bandeiras da Revolução Mexicana.

Algumas novidades foram inseridas nessa campanha: o recursos de fotografias seqüenciais, como no caso da manifestação de lançamento da candidatura de Obregón, quando o vemos, e, em seguida, Alfonso Romandia, Antonio Díaz Soto y Gama e Aarón Sáenz, todos discursando de um balcão. Esse recurso, apesar de rústico, já indica o surgimento de uma nova proposta de edição gráfica. Na parte textual, outro recurso utilizado foi a reprodução de trechos de discursos dos personagens mostrados nas imagens, fato que vai se repetir daí em diante (HGRM, v.V, p.1802-4). De resto, o padrão das coberturas fotográficas das eleições foi mantido com retratos de corpo inteiro ou de meio corpo dos candidatos e imagens das convenções partidárias, realizadas em sua maioria em teatros, e fotografias das mesas diretivas (ibidem, p.1805-7, 1810-11). As fotografias de passeatas de estudantes protestando contra a candidatura obregonista e solicitando a sua renúncia constituem-se num significativo diferencial.

As imagens relativas ao dia das eleições não foram inseridas, o que denota a dificuldade do processo eleitoral desse ano. Nesse sentido, o invisível tornou-se eloqüente. Assim, o álbum ignorou a votação, e apresentou, aliás, como fecho para esse volume a chegada de Obregón à Cidade do México como presidente eleito e, posteriormente, seu assassinato. Mais um filho da revolução era devorado pela violência política pós-luta civil (ibidem, p.1850-5). O volume se encerra com o fim do período de influência do caudilho da Revolução.

Pairou, à época, uma suspeita de que Calles tivesse instigado o assassinato de Obregón. Os partidários de Obrégon, no entanto, preferiram aguardar o desenrolar das investigações e dos acontecimentos políticos, em vez de tentar um movimento de força para derrubar o presidente. Esse, por sua vez, manobrou com destreza o Congresso e rapidamente conseguiu que indicassem Emilio Portes Gil como presidente interino por um ano, e afastou Luis N. Morones do governo, porque ele havia sustentado diversos conflitos com os obregonistas durante os últimos anos. Novas eleições foram

176  CARLOS ALBERTO SAMPAIO BARBOSA

marcadas para 1929. Em dezembro de 1928, um dia após deixar a presidência da República, Calles tomou a iniciativa de fundar o Partido Nacional Revolucionário, seu testamento político. Tal medida visava unificar a "família revolucionária", permitindo que o país deixasse de ter no "lugar do 'homem indispensável' uma instituição moderna: um grande partido que aglutinaria 'aos revolucionários do país' e desse continuidade ao grupo e a sua obra" (Aguilar Camín & Meyer, 1994, p.110). Iniciava-se, assim, um período de predomínio político de Calles, o "Maximato", e quando os obregonistas tentaram uma reação, em março de 1929, já era tarde demais, e foram rapidamente derrotados. Em seguida, ocorreu uma nova depuração do Exército Federal.[11]

O presidente interino, Portes Gil, também realizou o juramento (*protesta*) à Constituição no Estádio Nacional, assim como o fizera Calles no período anterior, mas a grande novidade nessa cerimônia foi a leitura de um discurso do novo presidente reproduzido novamente no corpo do texto do capítulo. A cerimônia encerrou-se com os acordes do hino nacional mexicano e salvas de canhão.

A campanha eleitoral de 1929 foi mais disputada que as anteriores, e o primeiro pré-candidato apresentado pelo álbum foi o licenciado Aarón Sáenz, um dos fundadores do PNR, Ele contou com o apoio dos remanescentes da ala política obregonista dentro do PNR e, em princípio, foi apoiado pelo Partido Nacional Agrarista e pelo Partido Socialista do Sudeste. O segundo candidato retratado foi o engenheiro Pascual Ortiz Rubio, então embaixador no Brasil, considerado o candidato oficial, pois contava com a indicação do ex-presidente Calles. Com a confirmação desse candidato pela Convenção do PNR ocorrida na cidade de Querétaro, no mesmo Teatro Iturbide, onde foi realizada a Assembléia Constituinte, Sáenz retirou sua postulação. José Vasconcelos, ex-ministro da Educação Pública durante o governo de Obregón, que vivia exilado desde sua fracassada campanha ao governo do Estado de Oaxaca, foi lançado

---

11  Ver, para esse período, Tobler (1994, principalmente as p.405-62 e 483-523); Krauze et al. (1981); Meyer et al. (1981, v.12 e 13).

A FOTOGRAFIA A SERVIÇO DE CLIO 177

como pré-candidato pelo Partido Nacional Anti-reeleicionista, pela Frente Nacional Renovadora e outras agrupações políticas. Com apoio do pequeno Partido Social Republicano, foi lançada a candidatura do veterano general revolucionário Antonio I. Villarreal. Outros dois candidatos foram lançados para essas eleições: o general Pedro Rodriguez Triana, pelo Partido Comunista e pelo Bloco de Operários e Camponeses, e o licenciado Gilberto Valenzuela. Nessa campanha eleitoral deu-se especial atenção ao candidato José Vasconcelos. Um capítulo foi dedicado ao seu giro político pelo território nacional, com fotografias que o mostram discursando em teatros e em manifestações públicas. Na parte textual do capítulo foram reproduzidos trechos desses discursos, nos quais ele procura se aproximar da imagem de Francisco Madero atacando o então governo, considerado "caudilhista e violento". Segundo Vasconcelos, o país necessitava de "um governo de humanidade. Contra o porfirismo, oponhamos o maderismo, contra a barbárie, a civilização [...] Ao 'huertismo', que é a segunda reencarnação de Huitzilopotztli, necessitamos contrapor um governo de civilização" (HGRM, v.VI, p.1964). O México, segundo seu discurso, era uma nação sem sociedade civil, partidos políticos organizados e sem iniciativa privada, já que essa se encontrava adormecida. Afirmava ainda que a "palavra" revolucionária havia sido "desnaturalizada". Nesse capítulo ainda foram reproduzidas várias músicas da campanha vasconcelista, realizadas a partir de alguns *corridos* da revolução, como *La Valentina*, *La Adelita* e *La Cucaracha* (ibidem, p.1964-9).[12] A derrota e a presumível fraude eleitoral foram denunciadas de antemão a representantes da agência de notícias Associated Press, no momento mesmo em ele que fugia em direção ao Norte do país, temeroso pela sua integridade física. No dia 10 de dezembro, na cidade de Guaymas, ele lançou o Plano Vanconcelista, também reproduzido no álbum, conclamando a população mexicana a se sublevar contra o governo, o que acabou não se verificando (ibidem, p.1970).

---

12   Os trechos dos discursos se encontram nas páginas 1964 e 1965, as músicas na p.1966.

178  CARLOS ALBERTO SAMPAIO BARBOSA

O dia das eleições presidenciais foi apresentado em um capítulo de apenas uma página, com duas fotografias: uma, do presidente Portes Gil dirigindo-se à seção eleitoral, e outra, de populares depositando seu voto em uma das urnas das seções. O juramento e a posse do presidente eleito Pascual Ortiz Rubio (candidato oficial) se deram sem maiores pompas. Seu governo se deu sob forte tensão, pois logo após a posse ele sofreu um atentado político. Com o passar dos meses, foi perdendo a pouca autonomia e poder de que dispunha. O centro do poder cada vez mais se aglutinava em torno de Calles. Isolado, sem apoio no congresso, Ortiz Rubio renunciou em setembro de 1932. Foi necessário escolher um sucessor que completasse o período de governo, até o final de 1934. Coube ao Congresso indicar como presidente substituto o general Abelardo Rodriguez. A representação visual desses dois presidentes foi pouco significativa.

A campanha para o sexênio (1934-1940) apresentou os seguintes candidatos: coronel Adalbetro Tejeda, pelo Partido das Esquerdas; Román Badillo, pelo Partido Anti-reeleicionista; Hermán Laborde, pelo Partido Comunista; o general Antonio I. Villarreal, sem partido; e o general Lázaro Cárdenas, por uma coligação de partidos comandados pelo oficial Partido Nacional Revolucionário. Nessa campanha, além das fotografias padrões de convenções partidárias e seus respectivos delegados, as mais significativas foram as imagens de Cárdenas posando sentado ao lado de um indígena, e na respectiva legenda se lê: "Aos povos mais afastados da civilização, as regiões mais abruptas das serras da República, vai o candidato do PNR, general Lázaro Cárdenas, para falar com os camponeses e conhecer a fundo seus problemas" (HGRM, v.VI, p.2104).

A apresentação do *bando*, do juramento e da posse do presidente eleito Lázaro Cárdenas não foi significativa, apesar de voltar a acontecer no Estádio Nacional, algo que não havia ocorrido com os dois presidentes anteriores. O capítulo fundamental referente ao governo Cárdenas intitula-se "Las antesalas del Palacio Nacional durante el gobierno del General Cárdenas" (ibidem, p.2170-1). Esse capítulo foi editado apenas com fotografias e suas respectivas legendas. Nelas, vemos camponeses que foram felicitá-lo pela posse, mas tam-

A FOTOGRAFIA A SERVIÇO DE CLIO  179

Foto 33   O Presidente Lázaro Cárdenas ao lado de camponeses e operários no Palácio Nacional, 1934.

bém grupos de líderes agrários esperando ser atendidos para expor suas queixas.

O álbum apresenta, assim, uma imagem de como as ante-salas do Palácio foram ocupadas com veteranos da revolução, indígenas, políticos, membros do exército e engenheiros. As mais diferentes personalidades de várias classes sociais tiveram acesso ao novo presidente, denotando que esse mandatário tinha uma atitude diferente perante seus governados. Outro elemento que merece destaque na edição desse capítulo é a forte presença de camponeses e trabalhadores urbanos. Essas fotografias de camponeses e operários revelam a presença de novos atores na cena política, fato que marcou profundamente o governo de Cárdenas, especialmente se considerada a diminuição de personagens políticos, como os militares, que deixaram de ser representados nos álbuns. Voltaremos a essa discussão no próximo capítulo, quando tratarmos da visualidade social nos álbuns.

O Volume VI se encerra com um capítulo referente ao rompimento entre o ex-presidente general Plutarco Elias Calles e o presidente Lázaro Cárdenas (HGRM, v.VI, p.2196-205). O capítulo foi editado com

180 CARLOS ALBERTO SAMPAIO BARBOSA

retratos de Calles, do senador Ezequiel Padilha e diversas fotografias do "Chefe Máximo", com colaboradores, familiares no tribunal, pois o ex-presidente havia sido interpelado judicialmente. Também foram inseridos trechos de discursos, pronunciamentos e entrevistas de Calles e Cárdenas. Encontramos até a reprodução de um telegrama de José Manuel Puig Casauranc, exortando Calles a deixar o país. Foi reproduzido o interrogatório de Calles, realizado por um juiz, sobre um suposto contrabando de armas encontradas, fotografadas e apreendidas na casa do líder sindical Luis N. Morones, além de imagens de manifestações públicas de protesto contra Calles e Morones. A edição de fotografias e de texto nesse trecho dos álbuns era equivalente. Os trechos de discursos, do interrogatório e a reprodução de documentos (telegramas) procuraram reforçar o sentido de registro da história. O espaço reservado ao texto aumentou, enquanto o da fotografia diminuiu, não só em quantidade, como também em tamanho. Mas o importante para a nossa leitura é o corte temporal adotado no volume: exatamente o momento em que termina um período histórico denominado pela historiografia como "Maximato". O volume aberto com um capítulo referente ao assassinato de Obregón e a indicação de Emilio Portes Gil como presidente provisório se encerra com o rompimento havido entre Cárdenas e Calles e o fim da influência desse último na política mexicana. Para vários autores, o início efetivo do governo Cárdenas ocorreu exatamente no momento da renúncia de seu primeiro gabinete, formado por muitos elementos do grupo callista, e a conseqüente indicação de um novo gabinete mais afinado com o seu grupo político (Tobler, 1994, p.617).

Cabe destacar que, entre os volumes IV e VII, as imagens de eventos diplomáticos foram mais recorrentes. As décadas de 1920 e 1930 foram marcadas pelas crises internacionais, especialmente com os Estados Unidos, e em menor medida com a Inglaterra, em razão da nova legislação sobre os recursos naturais, em particular o petróleo. Os impasses diplomáticos tinham repercussões na política interna.[13]

---

13 Para um balanço das relações México, Estados Unidos e Grã-Bretanha, principalmente em torno da questão petroleira, ver Meyer (1972 e 1991) e Katz (1990).

A FOTOGRAFIA A SERVIÇO DE CLIO  181

Os governos que se seguiram à Revolução alternaram momentos de aproximação e distanciamento dos Estados Unidos. O padrão adotado no álbum procurava mostrar questões relacionados às atividades de embaixadores (conferências, reuniões do corpo diplomático e visitas de líderes e dirigentes estrangeiros) em uma seção fixa, que se intitulou "Diplomáticos mexicanos" (HGRM, v.IV, p.1441-2; v.V, p.546-7; v.VI, p.2048-9), ou apenas "Diplomáticos" (ibidem, v.VI, p.1087-9; v.VII, p.2250-2, p.2285-8).

A autonomia que o país procurou ter em relação ao seu vizinho do Norte ficou patente quando Portes Gil concedeu asilo político ao líder nicaragüense Augusto César Sandino, em junho de 1929, considerado "Hospede de Honra" do governo mexicano. A postura de diplomacia independente foi reforçada durante o governo de Lázaro Cárdenas com a recepção de diversos refugiados políticos e filhos de republicanos espanhóis. O álbum realçou esses fatos e deu destaque ao asilo político de Leon Trotski; mostrou, também, os últimos acontecimentos diplomáticos ocorridos no governo de Cárdenas.

## A violência política e a visualidade dos confrontos na família revolucionária

Esse período da história mexicana foi marcado por conflitos advindos do surgimento de um novo regime político com traços de um forte autoritarismo, exemplificado de forma clara nas três insurreições militares tramadas dentro da própria "família revolucionária", resultado, em geral, das disputas relacionadas à indicação política dos sucessores presidenciais Os conflitos também se explicam pela natureza da liderança política surgida a partir da Revolução. Os chamados "Generais da Revolução", que eram importantes líderes políticos, não eram militares de carreira, mas "políticos a cavalo" que ganharam destaque ao longo da luta armada, como políticos e como chefes militares. Terminada a revolução, eles passaram a disputar cargos e a pretender decidir os destinos políticos do país. As disputas entre eles explicam a tendência ao *"putsch"* que predo-

182 CARLOS ALBERTO SAMPAIO BARBOSA

minou nos primeiros anos pós-revolução. Assim foi o caso da "Revolución delahuertista" de 1923, da "Asonada Gómez-Serrano" de 1927, da "Revolución escobarista" de 1929, ou da "Rebelión cedillista en San Luis Potosí". Algumas dessas rebeliões foram resultadas de crises eleitorais, como ficou patente na campanha de 1929 e na posterior crise causada pelo candidato derrotado José Vasconcelos. Essas rebeliões acabaram sendo utilizadas como motivos para verdadeiros expurgos, tanto no exército como na classe política.

## As revoluções na família revolucionária

Vejamos o enunciado que os álbuns apresentaram das rebeliões militares dentro da "família revolucionária". A primeira rebelião foi a "delahuertista", fruto da não-indicação de De la Huerta como candidato à sucessão de Obregón. O levantamento delahuertista talvez tenha sido o que mais colocou em risco o México pós-revolucionário, pois reuniu cerca de metade do exército. Isso pode explicar o grande espaço dedicado a esse acontecimento no álbum (HGRM, v.V, p.1647-75).[14]

Álvaro Obregón procurou prevenir a rebelião promovendo mudanças entre os altos oficiais do exército, afastando aqueles que poderiam apoiar a sublevação. Não obstante, a polarização política havia chegado a um grau que não permitia retroceder, e entre novembro e dezembro de 1923 várias unidades do militares se sublevaram, principalmente nas regiões Oeste e Sudoeste do país. Os Estados mais afetados foram Veracruz e Jalisco, mas se registraram atividades também em Oaxaca, Puebla, Chihuahua, Taumalipas, Tabasco e Chiapas. Huerta procurou imprimir uma marca social à sua revolta lançando uma proclamação política, conhecida como "Plano de Veracruz". Alguns generais, governadores e personalidades importantes da política mexicana – como Gualupe Sánchez de

---

14 O capítulo referente ao levantamento delahuertista ocupa cerca de trinta páginas, ao passo que o dos generais Gomes e Serrano, aproximadamente dez.

A FOTOGRAFIA A SERVIÇO DE CLIO 183

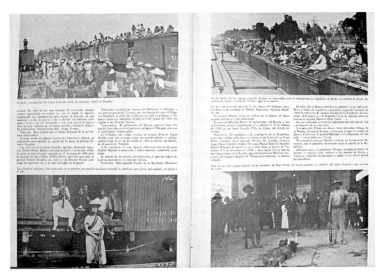

Foto 34 Revolução Delahuertista, 1923.
Historia Gráfica de la Revolución Mexicana, volume 5, páginas 1668-1669.

Veracruz, Enrique Estrada, Antonio I. Villarreal, Cándido Aguilar, o governador de Oaxaca Manuel García Vigil, e o ex-governador de Yucatán, Salvador Alvarado, morto em Palenque – se juntaram ao levante delahuertista. Os rebeldes formavam um grupo ideologicamente heterogêneo que não conseguiu imprimir um caráter político ao movimento: o que os unia era o inimigo comum, o governo. A repressão do regime foi rápida e dura, e os rebeldes perderam batalhas importantes em fevereiro e maio de 1924. Ao todo, cerca de sete mil pessoas morreram e muitos oficiais rebeldes foram sumariamente fuzilados.

A crise político-militar desenrolou-se a partir da não-indicação de De la Huerta à sucessão presidencial. Essa situação expôs dois problemas do país no período: a ausência de um mecanismo institucional para a escolha dos candidatos presidenciais oficiais e a utilização dessas crises por parcelas do exército para tentar impor nomes e influenciar as escolhas políticas. Com a derrota de De la Huerta, a eleição tornou-se mera formalidade política (Tobler, 1994, p.427-33).

184 CARLOS ALBERTO SAMPAIO BARBOSA

Posteriormente, o motim (*asonada*, em espanhol) comandado pelos generais e candidatos à presidência nas eleições de 1928 Francisco Serrano e Arnulfo R. Gomez ocorreu contra as reformas constitucionais (ampliação do mandato presidencial de quatro para seis anos e a permissão de reeleição) e posterior indicação de general Álvaro Obregón como candidato oficial. Os três vieram a morrer com uma pequena diferença de tempo entre eles. Serrano foi preso e fuzilado sem julgamento em 4 de outubro de 1927, e Gomez foi preso no começo de novembro e também foi fuzilado. Álvaro Obregón foi assassinado um dia após a sua eleição em um restaurante nas imediações da Cidade do México. Essas mortes explicitam a violência que comandou a prática política mexicana nesse período.

As crises decorrentes do processo sucessório foram um dos motivos que levaram Calles a criar o Partido Nacional Revolucionário, com o intuito de estabelecer um mecanismo político estável e controlável da sucessão (HGRM, v.VI, p.1894-5). Ainda assim, o novo partido não deu conta das disputas entre as facções políticas, e Calles permaneceu como uma espécie de árbitro político. Segundo alguns autores, essa prática deu origem ao que viria a ser denominado um novo caudilho ou caudilho institucional. Os objetivos dessa política eram conquistar a adesão não só de líderes regionais ou locais, mas também dos novos atores políticos (Medina Peña, 1994, p.75).

A revolução escobarista, que ocorreu em março de 1929, principalmente nos Estados do Norte: Sonora, Chihuahua, Nuevo León e Durango, contou entre seus participantes, além do próprio general José Gonzalo Escobar, com o general e governador de Chihuahua Marcelo Caraveo, e demais generais obregonistas. Esses entendiam que Calles era o verdadeiro mandante do assassinato de Obregón. Assim, o levantamento militar contra Calles possuía muito mais características personalistas que políticas. Como outros levantamentos, suas propostas foram divulgadas pelo Plano de Hermosillo. Esperavam apoio dos cristeros, em luta com o governo federal desde 1926, de José Vasconcelos, e algum tipo de respaldo dos Estados Unidos, mas não obtiveram sucesso com nenhum deles.

A FOTOGRAFIA A SERVIÇO DE CLIO 185

Essa foi a última das grandes rebeliões militares após a revolução (HGRM, v.VI, p.1925-32).[15] Ela foi rapidamente sufocada e, além de proporcionar um novo expurgo no exército e até mesmo na Câmara, no Senado e em alguns governos estaduais, serviu para desencorajar possíveis militares descontentes, evidenciando a força do governo central.

Com relação à estrutura narrativa desses capítulos, no tocante aos aspectos visuais, esses não diferem dos da Revolução, anteriormente analisados, com a apresentação dos personagens principais, secundários, personagens coletivos (estado-maior e tropas) e uma estética da proximidade e do horror mediante cenas de destruição. Comparativamente, esses capítulos não possuem a mesma força expressiva dos anteriores.

## A violência política cotidiana

A violência política endêmica não se restringia às rebeliões ocorridas no seio da "família revolucionária". Ela se manifestava no cotidiano, atingindo diferentes indivíduos, etnias e classes sociais. Podemos chegar a essa conclusão acompanhando as páginas do álbum. Observamos cenas dos dois atentados a Álvaro Obregón, perpetrados por grupos católicos, que, por fim, resultaram no seu assassinato; cenas do atentado ao presidente Pascual Ortiz Rubio, do assassinato do líder comunista cubano Julio Antonio Mella e do comunista russo Leon Trotski. Os confrontos entre grupos políticos rivais, as mortes de educadores socialistas no interior do país e as execuções de condenados políticos também foram retratados no álbum, e demonstram bem a extensão da violência política nesse período.

Alguns aspectos dessa violência foram mais intensamente representados: os atentados a dinamite contra Álvaro Obregón e contra a

---

15 A última rebelião abordada por nossa pesquisa é a cedillista, de muito menor importância (Volume VII, da "Rebelión cedillista en San Luis Potosí", p.2335-40).

Câmara dos Deputados durante o processo eleitoral de 1928, contra o trem presidencial que transportava Emilio Portes Gil e contra o presidente Pascual Ortiz Rubio. Essa violência, também presente no Congresso, onde ocorreram disputas entre os diferentes grupos e partidos políticos pelo controle das mesas diretivas e das principais comissões, revela-se por meio das imagens retratadas no álbum sobre um tiroteio no Congresso envolvendo o deputado e o representante da Crom, Luis Napoleon Morones, que saiu ferido.

Fotos dos assassinatos de Madero e Pino Suarez, do senador Field Jurado, que era contrário às mudanças na Constituição, de Álvaro Obregón e de Lucio Blanco, ou a morte misteriosa por envenenamento do general sonorense Benjamin Hill, do líder comunista Julio Antonio Mella e de Leon Trotski constituem outra temática presente nos álbuns. Os fuzilamentos de revolucionários, anti-revolucionários e condenados por crimes comuns, como os bandidos conhecidos como do Automóvel Cinza, de Obregón e os enforcamentos da cidade de Topilejo fazem parte das cenas de violência retratadas no álbum.

As fotos referentes a confrontos entre grupos políticos organizados, tais como os enfrentamentos dos "Camisas Rojas" contra católicos na localidade de Coyoacán, e dos "Camisas Doradas" contra comunistas (HGRM, v.VII, p.2222-6) no Zócalo, nos anos 1930, são emblemáticas e merecem uma análise mais aprofundada, pois explicitam a tensão social vivida pela sociedade mexicana da época.

Vejamos um trecho do capítulo "Camisas Doradas *versus* comunistas":

> Os líderes insistiam que se impedisse o desfile dos elementos considerados "fascistas". Ao chegar ao Portal de las Flores, os "Dorados" se mobilizaram na direção da Rua Corregidora; mas já os operários haviam colocado uma série de automóveis em forma de barreira para impedir sua passagem. Nesse momento se inicia o ataque com o estalido de uns tiros a queima-roupa sobre os ginetes da "ARM"; depois se lançam vários disparos, que segundo alguns partiram dos comunistas mais exaltados. Os "Dorados" manobraram rapidamente ao toque de seus clarins,

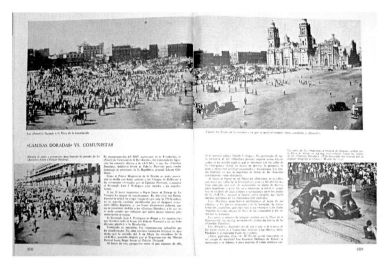

Foto 35  Confronto entre Comunistas e integrantes do grupo fascista Camisas Doradas, 1935.

e os ginetes avançaram com a intenção de atacar os comunistas, que esperaram aos seus inimigos sem retroceder. Aqueles lograram transpor a linha dos comunistas e começou o tiroteio. Os autos, à maneira de tanques, corriam em zig-zag, arremetendo contra os ginetes dos "Camisas Dorados". Os "Dorados", fazendo uso de suas rédeas à maneira dos velhos chinacos[16] e insurgentes,[17] laçavam-se aos operários, derrubando-os, e pondo-os fora de combate. Paus, pedradas, tiros etc. Os Guardas Militares do Palácio se apressaram na defesa, e para impor a ordem atiraram; mas receberam ordens expressas de permanecer em seus postos. A Policia brilhou por usa ausência! [...] Os dirigentes David Alfaro Siqueiros, Lorenzo Gómez e Carlos Sánchez Cárdenas falavam aos operários para que continuassem resistindo aos fascistas, como popularmente chamavam aos "Dorados". (HGRM, v.VII, p.2222-6)

Esse capítulo é emblemático, pois mostra os confrontos políticos transcendendo a esfera da "família revolucionária". Os novos ato-

---

16  Soldado liberal mexicano da Guerra da Reforma (1857).
17  Soldados que lutaram na guerra de Independência (1810-1821).

res sociais, operários e trabalhadores urbanos, representados pelo sindicato dos taxistas, tendo à frente o pintor e militante comunista David Alfaro Siqueiros, enfrentaram os "Camisas Doradas", grupo fascista que retirou seu nome dos famosos "Los Dorados", guarda pessoal e mais fiel de Francisco Villa. A foto do enfrentamento dos cavalos fascistas contra os automóveis comunistas é simbólica. Esse confronto estava ligado a uma disputa entre Calles e Cárdenas, e o rompimento desses dois homens fortes da política mexicana se deu em torno da política trabalhista de Cárdenas que, segundo Calles, levava o país para o comunismo.

Foto 36  Os autos dos comunistas, a maneira de tanques, corriam pela Praça de Armas em zig-zag, arremetendo contra os ginetes dos Camisas Doradas, 1935.

Cárdenas, por sua vez, apoiou os operários e deles obteve respaldo pelo Comité de Defensa Proletaria, que posteriormente transformou-se na Confederación de Trabalhadores de México (CTM) e da Confederación General de Obreros y Campesinos de México

A FOTOGRAFIA A SERVIÇO DE CLIO 189

(CGOCM), comandada por Vicente Lombardo Toledano. Esses fatos se deram entre junho e dezembro de 1935. Nesse mesmo período, o Partido Comunista Mexicano aproximou-se de Cárdenas e de uma proposta de Frente Popular após a realização do VII Congresso da Internacional Comunista em Moscou, entre julho e agosto de 1935.

Foi nesse contexto nacional e internacional que Cárdenas rompeu com Calles e mudou seu gabinete em 14 de junho de 1935; dois dias depois, Calles anunciou sua retirada da vida pública e viajou para o estrangeiro; mas, nos bastidores, continuou influindo na política mexicana. Retornou ao México em 5 de dezembro de 1935, mas a oposição que encontrou foi muito forte, pois seu capital político, simbólico e visual, foi desaparecendo paulatinamente, e sua debilidade diante de novos atores políticos e sociais era fragrante. Novas forças políticas e sociais podem ser divisadas ao longo do álbum, quando se observa a predominância das temáticas sindicais: disputas petrolíferas, ferroviárias e organização dos trabalhadores.

No governo Cárdenas, a reforma agrária se dinamizava, mas, enquanto isso, o PNR, que havia sido criado tendo em vista as questões políticas, não dava conta da nova complexidade social do país. O que chamou nossa atenção foi a invisibilidade, nos álbuns, da transformação do antigo partido no novo Partido Revolucionário Mexicano. Na opinião de Luis Medina Peña, essa mudança representou a concretização da velha idéia de Álvaro Obregón de um Grande Partido Liberal, que incluiria todas as forças revolucionárias, só que no governo Cárdenas foram inseridas forças sociais que até então tinham permanecido excluídas da cena política (Medina Peña, 1994, p.153).

As páginas dos álbuns permitiram visualizar uma gradativa mudança da visualidade política, que chamamos aqui de dimensão visual, do predomínio de valores políticos em detrimento das preocupações sociais, para uma visualidade em que as questões sociais se encontram no cerne das questões políticas. O registro das transmissões do poder deixou de ser um ritual fechado para um ritual de massas. O destaque dado a esse ritual procurou reforçar a idéia de

190 CARLOS ALBERTO SAMPAIO BARBOSA

uma rotatividade do poder e de mecanismos democráticos eleitorais, mesmo quando a isenção desses métodos era questionada. Enquanto os antigos governantes eram retratados nos hipódromos, presidindo cerimônias ou em palanques distantes do público, os novos, Obregón, Calles, e principalmente Cárdenas, surgiram nas imagens ao lado de camponeses e operários, não só no campo ou nas cidades, mas também no próprio palácio.

Mas a violência entre os que disputavam o poder, que substituiu a violência da luta armada, continuou em outros espaços e com outros alvos. As fotografias dos presidentes como árbitros neutros e como únicos capazes de manter a coesão nacional diante dos embates internos e externos procuraram transmitir uma sensação de concórdia, ao passo que as imagens que mostram a violência ajudam a desvendar os conflitos sociais e políticos do momento.

Talvez uma pesquisa comparativa com a dimensão visual do varguismo, do peronismo[18] e da própria Guerra Civil Espanhola possa nos revelar novas possibilidades de interpretação da história contemporânea. Supomos que esses regimes, em suas imagens, enfatizaram mais a divisão e a oposição. Será que foi por isso que a questão dos direitos humanos no México nunca foi debatida profundamente, visto que a representação da revolução naturalizou as mortes arbitrárias numa estetização da violência?

---

18  Para uma comparação do varguismo com o peronismo, ver Capelato (1998).

# 4
# DA INVISIBILIDADE AO VISÍVEL – O SOCIAL

A questão social mexicana atingiu seu clímax na década de 1930, mais precisamente durante o governo de Lázaro Cárdenas (1934-1940). A narrativa visual e textual estampada nos capítulos referentes à temática social nos álbuns sempre esteve presente nos volumes, mas como mostra a tabela de "Temas e assuntos" (Anexo VI), houve um crescente aumento de imagens relativas a esse tema de um volume para outro, e, no Volume VII, a temática social foi a terceira em número de ocorrências. O objetivo deste capítulo é analisar como se estruturou, no álbum, a representação do social. Para atingir tal objetivo, seguimos a própria estrutura do álbum. O primeiro item procura interpretar o significado das fotografias que se convencionou denominar "O problema religioso", objeto de vários capítulos. Resultado do confronto entre a facção burguesa – vitoriosa na Revolução, que assumiu o Estado mexicano com uma concepção anticlerical – e as instituições religiosas católicas do país, o problema religioso levou, em diversos momentos, a um enfrentamento militar, como no caso da Revolta Cristera, permeada por atos de violência, como os atentados e assassinatos perpetrados por radicais católicos.

O segundo item dentro da temática social refere-se às questões relacionadas ao mundo do trabalho: greves, comemorações do Pri-

192  CARLOS ALBERTO SAMPAIO BARBOSA

meiro de Maio, manifestações públicas, visitas de políticos ao espaço do trabalho, assuntos ligados a organizações sindicais e suas confederações, campanhas salariais, campanhas de nacionalização do petróleo. A partir do Volume V, as temáticas do trabalho foram reunidas em uma espécie de seção, nos álbuns, intitulada "Assuntos operários".

O terceiro item procura analisar as imagens de grupos étnicos e camponeses. A problemática étnica nos álbuns perpassou os diversos volumes, mas ficou muitas vezes ofuscada no interior de capítulos, nos quais os temas eram outros, num processo de ocultamento de uma questão social muito tensa na história mexicana. As campanhas contra as populações maya e yaqui iniciaram-se ainda durante o governo Díaz, mas foi no período pós-revolucionário que se colocaram sob aspecto diverso no centro das atenções dos editores do álbum. Nesse sentido, a população yaqui constituía um eixo articulador da análise dessa questão, daí a sua escolha para servir como fio condutor desse item, pela sua presença nos diferentes momentos dos volumes dos álbuns pesquisados.

A temática agrária e camponesa tornou-se importante, especialmente a partir do Volume VI, quando aparece vinculada à questão do trabalho, especificamente durante o governo Cárdenas. Mas, assim como com a questão étnica, ela surgiu em diferentes momentos dos álbuns e ficou esmaecida no meio de problemáticas diversas. Vamos procurar verificar os seus desdobramentos nos álbuns além dos capítulos diretamente referenciados ao tema.

## O problema religioso

O conflito entre a Igreja e o Estado, fruto de um radical anticlericalismo dos grupos revolucionários vitoriosos a partir de 1920, em especial os nortistas, também apresenta um conteúdo social fundamental, exemplificado claramente na Revolta Cristera. Segundo Jean Meyer (1973-1974), esse movimento foi a revolta camponesa mais significativa e espontânea do México no século XX, e pelo seu cará-

A FOTOGRAFIA A SERVIÇO DE CLIO 193

ter contra-revolucionário, católico e de oposição política foi duramente reprimido. Apesar de a historiografia oficial dar por terminado esse movimento no ano de 1929, ainda durante o governo de Lázaro Cárdenas havia grupos cristeros atuantes. No álbum, as fotografias com temáticas vinculadas à questão religiosa ficaram concentradas nos volumes V e VI, os quais correspondem ao período de 1920 a 1935, quando houve predomínio dos políticos sonorenses: Álvaro Obregón e Plutarco Elias Calles.[1]

O capítulo "El problema religioso" (HGRM, v.V, p.1734-65) apresenta uma complexidade maior, porque dedica amplo espaço ao conflito entre Igreja e Estado, entre os anos de 1921 e 1926. Esse capítulo mostra os principais acontecimentos desse conflito, com notas mensais sobre os acontecimentos do processo que precedeu a Rebelião Cristera, em 1926. A parte textual abrange os principais fatos ocorridos nesses anos: o debate entre Igreja e governo referente aos artigos da Constituição (3°, 5°, 27 e 130), que diziam respeito à laicização do Estado mexicano; o Congresso Eucarístico; o surgimento de uma Igreja cismática mexicana; o fechamento de várias igrejas e a proibição de cultos; a expulsão de religiosos estrangeiros; a prisão de religiosos; manifestações de apoio à política governamental por parte de sindicatos e a fundação de uma associação de damas católicas e de uma Liga de Defesa Religiosa.

A construção da enunciação desse grande capítulo[2] apresentou dois campos nítidos: o católico e o anticlerical. No campo religioso, o espaço foi representado por fotografias de fachadas e interiores de igrejas, capelas e escolas religiosas. O elemento humano individual (personagem principal) foi representado por fotografias de arcebispos, bispos, monsenhores, padres e delegados apostólicos. Os gru-

---

1 No Volume V encontramos noventa fotografias com temática religiosa, e no Volume VI, 35, correspondendo a 7,72% e 4,06% dos totais de imagens de cada volume, respectivamente: ver a tabela de "Temas e assuntos" no "Anexo VI".

2 O capítulo ocupa 32 páginas com 86 fotografias, e conta também com reproduções de um panfleto, folhetos de propaganda da Liga de Defesa Religiosa e um panfleto da Unión de Obreros de Artes Gráficas de los Talleres Comerciais, filiado à Crom defendendo o governo (HGRM, v.V, p.1734-65).

pos coletivos foram representados por fotografias coletivas das senhoras católicas, realizando manifestações e se reunindo contra os atos governamentais, de crianças participando do Congresso Eucarístico, além das assembléias do próprio Congresso. Vemos também fiéis em passeatas e manifestações. No campo anticlerical foram estampadas fotografias de Plutarco E. Calles e de outros ministros de seu governo, com destaque para o ministro da Indústria, Luis N. Morones. Nos retratos coletivos, vemos fotografias das forças repressoras, como policiais e bombeiros convocados para dispersar as manifestações dos grupos religiosos. Foram realizadas também fotografias de uma manifestação de sindicatos ligados à Confederación Regional de Obreros Mexicanos (Crom), em apoio à política oficial anticlerical.

O capítulo referente à Rebelião Cristera (HGRM, v.V, p.1829-37) apresenta fotografias fora do espaço urbano. Sua estrutura narrativa assemelha-se à dos capítulos da revolução, com personagens principais e secundários, líderes cristeros e oficiais do exército federal e personagens coletivos, tropas tanto do exército federal como dos cristeros, fotografados em marcha ou sendo transportados em trens. O diferencial em relação às fotografias da revolução foram as imagens de missas e cerimônias católicas realizadas pelas tropas cristeras e a grande quantidade de imagens de enforcamentos, fuzilamentos e trens descarrilados.

Na parte textual do capítulo, foram reproduzidos os argumentos retirados do *Boletim da Liga Defensora de la Liberdade Religiosa* a respeito das notícias sobre o descarrilamento de um trem de passageiros e sua posterior incineração pelos rebeldes cristeros. Essa versão dos fatos confrontava com a versão oficial: segundo a versão católica, o governo havia forjado as notícias, sendo ele o verdadeiro culpado pela tragédia. Não foram apresentadas no álbum nem as notas dos jornais nem a versão oficial, o que denota uma tendência de apoio à causa católica (ibidem, p.1833-5).

Uma fotografia, em particular, chama a atenção, pela sua violência e força expressiva: ela mostra vários cristeros enforcados nos postes de telégrafos ao longo de uma via férrea. Apesar de a página anterior apresentar uma fotografia de um soldado federal também enforcado, novamente observamos uma carga dramática a favor dos grupos católicos em detrimento do governo: a imagem dos rebeldes cristeros, pendurados nos postes, lembra as crucificações dos escravos rebelados na Roma Antiga (ibidem, p.1835).

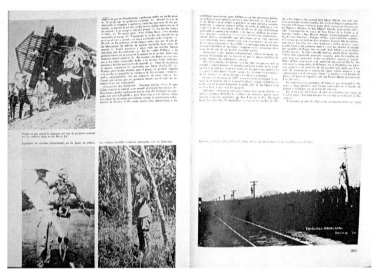

Foto 37  Enforcamentos efetuados durante a Revolução Cristera, ca. 1926/1929.

A cobertura dos álbuns assume, portanto, uma postura que toma partido, de uma maneira sutil, dos grupos católicos. Essa cobertura foi realizada, na sua quase totalidade, na capital, pois as fotografias de outros locais onde ocorriam os conflitos eram poucas. Acreditamos que essa postura de crítica ao governo e favorável aos católicos só foi possível porque a edição dos volumes foi realizada a partir de 1940. Julgamos que dificilmente poderia ser produzido tal discurso durante o calor dos acontecimentos políticos do governo anticlerical de Calles.

As disputas entre católicos e a nova classe política atingiram também os grandes líderes políticos. Chamam atenção as fotografias dos acusados de tentar assassinar o então candidato à presidência da

República, Álvaro Obregón, em 1928 (HGRM, v.V, p.1838-43). O atentado aconteceu em um domingo, dia 13 de novembro de 1927, durante uma caminhada do candidato pelo Bosque de Chapultepeque, quando, de um automóvel que passava pelo local, foi atirada uma dinamite, que não chegou a atingir em cheio nem o candidato nem seus acompanhantes. Os guarda-costas de Obregón perseguiram os autores do atentado e conseguiram prendê-los. Posteriormente, descobriu-se que eles faziam parte da Liga de Defensa Religiosa. Um deles veio a falecer em razão dos ferimentos causados pelo tiro que recebeu durante a perseguição. O outro sobrevivente e os demais envolvidos no complô foram presos e sentenciados à morte por fuzilamento.

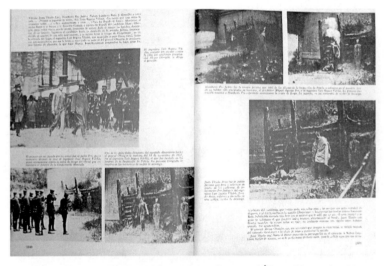

Foto 38   Fuzilamentos dos envolvidos nos atentados contra Álvaro Obregón, 1928.

As fotografias apresentam, em detalhes, o fuzilamento dos quatro implicados: o presbítero Miguel Agustín Pro Juárez, o engenheiro Luis Segura Vilchis, Humberto Juárez e Juan Tirado Arias. O impacto que essas fotografias apresentam ao observador busca atrair o leitor pela força e horror das imagens. Lembramos que elas eram produzidas para serem vendidas para os jornais, e que só posteriormente foram utilizadas na edição dos álbuns.³

Foto 39  Fuzilamento de Humberto Pro Juarez, 1928.

Essa estética da violência se repete nas imagens apresentadas no primeiro capítulo do Volume VI no caso do fuzilamento do militante católico José de Léon Toral, assassino de Álvaro Obregón. Foi estampada uma seqüência de quatro fotografias que mostram o momento exato da descarga de tiros que executou Toral; na segunda imagem, o tiro de misericórdia, e na última, quando os médicos legistas atestam a morte do acusado (HGRM, v.VI, p.1902-7).

---

3  Maria Helena Capelato (1986, p.23), em seu trabalho sobre imprensa paulista entre 1920 e 1945, afirma que: "Pesquisas realizadas por especialistas de comunicação confirmam o interesse do público por essas temáticas: as lutas, conflitos, violência ocupam o primeiro lugar na preferência do receptor; sexo e correlatos (casamento, crianças, etc.), o segundo. Tomando por base as teorias psicanalíticas, concluíram que nessas duas tendências, os interesses predominantes correspondem aos instintos apontados por Freud como fundamentais: a vida-sexo (*Eros*) e a morte-agressão (*Thanatos*)". Como já apresentamos anteriormente, tanto nas fotografias da luta armada como nos confrontos, nos vários volumes dos álbuns privilegiaram-se as imagens ligadas a *Thanatos*, ou seja, impulso da morte-agressão e da violência.

O anticlericalismo mexicano deve ser visto dentro de um processo mais longo, que remete aos acontecimentos da Reforma em meados do século XIX e que retirou o poder da Igreja. Durante os governos de Porfírio Díaz e de Francisco Madero, não ocorreram maiores problemas. No entanto, a partir do golpe e do governo de Victoriano Huerta, que contou com amplo apoio da Igreja e dos católicos, exacerbaram-se o jacobinismo e o radicalismo dos revolucionários. As conseqüências materializaram-se na Constituição de 1917 e em seus artigos que proibiram à Igreja o direito de propriedade, impunham limites no âmbito da educação e restrições à própria atividade dos sacerdotes. As relações entre Igreja e Estado, mesmo antes do governo de Calles (1924-1928), já eram tensas. Durante o governo de Obregón, existiram conflitos especialmente pela rivalidade entre a central sindical Crom, liderada por Luis N. Morones, e as associações sindicais católicas. Se Obregón, com seu pragmatismo político, conseguiu evitar um conflito aberto, Calles e seu ministro da Indústria, Luis Morones, não lograram sucesso quanto a isso.

O conflito armado se deu em razão das declarações do arcebispo da cidade do México, Mora y del Río, ao jornal *El Universal*, em fevereiro de 1926, reproduzidas nas páginas dos álbuns (HGRM, v.V, p.1743), nas quais rechaçava os artigos constitucionais anticlericais. A reação governamental foi imediata, fechando escolas e conventos religiosos, expulsando sacerdotes estrangeiros e prendendo alguns religiosos. A Liga de Defensa de la Libertad Religiosa convocou um boicote econômico contra o governo. A tensão recrudesceu, culminando no conflito aberto entre meados de 1926 até 1929, que se estendeu pelos Estados de Jalisco, Colima, Michoacán, Guanajuato e Zacatecas. Segundo Jean Meyer, apesar da influência da liderança católica, o movimento contou com a adesão de elementos camponeses dessas regiões que possuíam demandas próprias. Ainda segundo esse autor, a cúpula da Igreja Católica do México preferiu sempre uma negociação diplomática a um confronto aberto, e não apoiou completamente a rebelião rural. A afirmação difundida pela historiografia tradicional de que o movimento cristero foi apenas uma manifestação contra-revolucionária, conservadora e manipulada pela

A FOTOGRAFIA A SERVIÇO DE CLIO 199

hierarquia católica deveria ser revista, segundo as conclusões de Meyer.

Para o autor, a Rebelião Cristera foi fruto de uma coalizão rural entre classes sociais distintas, sem que contassem com um líder central, e que atuaram segundo moldes zapatistas, a partir de grupos guerrilheiros com poucas armas e munição. Enfim, esse movimento seguiu o padrão das revoltas camponesas da Revolução Mexicana. O motivo que levou esses camponeses católicos à rebelião foi a luta contra a suspensão do culto, contra a interferência estatal na autonomia municipal e também na política local. Ou seja, foi mais uma rebelião de oposição rural contra o recrudescimento do controle estatal da região central do México do que uma rebelião religiosa simplesmente. Lembramos que o núcleo duro da liderança governamental desse período advinha do Norte do país: a chamada Dinastia Sonorense. O confronto perdeu sua força com os acordos de 1929 entre o novo presidente, Emilio Portes Gil, e a Igreja, intermediados pelos representantes diplomáticos norte-americanos e chilenos, apesar de persistirem pequenos grupos rebeldes ainda durante o governo de Lázaro Cárdenas na década de 1930.[4]

Uma primeira constatação foi que nesses dois volumes a representação fotográfica sobre o conflito religioso foi essencialmente urbana. Apenas em um capítulo específico as fotografias remetem a imagens do meio rural e dos combates entre os revoltosos e o Exército Federal. A representação fotográfica do problema religioso nos álbuns, além de privilegiar o aspecto urbano, concentrou-se nas lideranças religiosas da Igreja, e não nas tropas e lideranças camponesas. Um exemplo dessa opção pela hierarquia religiosa são as três páginas dedicadas a retratos dos arcebispos e bispos de todas as arquidioceses mexicanas,[5] enquanto no capítulo dedicado à Rebelião Cristera foram estampadas apenas três fotografias de líderes

---

4  O estudo mais aprofundado sobre o tema foi realizado por Jean Meyer (1973-1974). Ver também Meyer et al. (1981, espec. p.210-75).

5  HGRM, v.V, p.1748-50, perfazem um total de 27 retratos no capítulo "El problema religioso".

200  CARLOS ALBERTO SAMPAIO BARBOSA

camponeses cristeros. Predominou uma enunciação que optou pela óptica urbana centrada nas lideranças políticas, tanto por parte do Estado como por parte da Igreja. O conflito social ficou oculto.

Outro capítulo que apresentou o confronto e a violência diz respeito ao ataque realizado pelos chamados "Camisas Rojas", organizados e dirigidos pelo ex-governador de Tabasco, Tomás Garrido Canabal, ministro da Agricultura durante um breve período do governo de Lázaro Cárdenas. O ataque contra um grupo de católicos que deixava uma igreja na localidade de Coyacan, na capital, em pleno domingo, ocorreu no dia 30 de setembro de 1934. Esse capítulo representa um excelente exemplo da mudança de atitude do governo de Calles, e mesmo do período do "Maximato" em relação ao governo de Cárdenas. Ao apresentar os atacantes sendo presos, mostra que o presidente Cárdenas exigiu uma investigação minuciosa sobre o caso. Apesar de Lázaro Cárdenas manter traços do anticlericalismo típicos dos líderes revolucionários, propunha-se a refrear a atitude radical de setores anticlericais. Ele se defrontava com um adversário mais importante nesse momento – Calles e seus seguidores. Portanto, estrategicamente, o presidente percebeu que não era conveniente enfrentar a Igreja abertamente na ocasião, assim como se deu conta de que era necessário buscar apoio dos trabalhadores urbanos e rurais. Iniciou-se uma nova fase na política mexicana.

## Assuntos operários

Os primeiros capítulos dos álbuns que se referiram, de uma maneira direta, à questão dos trabalhadores trataram das greves de Cananea, Rio Branco e de diversas greves ocorridas na capital, na primeira década do século XX, durante o período de Porfirio Díaz. Outras referências foram a greve na Escola de Direito e a visita de políticos a algumas fábricas. Essas inserções, apesar de relevantes, ficaram sem destaque, ofuscadas por uma preocupação de enfocar o período presidencial de Porfirio Díaz, e se explicam dentro de uma construção da representação dos "movimentos precursores" da re-

A FOTOGRAFIA A SERVIÇO DE CLIO **201**

volução. A falta de material visual sobre o tema denota a pouca importância atribuída aos assuntos do mundo do trabalho naquele momento. Elas se tornam foco das câmeras apenas em momentos de "distúrbios da ordem".

No Volume III, o material visual sobre o mundo do trabalho ampliou-se nos capítulos sobre as comemorações do Primeiro de Maio e sobre as manifestações de trabalhadores, além do capítulo referente à formação dos "Batalhões Vermelhos", fruto do acordo entre o líder do Exército do Noroeste, Álvaro Obregón, e a liderança da Casa del Obrero Mundial, em 1915. Nesse capítulo, de apenas uma página, foram inseridas duas fotografias. A primeira retrata um grupo de soldados operários tendo ao fundo um vagão de trem blindado. Na segunda, foi retratado um grupo de membros da Casa del Obrero Mundial, simpatizantes do constitucionalismo; eram provavelmente líderes, fato que podemos inferir de suas vestimentas.

A maior preocupação em relação à retratação de trabalhadores se condensa, de uma maneira crescente, nos volumes seguintes, atingindo o auge no Volume VII, que corresponde ao governo de Lázaro Cárdenas (1934-1940).[6]

Nosso objetivo neste capítulo se voltou para a análise da narrativa visual dos eventos sociais. Assim, nesse aspecto, indagamos: em que espaço foi fotografado esse tipo de manifestação? Percebemos que elas foram registradas pelas lentes dos Casasola e focalizaram essencialmente as praças e ruas da Cidade do México. A Plaza de Armas, mais conhecida como Zócalo, em frente dos principais edifícios do poder mexicano, o Palácio Nacional e a Catedral Metropolitana, foi o *locus* privilegiado pelas imagens. Essas fotografias reve-

---

6 Para um termo de comparação, apenas no Volume V encontramos cinco capítulos que tratam da temática social, com um total de quinze páginas e 44 fotografias. Lembramos que esse volume cobriu o período de poder de Obregón (1920-1928). A evolução da edição das imagens dos trabalhadores foi a seguinte: no Volume VI foram editados mais seis capítulos com um total de 24 páginas e 72 fotografias; no Volume VII foram editados três capítulos com 34 páginas e 130 fotografias. Ou seja, triplicou o número de fotografias de um volume para o outro, com uma quantidade menor de capítulos.

202 CARLOS ALBERTO SAMPAIO BARBOSA

lam a preocupação dos fotógrafos e editores em situar o observador, com precisão, no espaço urbano. Sempre procuram citar a rua, praça ou local mais específico onde foi realizada a imagem.

As fotografias apresentam também locais vinculados à esfera da Justiça, como as imagens em frente à Suprema Corte de Justiça, dos tribunais das Juntas de Conciliação ou da Justiça do Trabalho e Câmara do Trabalho. As fábricas ou seus arredores eram outros locais alvos de várias fotografias, assim como os edifícios sindicais. Há um destaque especial às imagens realizadas em frente às fábricas têxteis e cervejarias. Outros locais focados foram as estações ferroviárias, os pátios de manobras dos trens e os próprios trens. A predominância desses espaços denota uma visualidade do trabalho ligado às disputas judiciais e às esferas sindicais mais organizadas, como foi o caso do sindicato dos ferroviários, setor muito combativo dos trabalhadores mexicanos.

Apesar do aumento das fotografias realizadas no espaço interno, o predomínio ainda era das imagens externas. Uma explicação para o crescimento das fotografias feitas em ambientes fechados diz respeito aos avanços tecnológicos dos equipamentos fotográficos, como as melhorias nas lentes, o surgimento das máquinas de pequeno formato, filmes e *flash*. Mas a questão tecnológica não nos parece a explicação fundamental. Entendemos que esse fenômeno se explica mais pela nova postura política que o regime assumiu, procurando direcionar as disputas sociais para os espaços da política oficial, como o Congresso, o Judiciário, as várias instâncias da Justiça do Trabalho, do Executivo, principalmente o Palácio Nacional, durante o governo de Cárdenas. Além desses, espaços como o plenário da Câmara de Deputados, seus salões e galerias, o Teatro Hidalgo, o Palácio de Belas-Artes e o interior dos vários espaços dos judiciários sobressaíram como locais recorrentes das fotografias do período.

O exemplo das imagens referentes à expropriação das ferrovias, e especialmente das companhias petrolíferas, foi sugestivo. Quase não foram realizadas imagens dos campos de exploração de petróleo ou de refinarias. As fotografias foram realizadas, em sua maioria, tendo como palco o espaço das Juntas de Conciliação, e em menor

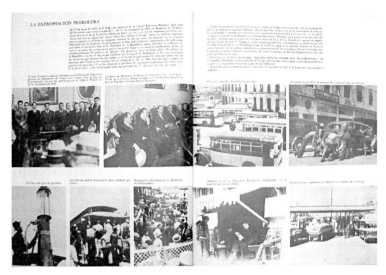

Foto 40   Expropriação das empresas petrolíferas estrangeiras, 1938.

medida de carros, ônibus e outros veículos parados sem combustível (HGRM, v.VII, p.2304-20). Nos álbuns foram inseridas as fotografias que se tornaram clássicas, como a do general Lázaro Cárdenas discursando sobre o decreto expropriatório das companhias petrolíferas em uma manifestação do dia 23 de março, em que, segundo estimativas da época, reuniram no Zócalo cerca de 250 mil pessoas, e sobre as quais aeroplanos monomotores realizavam rasantes quase se chocando com as torres da catedral (ibidem, p.2315-16). Foram estampadas imagens de personalidades políticas relevantes; empresários ou líderes sindicais, como Vicente Lombardo Toledano (fotografado junto com políticos, na Câmara dos Deputados, ou com sindicalistas, saindo do Palácio Nacional), ou os juízes das juntas de conciliação, ministros e mulheres (desde camponesas até a primeira dama), fazendo donativos para recolher fundos para pagar a dívida petroleira (ibidem, p.2304-20).

Voltando a uma apreciação geral quanto às figuras privilegiadas, nota-se que são retratados nesse período os personagens coletivos em detrimento do individual. A narrativa visual dos eventos sociais do mundo do trabalho nos volumes V, VI e VII privilegiou as manifesta-

204 CARLOS ALBERTO SAMPAIO BARBOSA

ções políticas públicas nas ruas e praças da capital. Os trabalhadores urbanos aparecem nas fotografias reunidas em manifestações políticas públicas como comícios, passeatas, caravanas, greves, reunidos nas portas das fábricas, dentro da Câmara dos Deputados e nos recintos do Poder Judiciário. Essas fotos comprovam a ênfase na política de massas posta em prática no governo Cárdenas. Um dado que nos chamou a atenção foram as fotografias em que podemos divisar uma grande presença feminina nessas manifestações, algo não verificado anteriormente. Outros atores representados nas fotografias foram os membros das forças de segurança, grupos de dirigentes sindicais, integrantes das empresas ou seus advogados e grupos de políticos. Também imagens de feridos nos confrontos entre manifestantes e as forças de segurança foram estampadas em quase todos os capítulos. Sem dúvida, eram inseridas na tentativa de enfatizar o conflito e com isso chocar o público, mostrando a violência dos conflitos sociais e políticos, especialmente no período Cárdenas. Isso demonstra a posição dos Casasola diante da política desse governante.

Nas fotografias em que o assunto principal eram os personagens individuais, encontramos, na maioria das imagens, líderes sindicais realizando discursos ao redor de manifestantes, em reuniões ou convenções sindicais. Dois exemplos recorrentes eram as figuras de Luis Napoleon Morones, especialmente no Volume VI, que cobre o período conhecido como "Maximato" (1928-1934), e Vicente Lombardo Toledano, no Volume VII, referente ao período presidencial de Lázaro Cárdenas. Já os presidentes a partir da década de 1920 sempre foram flagrados em eventos sindicais. Entre eles foram registrados Plutarco Elias Calles, Pascual Ortiz Rubio, Emílio Portes Gil e Abelardo Rodrigues, e, em maior medida, Cárdenas.

Uma personalidade do mundo da pintura também foi recorrente nessas imagens relacionadas ao mundo do trabalho e da política: Diego Rivera. Ele foi fotografado em diversas manifestações, como as do Primeiro de Maio, de 1930; presidindo os funerais do estudante cubano Julio Antonio Mella (morto na capital mexicana em janeiro de 1929); em duas oportunidades durante a campanha do candidato comunistas general Pedro Rodriguez Triana à presidência da

A FOTOGRAFIA A SERVIÇO DE CLIO 205

Foto 41 Lázaro Cárdenas discursando pela expropriação da empresas petrolíferas, 1938.

República ou num comício comunista nos Jardins de Santo Domingo, provavelmente no ano de 1935 (HGRM, v.VI, p.1900, 1920-1 e 2187). Além disso, foram estampadas imagens de personagens individuais, militares e policiais menos conhecidos e políticos vinculados aos partidos ligados aos trabalhadores e camponeses.

Os elementos de comunicação visual (bandeiras, faixas e estandartes) foram temas de destaque nas imagens. As fotografias desses três volumes, em especial, possibilitaram observar a grande quantidade desses símbolos referentes a sindicatos, grêmios e grupos políticos. Em alguns capítulos específicos, eles se tornaram temas centrais, como a referência à bandeira vermelha e preta, símbolo da luta dos trabalhadores no mundo inteiro, que foi marcante. Uma fotografia em especial merece destaque: a que mostra a bandeira vermelha e preta hasteada na catedral, em plena Plaza de Armas (Zócalo), durante as comemorações do Primeiro de Maio. A legenda demonstra uma oposição política e um nacionalismo, pois, segundo o texto,

206 CARLOS ALBERTO SAMPAIO BARBOSA

ela foi colocada onde sempre se içou a bandeira nacional (HGRM, v.V, p.1534-5 e 1538-40).[7] Enquanto a expropriação petroleira recebeu um tratamento diferenciado, a expropriação das estradas de ferro mexicanas e sua posterior transferência de controle para o sindicato foram pouco apresentadas nos álbuns. Esses acontecimentos foram inseridos nos capítulos que agruparam, de maneira geral, os assuntos operários entre 1937 e 1938, em algumas linhas e poucas fotografias (HGRM, v.VII, p.2274-84, 2378-83 e 2381-2). Essa atitude chama a atenção porque os ferroviários eram um setor extremamente organizado politicamente, que, entre as décadas de 1920 e 1930, participou ativamente de movimentos sociais e políticos de fundamental importância. Isso mostra que a questão social no governo Cárdenas assumiu proporções muito maiores do que no período anterior.

## O étnico e o camponês

Etnia define-se como um grupo integrado por pessoas articuladas historicamente em um território, uma linguagem, uma cultura comum e que se reconhecem perante outros grupos por suas particularidades e diferenças. A questão étnica no México articula-se com outras questões e problemáticas, especialmente a do Estado e a da nação. A nação, durante algum tempo, foi definida a partir da etnia. Já o Estado representa a busca de um ordenamento jurídico sobre um determinado território e seus indivíduos. Mas a definição de nação após a Revolução Francesa mudou. Se anteriormente relacionava-se à noção de uma comunidade étnica, essa foi substituída pela noção de cidadania, como bem considerou Eric Hobsbawm (1991). O conceito moderno de nação a define como uma comunidade de semelhantes que se reconhecem mutuamente como iguais, com certos direitos e deveres, por pertencerem a uma mesma comunidade e pelo entendimento dos indivíduos em igualdade.

---

7 Não se faz nenhuma indicação de essas bandeiras serem de partidos ou grupos políticos ligados aos comunistas.

A FOTOGRAFIA A SERVIÇO DE CLIO 207

Essa tentativa de criar uma nação de indivíduos iguais foi um desejo de pelo menos uma pequena parcela de mexicanos que levaram adiante o projeto do nascente Estado mexicano pós-independência. Esse projeto se chocou com barreiras de intolerância e autoritarismo, quando se defrontou com conflitos de classes ou étnicos que comprometiam os projetos de igualdade e respeito a uma diversidade étnica e social.

O período imediatamente pós-independência foi um dos momentos de explicitação desse entre a tese unicista (defensores da identidade mexicana apenas por uma visada, qual seja, indígena, europeu ou mestiço) e o aparecimento de teses que propunham o respeito às diversidades mexicanas (étnicas e sociais). Esse debate surgiu em parte como um contraponto a uma visão dominante no século XIX, dos indígenas como inimigos da nação e sua desqualificação como seres humanos (Florescano, 1997).

O discurso visual do álbum permitiu vislumbrar sinais de entendimento sobre a visão dos indígenas/camponeses na sociedade mexicana, durante o período revolucionário e pós-revolucionário. Mas essa representação, tanto do étnico como do camponês, passou por um processo de elaboração interpretativa de ocultamento. Em vários momentos dos álbuns, as fotografias cujo tema central eram camponeses ou grupos étnicos foram recorrentes, mas não em capítulos dedicados exclusivamente a eles, e sim de uma maneira fragmentária. Isso pode sugerir uma estratégia de tentativa de descomprometimento dos editores diante da questão.

## O outro étnico

No conjunto desse material, destacamos, por sua maior recorrência em diferentes momentos e pela sua quantidade, os yaquis. Há três capítulos diretamente relacionados à temática étnica e fotografias dispersas em capítulos dos volumes. Mas, como as imagens estão difusas no conjunto da obra, para efeito de análise, resolvemos agrupá-las em três blocos. O primeiro bloco está composto de seis

208 CARLOS ALBERTO SAMPAIO BARBOSA

fotografias do período final do governo de Porfirio Díaz (1900-1910) inseridas no Volume I.

Nas imagens das tropas que custodiavam os yaquis, o local foi privilegiado em relação aos elementos humanos, remetendo-se, portanto, a um contexto externo à fotografia. Essas imagens foram realizadas durante a campanha de deportação dos yaquis para a península de Yucatán (Estado no extremo sul do México) no início do século XX, durante o governo de Porfirio Díaz. Essa política de imigração forçada foi a fórmula encontrada para subjugar a resistência tenaz que essa nação fazia contra a projeto porfirista de centralização e a inserção das comunidades indígenas na estrutura de propriedade individual da terra. Para compreender melhor essa situação, cabe uma breve explanação sobre a história singular dessa etnia.

Os yaquis eram originários da parte ocidental do Estado de Sonora e sua trajetória é particular dentro da história mexicana. A postura de resistência desse grupo à assimilação e aculturação à sociedade "ocidental" foi específica. Talvez aqui resida uma das singularidades que levaram essa etnia a ser muito representada na fotografia mexicana. Defenderam sua identidade étnica, sua comunidade, seu modo de vida, suas terras e sua cultura, por meio de guerras e negociações. Essa resistência permitiu que mantivessem parte de sua forma de organização e autonomia em relação aos governos estadual e federal até a virada do século XIX para o XX. Mas a sua particularidade com relação a outros grupos que lutaram pelos mesmos objetivos reside no fato de que os yaquis se integraram na economia mexicana mais ampla, sem com isso perder sua identidade. Seus membros, além de manterem o trabalho nas terras comunais, partiram para o trabalho assalariado nos empreendimentos mineiros que surgiram em várias regiões do Norte do México, principalmente em Sonora, como foi o caso da mina de Cananea, mas também nos Estados Unidos, no Estado do Arizona (Hu-DeHart, 1990, v.1, p.135).[8]

---

8 Para um maior aprofundamento sobre o trabalho dos jesuítas na América, ver Brading (1992).

A FOTOGRAFIA A SERVIÇO DE CLIO    209

Não cabe aqui expor a trajetória yaqui ao longo da história mexicana; o importante é destacar a participação deles na maioria das lutas políticas que a sociedade mexicana vivenciou. Eles contribuíram para certa instabilidade geral no Estado de Sonora, aliando-se às diferentes facções políticas do Estado ou fora dele, de acordo com os interesses específicos da comunidade. Respondiam rapidamente a qualquer ameaça externa à sua cultura e às suas terras, assim como sua resistência adotava formas flexíveis e inovadoras. Mesmo após mudanças ocorridas durante todo o século, a busca de autonomia política e auto-suficiência econômica continuou a ser um objetivo e essas propostas eram inaceitáveis para o governo porfirista que tinha como pedra angular de seu projeto para o país a centralização política. As relações econômicas, tanto no que diz respeito à propriedade das terras como à mão-de-obra, também eram importantíssimas. Assim, coube ao governo federal, no final do século XIX, a incumbência de pacificar a região. A não-aceitação das propostas do governo de Porfirio Díaz por essa tribo levou-a a uma nova forma de resistência: a guerrilha. Essa via de luta era facilitada pela dispersão dos seus indivíduos como trabalhadores mineiros, nas ferrovias, nas fazendas, nas cidades, tanto do lado mexicano como do lado norte-americano, que proporcionava apoio material e moral. Portanto, a manutenção de um espírito guerreiro foi sua marca registrada. Essa característica levou o governo a iniciar uma nova política de controle: a deportação em massa da população entre os anos de 1902 e 1907.

Retornando às fotografias do álbum, elas se enquadram nessa campanha do começo do século. Mostram o momento de vitória do projeto centralizador do governo nacional. Eram imagens de grupos aprisionados, humilhados e derrotados. Representavam a etnia aprisionada por um governo ditatorial e autoritário. Dentro da estratégia da narrativa, representavam os "Movimentos Precursores" da revolução, no período de 1900-1910. Será interessante posteriormente compará-las com as fotografias dos outros blocos na seqüência da publicação, o que permitirá outras reflexões.

No segundo bloco de fotografias, observamos quatro delas, realizadas entre os anos 1913-1920, portanto no auge do período da

210 CARLOS ALBERTO SAMPAIO BARBOSA

guerra civil. Nesse período ocorreu o enfrentamento entre o Exército Constitucionalista, comandado por Venustiano Carranza e Álvaro Obregón, e o Exército Convencionista, cujos líderes principais eram Emiliano Zapata e Francisco Villa. Então, vejamos como se inseriu essa etnia na Revolução Mexicana. Os yaquis se dividiram e ofereceram apoio a diferentes grupos em luta no Norte, uns chefiados por Obregón, outros por Villa. Havia também uma pequena fração guerrilheira comandada por Luis Espinosa, que formou um grupo independente de qualquer das facções em luta, mantendo sua autonomia. Essa divisão interna levou-os, aliás, a uma luta entre eles. O importante para o nosso trabalho é que as fotografias mostraram basicamente o grupo de yaquis que se aliaram a Álvaro Obregón. Apenas esse grupo mereceu registro visual no álbum de Casasola; as demais facções não foram inseridas nele.

Numa das fotografias (HGRM, v.II, p.702-6) vemos uma pose de um batalhão de yaquis que lutaram no Exército Constitucionalista, pela Divisão do Noroeste, comandados por Obregón. A informação oferecida pela legenda "Batalhão de índios yaquis do Exército Constitucionalista com armas primitivas, que ajudaram muito ao triunfo da Revolução nos Estados de Sonora e Sinaloa" era claramente identificável na imagem: eles portavam "armas primitivas". Mas temos uma contradição nessa legenda, pois logo na seqüência ela afirma que esse batalhão ajudou muito no triunfo da revolução nos estados de Sonora e Sinaloa. Ora, resulta óbvio que essas armas primitivas não foram muito úteis numa guerra civil em que as armas de fogo eram as mais eficientes. Na verdade, esse arsenal que compunha o armamento tradicional deles foi utilizado apenas como elemento simbólico para a pose fotográfica, o que nos leva a inferir que essa imagem posada teve o intuito de reforçar a identidade diferenciada desse grupo.[9]

---

9  A união dos yaquis ao Exército Constitucionalista era paradoxal num sentido mais nacional, apesar de explicável no regional. Afinal, o Exército Convencionista teoricamente era mais próximo aos ideais yaquis, na medida em que foi resultado de uma coalizão de facções camponesas e indígenas em um dado

A FOTOGRAFIA A SERVIÇO DE CLIO 211

Observando com mais cuidado, percebemos que um dos indivíduos aponta uma carabina e o indivíduo da figura central da imagem segura um sabre. Isso vai reforçar a idéia de pose para essa imagem, pois, como veremos nas fotografias seguintes, a utilização de armas de fogo era mais comum durante a Revolução Mexicana, e o deixar-se registrar com as armas tradicionais eram um ato de reforço de sua identidade. É necessário lembrar que uma das demandas dos yaquis, quando da sua rebelião em 1740, fora o direito de portar suas armas tradicionais, que vemos reaparecer nessa imagem. A trajetória dessa nação de indígenas do extremo norte do México tornou-se paradigmático. Foram "pacificados" e reduzidos pelos jesuítas, organizados em missões, integrados de uma forma flexível à sociedade mexicana do século XIX e participante de inúmeros levantes armados para manter sua autonomia política e cultural. A sua inserção fragmentada na Revolução Mexicana do início do século XX somente foi registrada pelas câmeras fotográficas dos Casasola pelo seu apoio ao exército de Álvaro Obregón, artífice do futuro novo Estado mexicano.

Duas últimas imagens merecem ser interpretadas, elas encontram-se na matéria "Entrada triunfal do exército constitucionalista à capital da república" (HGRM, v.III, p.830-1). Nesse segmento, os yaquis foram inseridos no Exército Constitucionalista, sob o comando de Álvaro Obregón. Nada mais simbólico do que o fato de desfilarem pela Avenida 16 de Setembro,[10] o que representa a inserção definitiva

---

momento da Revolução Mexicana, fruto da união do Exército do Sul, comandado por Emiliano Zapata, da Divisão do Norte, comandado por Francisco Villa. Portanto, o Exército Convencionista era mais representativo dos camponeses e indígenas nesse momento da Revolução. Essa fotografia encontra-se na matéria do Volume II intitulada: "O General Alvaro Obregón toma Culiacan".

10 Data do início do movimento de independência mexicana em 1810, liderado pelo padre Miguel Hidalgo, na cidade de Dolores, quando esse reuniu a população após a missa dominical conclamando a todos para participar da rebelião contra a Espanha, com as seguintes palavras de ordem: "Viva América! Viva Fernando VII! Morte ao mal governo!". Esse momento da história mexicana passou a ser conhecido como o "Grito de Dolores".

desse grupo dentro da nacionalidade mexicana, ou seja, eles aparecem como atores de um capítulo fundamental da história mexicana.

A próxima fotografia carrega uma carga não menos simbólica: os yaquis guardando o Palácio Nacional. O fotógrafo soube tirar proveito da situação ao retratar uma guarda do palácio formada por um grupo de indígenas, que tinha atrás de si uma história de resistência e autonomia. A tentativa de aglutinação de diferentes grupos num mesmo projeto político estava vinculada à proposta de criar um Estado nacional que englobasse os mais variados setores da sociedade mexicana, especialmente os que nesse momento provocaram conflitos. É claramente o caso das comunidades indígenas yaquis e mayos no Estado de Sonora, e mayas na Península de Yucatán. Não obstante, esses grupos aparecem incorporados, mas apresentados sempre numa posição subalterna e nunca de liderança. É sintomático que não encontramos registro visual da facção independente.

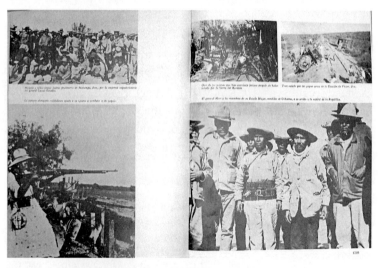

Foto 42    O eterno problema Yaqui, ca. 1926/1927.

O terceiro bloco de fotografias refere-se às imagens da década de 1930. A problemática yaqui retornou no álbum num capítulo específico "El eterno problema yaqui" (HGRM, v.V, p.1784-9). Esse ca-

# A FOTOGRAFIA A SERVIÇO DE CLIO 213

pítulo referiu-se à rebelião dos anos 1926 e 1927 durante o governo de Calles. Nele são apresentadas imagens das tropas federais percorrendo a região montanhosa de Sonora. Vemos cenas de destruição com trens descarrilados, prisioneiros e rebeldes sendo sepultados. Uma novidade foi a presença de aviões, de transporte essencial para patrulhar e localizar os rebeldes nos labirintos dessa região serrana. As imagens dos aviões em terra e voando e acidentados em aterrissagens forçadas dão uma dimensão da complexidade da campanha. As fotografias dos yaquis resumem-se a um retrato do seu líder, general Luis Espinosa, de mulheres e crianças feitas prisioneiras pelas tropas federais, e de outro líder yaqui, o general Mori, além de membros do seu estado-maior, presos e transferidos para a capital.

A mudança de perspectiva da enunciação dos álbuns simboliza a transformação da política do Estado mexicano, que foi marcada no capítulo "Comision intersecretarial con los indigenas" (HGRM, v.VII, p.2262-3). Essa comissão foi criada pelo presidente Lázaro Cárdenas em 1936, englobando diversas secretarias de governo, sob o comando do Departamento do Trabalho. Gustavo Casasola foi convidado a participar da Missão Intersecretarial que visitaria as regiões dos índios tarahumaras, no Estado de Chihuahua, dos chamulas e outras etnias, no Estado de Chiapas, além das diversas etnias do Estado de Oaxaca.

A missão era composta por representantes do Departamento do Trabalho e tinha como objetivo fazer um estudo da vida dos grupos, abordando suas necessidades, seus costumes e sua história. Apesar da transformação da perspectiva em relação a populações indígenas, materializada pela própria existência da Comissão, a política governamental era ainda balizada por uma óptica paternalista. A avaliação expressa nos álbuns mostra que os tarahumaras apresentavam problemas de embriaguez e indolência. Mas, em contrapartida, eram mansos, dóceis, excelentes corredores e andarilhos, portanto tinham potencial para serem grandes desportistas, apesar da má alimentação em razão de pouca fertilidade da terra e por sofrerem com o frio, pois viviam quase nus. Já o diagnóstico para os chamulas, que englobava os grupos da região de Chiapas, não era muito diferente:

Foto 43   Fotos de Gustavo Casasola para a Comissão Intersecretarial com os Indígenas, 1936.

vestiam-se de forma colorida, possuíam uma agricultura desenvolvida, assim como um mercado comercial, e eram incansáveis trabalhadores, e seus indivíduos, cheios de vida e saúde. Mas, contraditoriamente, essa população sofria de muitos parasitas e de embriaguez. A exuberância da natureza era destacada. Propunha-se o estabelecimento de indústrias na região (Nars, 1998; Casasola, 1936).

O tortuoso caminho percorrido pelos yaquis tornou-se um percurso simbólico da questão étnica mexicana denotando mudanças e o surgimento de uma nova imagem do grupo. A fotografia, assim como outras imagens, ocupou um papel fundamental no surgimento do indigenismo e para a construção de um novo imaginário social, que foi muito bem utilizado pelo Estado recém-estabelecido em sua interface orgânica, com intelectuais e artistas, como os Casasola. A nação yaqui foi o único grupo étnico que assinou um tratado com o governo mexicano encerrando as hostilidades durante a presidência de Lázaro Cárdenas. No decorrer de seu mandato, criou-se um programa que desembocou na constituição da Zona Indígena, uma verdadeira reserva yaqui. Essa abarcava grande parte das terras reivindicadas, mas não sua totalidade. Cárdenas, ademais, expropriou grandes parcelas de terras privadas e repartiu entre a comunidade na forma de *ejidos*. O grupo conseguiu apoio federal para a obtenção de água e de crédito. O governo reconheceu, além disso, o direito dos yaquis de reconstruir, em outras localidades, suas comunidades tradicionais. Concessão que nenhum outro grupo étnico obteve (Hu-DeHart, 1990, v.1, p.158).

## O outro camponês

A participação dos camponeses na história mexicana das primeiras décadas do século XX foi intensa, como podemos perceber pelo papel proeminente deles durante o período da Revolução Mexicana e nos seus posteriores desdobramentos. O surgimento dos camponeses na cena política mexicana colocou-os como atores centrais do desenrolar das lutas da década de 1910 em diante. Mesmo que hoje se questione sobre o grau de participação camponesa na luta civil e no período posterior de estabilização, eles foram um dos atores centrais da Revolução Mexicana.[11] Nesse sentido, concordo com os autores que definem a Revolução como agrária e popular, considerando que os movimentos camponeses foram um fator decisivo na definição do processo. Apesar de eles terem sido derrotados, suas reivindicações tiveram de ser, pelo menos em parte, atendidas para estabilizar a situação política e social mexicana.

Vejamos a narrativa dos álbuns sobre os camponeses antes de prosseguirmos em nossa reflexão. Não vamos retornar à análise da participação dos camponeses nos exércitos revolucionários, assunto

---

11 Nos anos 1980, uma onda revisionista da historiografia mexicana questionou o papel central dos camponeses dentro da revolução. A partir de pesquisas regionais e de personagens que até aquele momento eram marginais, questionaram o caráter popular e agrário da revolução. Nos anos 1990, novos estudos dentro de uma perspectiva totalizante retomaram a perspectiva agrária e popular da revolução, exemplos dessa interpretação foram os trabalhos de Alan Knight, Hans Werner Tobler e John Mason Hart. Para um panorama desse debate, ver Barbosa et al. (2001); Brading (1993); Katz (1999).

já explorado no segundo capítulo. Nessa seção, procuramos destacar outros aspectos que merecem uma análise mais pormenorizada. Uma das inferências que as fotografias nos álbuns permitem foi sobre os zapatistas no espaço urbano da capital. Duas imagens fortes para uma apreensão da sensibilidade dos zapatistas durante a ocupação da capital foram inseridas no capítulo "Los pitorescos revolucionários" (HGRM, v.III, p.946-9). Na primeira fotografia do capítulo, vemos em primeiro plano dois zapatistas sentados em um balcão. O da esquerda segura em sua mão direita uma *tortilla*, mantém seu *sombrero* com a aba da frente levantada e sua carabina a seu lado. O da direita segura uma xícara com sua mão direita, veste uma manta branca e usa cartucheiras (*cananas*) cruzadas no peito. No plano de fundo, um grupo de quatro homens em pé posa para o fotógrafo. A legenda dessa primeira fotografia diz: "Chefes zapatistas comendo seus alimentos no restaurante *Sanborns* durante sua estada na cidade de México" (ibidem, p.946).

Foto 44  Chefes zapatistas no Restaurante Sanborns, 1914.

A segunda fotografia, na parte inferior da página, apresenta, pelo ângulo mais aberto da lente, uma visão mais ampla do restaurante, e nele um grupo de zapatistas, sentados no balcão, olha para o fotógrafo. O primeiro e o segundo são os mesmos da fotografia anterior. Um quinto elemento olha para a frente, e vemos, também, nessa fotografia, duas mulheres que trabalham no restaurante, uma delas servindo uma xícara para os revolucionários. O desconforto e a desconfiança podem ser notados com clareza nos olhares dos soldados zapatistas no restaurante *Sanborns*. Essa fotografia pode ser entendida como um encontro dos zapatistas com a cidade. Como porém o estranhamento é claramente visível nas faces desses homens, podemos supor que houve um desencontro das tropas rurais com a cidade. Mundo urbano representado nessas fotografias pela rede norte-americana de lanchonetes *Sanborns*, símbolo da quintessência da elite porfirista.[12]

Não obstante esse desencontro ter sido registrado pelas lentes dos Casasola durante a luta armada, nas fotografias posteriores a

Foto 45  Separação entre cidade e campo - garçonetes atendem os zapatistas no balcão do restaurante Sanborns, 1914.

---

12  Um excelente artigo tratando da questão de gênero nessa fotografia é o de Andrea Noble (1998, p.366-70).

218 CARLOS ALBERTO SAMPAIO BARBOSA

imagem do camponês desaparece e na sua invisibilidade passa a ser mais eloqüente pela sua ausência do que pela sua presença. Os capítulos em que a temática agrária foi presumivelmente o assunto principal, os Casasola não registraram camponeses como personagens principais. Nas fotografias desses capítulos foram focados muito mais os políticos do que os atores ligados ao universo agrário.[13] Como no caso da campanha eleitoral de Cárdenas, em que o político aparece como personagem central. Ou ainda no capítulo "Las antesalas del Palacio Nacional durante el gobierno del general Cárdenas", em que ele aparece cumprimentando um camponês que foi felicitá-lo pela eleição e posteriormente vemos imagens de delegações camponesas aguardando para serem recebidas (HGRM, v.VI, p.2170 e 2172). Pode-se até argumentar que nesses capítulos o assunto principal era o candidato, e posteriormente, o presidente.

Em outro grande capítulo que abrange os acontecimentos dos trabalhadores rurais e urbanos, o presidente aparece almoçando com diplomatas, militares, operários e camponeses (ibidem, p.2181-94).[14] Em dois capítulos do próximo volume, um deles denominado "Convención Agraria" (ibidem, p.2218-19) há quatro fotografias: em duas aparecem o presidente, mas não há, em nenhuma delas, camponeses. Em outro, denominado "Agrarismo" (ibidem, p.2293-7), num total de quatorze fotografias, Cárdenas aparece em dez; nas nove fotos em que apareceu camponeses, Cárdenas estava presente em oito delas.

Nas fotos que se referem à questão camponesa há uma nítida subordinação das imagens de camponeses em relação à figura do presidente. Chama a atenção do observador o fato de que tanto na temática camponesa como na do trabalhador urbano as fotografias estão vinculadas ao espaço da política, e não ao espaço da produção. Se procuramos analisar, a partir das imagens dos camponeses ou mesmo dos

---

13 Para termos uma proporção somando todos os capítulos, são 134 fotografias, e em apenas dezenove delas aparecem camponeses, e em alguns casos não eram os assuntos principais. Ver HGRM, v.IV, p.1284-5, p.2020-1, p.2100-16, p.2117-20.
14 O capítulo possui quatorze páginas e 54 fotografias.

A FOTOGRAFIA A SERVIÇO DE CLIO 219

trabalhadores urbanos, referentes aos anos 1930 e, em especial, ao governo Cárdenas, percebemos a introdução de uma nova cultura política, em que o Estado, representado na figura do Executivo, ocupou um papel central nas relações sociais. Essa participação deixa claro o caráter controlador dessa política e a subseqüente perda da autonomia dos movimentos sociais (Capelato, 2001).

Com o advento da fotografia, segundo Walter Benjamin (1987, p.170-4), o valor de culto que a unicidade da obra de arte mantinha cede espaço para o valor de exposição. Deixou a esfera da religião e dos rituais e emancipou-se para a dimensão da política. Ora, o que presenciamos desde a Revolução Russa, passando pelas décadas de 1920 e 1930, com regimes como o fascismo e o nazismo na Europa, e mesmo na América Latina, com os governos populistas de Vargas e Perón, foi a utilização da imagem do líder como um recurso voltado para a conquista de corações e mentes das massas. Assim como a Praça de Maio se tornou cenário das festas peronistas, o Zócalo foi o cenário fundamental dos acontecimentos políticos e sociais mexicanos, de comemorações, como a do Primeiro de Maio ou as grandes manifestações em prol da expropriação das companhias de petróleo e das estradas de ferro. A comemoração tornou-se festa de exaltação ao presidente. O presidente Cárdenas, como nenhum outro antes dele, procurou atrelar a sua imagem à do camponês e à do operário, o que sugere um caráter mobilizador das massas (Capelato, 1998, p.47-61). Imagens relacionadas a governos de tendência populista tendiam a enfatizar a questão do trabalho apresentando um grupo de trabalhadores relacionados ao seu ofício: agricultura, pecuária, construção civil, naval, indústria, transporte etc. O mote das representações é o coletivo e não o indivíduo/trabalhador nos regimes que se orientaram por uma concepção corporativista das relações sociais.[15]

A *Historia gráfica de la Revolución Mexicana* foi publicada a partir da iniciativa de uma família, mas como os Casasola sempre trabalharam intrinsecamente ligados aos governos, no período Cárdenas

---

15 Em artigo recente, Aline Lacerda (2000) trabalha com afirmações muito próximas a essas.

os álbuns representaram, por meio da narrativa visual, a essência da política de massas desse governo. O regime de Cárdenas procurou se associar a camponeses e operários por intermédio dos sindicatos e de confederações controlados pelo partido, mas essas imagens do coletivo sempre aparecem subordinadas à imagem do presidente, o líder que conduz a nação. O surgimento de um estilo "popular" de governar, em que o presidente participa das convenções de operários ou em que foi fotografado conversando com trabalhadores e/ou camponeses desconhecidos, ouvindo suas queixas e apertando suas mãos, denota uma noção de acessibilidade do governante. O homem mais poderoso do país ao lado de trabalhadores comuns, escutando com atenção suas necessidades. Cárdenas tinha consciência da importância da sua atuação como um político de "novo tipo". Mas é preciso destacar que a preocupação com a construção de uma auto-imagem perante as câmeras não se iniciou com ele. O que mostramos neste trabalho é que tal desempenho diante dos aparelhos de reprodução de imagens vinha ocorrendo desde o período da Revolução.

A representação dos demais setores da sociedade estampada nos álbuns – elementos étnicos, camponeses e operários – mostrou a subordinação deles ao líder político principal – presidente da nação. Na estrutura e na edição dos álbuns, mesmo nos capítulos diretamente destinados a representar esses setores, a presença deles aparece subordinada à do governante. Isso revela uma identificação dos Casasola com o poder. Mesmo em relação ao governo Cárdenas, que assumiu uma postura de aproximação com os trabalhadores: esses aparecem em segundo plano e suas imagens são ofuscadas pela presença do personagem principal – o chefe do governo, ou seja, o representante maior do poder.

# 5
# O OLHO DA HISTÓRIA – FOTOGRAFIA E MEMÓRIA

Este capítulo trata das fotografias agrupadas nos padrões temático-visuais denominados "Memória",[1] que congregam imagens estampadas nos álbuns relacionadas a assuntos como: inaugurações, eventos comemorativos, festivos, esportivos e culturais. A análise dessas fotografias editadas nos volumes permite uma compreensão da concepção de nação e da história mexicana do período referente à sua publicação. O registro visual das comemorações ligadas a eventos da história nacional revela os rumos que – por meio de uma narrativa fotográfica do passado coletivo – determinados grupos políticos tomavam como projetos para o presente e para o futuro. Como veremos, também por essa interpretação são identificáveis as elites político-culturais mexicanas do período pós-revolucionário, assim como o lugar social dos autores desse álbum. Essa enunciação tinha uma clara vocação pedagógica de ensinar aos mexicanos o "sentido" da história que deveriam compartilhar para formar uma nação moderna.

Como argumentou Richard Koselleck (1990), cada sociedade ou cada época estabelece com o tempo uma relação específica e produz

---

1 Este padrão temático-visual congrega 14,57% das imagens.

222  CARLOS ALBERTO SAMPAIO BARBOSA

um modo particular de conceber o passado, o presente e o futuro. A partir desses pressupostos, cada uma reelabora uma memória, escolhendo comemorações, acontecimentos, personagens, heróis aptos a construir uma narrativa com relação a seu tempo. Uma parte importante da memória do México moderno foi construída mediante uma narração visual,[2] realizada por pintores, gravuristas, cinegrafistas e fotógrafos, e os Casasola participaram fundamentalmente numa determinada elaboração do passado com as edições de seus álbuns, e em especial com o seu monumental *Historia gráfica de la Revolución Mexicana*.

O debate teórico entre a relação memória e história tem sido acirrado nos últimos anos, cuja base está nas diversas produções de referenciais do passado e de seus suportes. Na historiografia moderna, vários autores debruçaram-se sobre essa questão a partir da problemática da formação de identidades nacionais, como os casos de Hobsbawm & Ranger (1984), pela visada da *invenção das tradições*, ou de Benedict Anderson (1982), com a idéia de *comunidades imaginárias*. Por sua vez, tanto Maurice Halbwachs (1990) como Jacques Le Goff (1994), embora em momentos diferentes e sobre bases diversas, apresentaram as distâncias entre memória e história, enquanto Pierre Nora (1991) procurou estabelecer uma proposta de reconstituição cuidadosa de como foram elaborados os referenciais do passado justificados pelo momento em que foram produzidos, nos "lugares da memória". Se para esse autor a história é o espaço do distanciamento, da crítica e da reflexão, a memória recorre à herança da tradição, sempre se atualizando como uma representação do passado.

Os álbuns fotográficos, em geral, e os históricos, em particular, permitem uma historização da reconstituição da elaboração de um

---

2  Serge Gruzinski (1995) advoga a existência de uma tradição de utilização das imagens com fins políticos desde os primórdios da conquista do México até a modernidade. O autor acredita numa ressonância distante entre uma produção iconográfica religiosa utilizada para fins de evangelização, a Escola Mexicana de Pintura e a Televisa.

A FOTOGRAFIA A SERVIÇO DE CLIO 223

passado, à medida que estabelecem uma relação profunda e intrínseca entre história e memória. Os álbuns são uma espécie de "espelhos duplicados", que ao mesmo tempo refletem, deformam e participam na criação de uma determinada história a partir dos pressupostos de seus autores. Os álbuns se inserem dentro de uma visada de construção da memória mexicana, apesar de seus autores acreditarem estar trabalhando no campo da história. Mas quando utilizamos a fotografia de comemorações históricas, temos de perceber as diferenças de temporalidades diversas existentes nessas produções: o tempo de um passado anterior encenado à própria realização das fotografias, quando se trata de imagens de eventos históricos; o tempo do momento da realização da fotografia e o tempo histórico da época da edição dos álbuns. Além do mais, a fotografia participa desse jogo da história-memória na medida em que foi produzida voluntariamente com o objetivo de ser testemunho de uma época.

Para nós, como procuramos demonstrar nos capítulos anteriores, em todos os volumes dos álbuns deu-se a construção de um sentido do referencial histórico no estabelecimento de uma narrativa fotográfica por meio de uma estetização da guerra e de seus personagens, numa determinada visão do social por intermédio do religioso, do operário, do camponês e do étnico, e de uma visualidade do poder. Mas as imagens da memória histórica fotográfica permitem uma reflexão a respeito do projeto político e da inserção social dessa publicação ao revelar uma estreita ligação com o grupo político dominante a partir da década de 1940, culminado com a compra do "Arquivo" pelo Estado, em 1976.

Neste capítulo, procuramos analisar as diferentes fotografias referentes às comemorações, inaugurações e rituais históricos. Em especial, as duas comemorações do Centenário da Independência: a primeira, durante o governo de Díaz, que celebrou o Centenário da Independência; e a segunda, durante o governo Obregón, a Consumação da Independência. Vamos analisar também as homenagens aos heróis e líderes da revolução. Em um segundo item, será analisada a pretensão dos membros da família Casasola de serem historiadores, tendo como pressuposto seu trabalho como fotógrafos e editores.

## A estetização do ritual

Vamos nesta seção confrontar as duas celebrações dos centenários da Independência ocorridas em 1910 e 1921 e outras celebrações comemorativas, pois julgamos reveladoras da visão de história subjacentes aos regimes de Porfirio Díaz, Álvaro Obregón e demais governos do período pós-revolucionário. Ambas as comemorações receberam a marca dos modelos de rememoração histórica de cada um dos regimes e foram registradas nos álbuns. A ironia da história foi que coube ao general Porfirio Díaz, e a seu governo autoritário e conservador, comemorar o movimento iniciado em 1810 pelo padre Miguel Hidalgo contra o poder colonial espanhol; ao passo que o recém-empossado governo do ex-líder revolucionário Obregón celebrou o centenário da Consumação da Independência, levado a cabo pelo acordo das elites conservadoras *criollas* e o último vice-rei, sacramentada pela entrada triunfante do Exército das Três Garantias na capital, em 27 de setembro de 1821.

No mês de setembro de 1910, um pouco antes da pose pela sétima vez consecutiva de Porfirio Díaz como presidente da República, ocorreram na Cidade do México as comemorações pelo Centenário da Independência Mexicana (1810-1910). Durante todo o mês aconteceram festas, bailes, banquetes e recepções, mas o feito mais importante se deu no dia 15 com um grande Desfile Histórico. Esse desfile foi o ápice das comemorações oficiais e foi estampado no Volume I do álbum, numa série de capítulos que procuravam abarcar as variadas e faustosas celebrações.

Essas fotografias do desfile histórico de 15 de setembro de 1910 revelam quais memórias históricas e políticas foram perpetuadas pelo regime. As imagens, nesse sentido, também se revelam como veículos poderosos para a elaboração de uma memória histórica, além do registro escrito, do arquitetônico, dos monumentos, das esculturas e da própria pintura histórica. O álbum produz uma narrativa sobre o passado, estabelecendo uma visão da época e uma seleção do que deve ser preservado.

A FOTOGRAFIA A SERVIÇO DE CLIO 225

Foto 46 Representação de La Malinche durante o desfile do Centenário da Independência do México, 1910.

O Desfile Histórico[3] foi estruturado em quatro blocos ou cenários, representados por atores com vestimentas de época: o primeiro cenário representava a Conquista; o segundo, o Vice-Reinado; o terceiro, a Independência. O quarto cenário, ao contrário dos anteriores, ficou a cargo dos governos estaduais e era um desfile de carros alegóricos. A primeira cena representava o encontro entre Moctezuma e sua corte, formada por nobres, guerreiros e sacerdotes, e Hernán Cortez, acompanhado pela Malinche, os soldados espanhóis, sacerdotes e os guerreiros tlaxcatecas, então aliados dos espanhóis. É justamente desse primeiro cenário a maioria das fotografias do capítulo.[4]

Antes de confrontarmos a celebração de 1910 com a de 1921, vejamos alguns outros capítulos sobre eventos da primeira come-

---

3 Foi editado em quatro páginas com onze fotografias. A seqüência total dos capítulos referentes às celebrações com todas as inaugurações, condecorações, desfiles históricos e militares, banquetes e bailes abrange 37 páginas e 63 fotografias (HGRM, v.I, p.184-7).
4 Oito imagens do total de onze.

226 CARLOS ALBERTO SAMPAIO BARBOSA

moração que também são reveladores da concepção de memória e história do governo Díaz. Uma das concepções que podemos perceber pelos álbuns foi uma necessidade do regime porfirista de modernizar a capital e o país como um todo em moldes europeus por meio de uma política de melhorias do transporte ferroviário, naval, rodoviário e saneamento da capital. Segundo essa concepção, essas transformações trariam o progresso da sociedade mexicana, alçando-a a um outro patamar civilizatório.

A remodelação da Cidade do México ocorreu em torno do eixo viário batizado de Paseo de la Reforma: esse seria o local onde se situaria a maioria dos monumentos comemorativos. Sua abertura foi um dos marcos das comemorações. A inauguração da Coluna da Independência, no dia 16 de setembro de 1910, foi um momento importante, contando com a presença do presidente, de membros de seu gabinete e de representantes de embaixadas e missões estrangeiras no país para as festividades, como podemos ver no álbum.

Mas o ímpeto estatuário e edificatório não ficaram restritos a essa coluna, outras inaugurações ocorreram, como a do Hemiciclo a Juárez, os monumentos a Pasteur; Washington; Isabel, a Católica; Garibaldi; e do barão Alexander von Humboldt. Todos esses monumentos foram oferecidos pelos representantes estrangeiros ao México, marcando a preocupação do governo em conferir uma dimensão internacional para as festividades. Novos edifícios foram planejados e construídos e oferecem uma idéia da concepção porfirista de elaboração de uma memória pela modificação da paisagem urbana pela inauguração de obras arquitetônicas. Podemos citar como exemplos: o Palácio do Poder Legislativo, o edifício dos correios, a nova penitenciária e o manicômio. Esses edifícios revelam uma visão característica do regime com uma visada autoritária, utilitária e pragmática. Reforça a percepção de uma sociedade em que o evolucionismo spenceriano e o darwinismo social davam o tom.

Havia uma preocupação também em relação à educação. Essa fé na educação esteve presente nas inaugurações da Escola Normal, da Escola de Jurisprudência e da Universidade Nacional. Essa última, inaugurada com um desfile dos professores mexicanos e estrangei-

A FOTOGRAFIA A SERVIÇO DE CLIO 227

ros, inauguração à qual o ditador fez questão de participar. O Museu Nacional de Arqueologia, História e Etnologia foi reorganizado e reaberto, e o ditador posou para uma fotografia ao lado da pedra monumental do calendário asteca, principal peça do museu. Com a sua reabertura, o museu recebeu várias "relíquias" da história nacional, entre elas a pia em que foi batizado o pai da Independência: Miguel Hidalgo. A sacralização dos heróis da Independência foi completada com a devolução, pelo monarca espanhol Alfonso XIII, das vestimentas e objetos pessoais de José Maria Morelos y Pavón, outro patriarca da emancipação (HGRM, v.I, p.194-7). Esses objetos foram levados para a Europa após a prisão e fuzilamento do patriarca pelas tropas realistas. Quando do retorno ao México, as relíquias desfilaram pelas ruas da capital sob uma bandeira nacional, escoltadas pelo estandarte da Virgem de Guadalupe, que Miguel Hidalgo portava em sua luta pela autonomia da Nova Espanha; posteriormente foram colocadas em uma caixa de madeira aberta, para que a população pudesse observar e referenciar.

Esses capítulos dos álbuns permitem perceber que a glorificação do regime foi uma marca das comemorações por meio da conversão de Díaz e seu governo no resultado final da história mexicana. A eleição dos momentos históricos e dos heróis nacionais foi particularmente perspicaz: a conquista, destacando as figuras de Moctezuma e Hernán Cortez; a Independência e a Reforma com Hidalgo, Morelos, Iturbide e Benito Juárez. Nessa seleção do que deveria ser perenizado na memória e convertido em espetáculo, destacou-se uma personalização da história que convergiu na própria sacralização das figuras individuais e, por conseqüência, no poder pessoal de Díaz. Há também o estabelecimento de uma ligação muito persistente entre Juárez, líder da reforma liberal e da resistência à invasão estrangeira, e Díaz, o continuador de seu legado, artesão da pacificação política e do desenvolvimento econômico do país.

Segundo Annick Lempérière (1995), esse modelo de comemoração porfirista foi inspirado nas celebrações francesas do centenário da Revolução Francesa, de 1889. Só que, ao contrário dos franceses que realizaram uma comemoração estabelecendo uma memória cal-

228  CARLOS ALBERTO SAMPAIO BARBOSA

cada em valores de uma tradição republicana, integrando Estado, sociedade e nação, no México "os porfiristas descuidaram da celebração dos princípios em proveito dos homens e acontecimentos que simbolizaram um forte poder personalista [...] privilegiaram a celebração de uma tradição nacional do poder que não tem nada de republicano nem de universal" (ibidem, p.333). Podemos perceber aqui a mesma estrutura narrativa que encontramos na continuação dos álbuns quando esses retrataram a Revolução Mexicana, com a apresentação dos personagens principais, secundários e coletivos.

Passemos então para as comemorações do centenário da Consumação da Independência, em setembro de 1921. O contraste com as faustosas cerimônias de 1910 é enorme, como se percebe na própria edição dos álbuns.[5] O recente governo de Obregón não estava em condições de despender grandes somas e existia uma dificuldade ideológica de celebrar um acontecimento como a Consumação da Independência levada a cabo por Iturbide. Assim, as celebrações foram mais tímidas, ocorreram desfiles militares, eventos culturais e diplomáticos com a presença de missões estrangeiras. Segundo Lempérière (1995, p.347), "em 1921 se desconfiava da história e se desejava mobilizar o menos possível a memória histórica, por ser demasiado conflitiva". Tanto é, que a primeira edição dos álbuns lançados nesse mesmo ano teve uma fria receptividade e não contou com a boa acolhida do governo Obregón. A sensibilidade histórica era outra após uma luta armada que havia durado mais de dez anos. Não era concebível uma festividade com ares aristocráticos como foram as festas anteriores.

Além da própria Revolução, outros fatores intelectuais e culturais ocorridos no intervalo das duas celebrações pesaram nessa mudança, como a fundação da Escuela Internacional de Arqueologia y Etnologia Americanas e o desenvolvimento de um pensamento crítico em torno de intelectuais, tais como: Molina Enríquez, Martínez Garcia e Manuel Gamio. Esse último estudou na Escola de Arqueo-

---

5  Apesar da profusão de capítulos, eles ocupam apenas dezoito páginas e um total de 32 fotografias.

A FOTOGRAFIA A SERVIÇO DE CLIO 229

logia, posteriormente na Universidade de Columbia (Estados Unidos), entre 1909 e 1911, e foi discípulo de Franz Boas. Escreveu algumas obras fundamentais na mudança da visão da história mexicana, na medida em que valorizou o estudo das populações étnicas contemporâneas. Nesse sentido, sua intervenção no cenário intelectual mexicano questionava a concepção de história que imperava durante o regime porfirista, que considerava apenas as populações pré-hispânicas dignas de serem estudadas e que estabelecia o início da história mexicana em 1521. Lançou várias publicações nesse período, entre elas, o *Albun de collections archéologiques*, em 1912, e *Forjando Patria*, de 1916. O primeiro, em colaboração com Franz Boas e com a utilização de ilustrações, pois as considerava instrumento fundamental para o conhecimento. Defendia o desenvolvimento de museus, guias, catálogos e livros de história ilustrados, revelando preocupação com as imagens. Suas reflexões sobre a arqueologia e antropologia tinham uma forte carga política, pois, segundo ele, foi o desconhecimento do passado mexicano e de suas populações que levaram aos acontecimentos revolucionários. Obregón chegou a ler seus livros e considerou "um estudo profundamente científico da verdadeira origem de nossos grandes males" (Lempérière, 1995, p.342). Enquanto na vigência do regime de Díaz o enfoque foi dado para os monumentos, a arquitetura, a remodelação urbana e o cientificismo positivista, o novo Estado revolucionário, até por dificuldades financeiras, mas também por uma nova visão histórica, optou por novas práticas de elaboração de memórias e identidades voltadas para a visualidade, como a pintura mural e a fotografia.

Cabe ainda analisarmos como foram registrados nos álbuns algumas outras comemorações posteriores, como o capítulo referente a trasladação dos restos mortais dos heróis da Independência (Miguel Hidalgo y Costilla, Ignacio Allende, Mariano Jiménez e Ignacio Aldamada) da catedral metropolitana para a Coluna da Independência, logo após a posse de Plutarco Elias Calles, em 1924. Um gesto de caráter laicizante e da postura anticlerical de Calles. As comemorações anuais da Independência também foram registradas nos

230 CARLOS ALBERTO SAMPAIO BARBOSA

álbuns como as que ocorreram sob o governo de Emilio Portes Gil, logo após a sua posse, que se deu em 1º de setembro de 1929. Nesse ano, agregou-se uma outra celebração, que havia sido relegada a um segundo plano pelos políticos sonorenses (Álvaro Obregón e Plutarco Elias Calles): a comemoração da façanha épica dos "Niños Héroes". O pouco entusiasmo dos governos de Obregón e Calles em comemorar um feito que aludia à guerra entre México e Estados Unidos pode ser explicado pelas tensões existentes entre os dois países, resultado das disputas com relação aos artigos da nova constituição referentes ao petróleo.

Carranza e Obregón foram os principais líderes revolucionários homenageados e retratados nos anos seguintes e surgiram no álbum esses registros. No ano de 1932, durante o governo do presidente Abelardo Rodríguez e sob a chancela de Calles, o "Jefe Maximo", quando se completava o décimo quarto aniversário da morte do "Primer Jefe", seus restos mortais que se encontravam em uma cova de quarta classe foram trasladados para a Rotonda de Hombres Ilustres, em 20 de novembro, ou seja, no dia do aniversário da Revolução. O debate sobre os despojos de Carranza continuou em 1936, quando a Câmara de Deputados decretou que seus restos fossem trasladados para o Monumento da Revolução, conjuntamente aos restos de Francisco Madero. Essa transferência só veio a ocorrer em 5 de fevereiro de 1942, durante o governo do presidente Manuel Ávila Camacho. Álvaro Obregón também foi homenageado no aniversário de um ano de seu assassinato, assim como, durante o governo de Rodríguez, em 1934, quando completava seis anos de sua morte e, posteriormente, com a construção de um monumento erigido no antigo espaço do Restaurante La Bombilla, local onde morreu enquanto festejava sua reeleição.

Acompanhar as comemorações dos "heróis" revolucionários permite perceber que a Revolução foi transmudada de uma luta civil entre classes sociais, rivalidades políticas, sociais e pessoais em um episódio fundante do México moderno. A memória "sacralizada" nos volumes dos álbuns, a partir de uma retórica hábil, em que participavam tanto os governantes de plantão como os próprios edito-

A FOTOGRAFIA A SERVIÇO DE CLIO 231

res dos álbuns, permitiu que um conflito que atingiu uma sociedade até as suas entranhas fosse transformado em uma aventura épica. Todos os aspectos negativos desapareceram e somente os positivos permaneceram, como se os álbuns conseguissem reunir o que a história e as disputas dividiram. A revolução passou a ser uma experiência que os mexicanos compartilharam entre si harmonicamente. Os conflitos e divisões foram ocultados. Podemos observar claramente essa união pelos capítulos que registram as homenagens aos heróis da Revolução nos governos posteriores, que acabaram até unindo o antigo ditador Porfírio Díaz a Madero, Carranza, Obregón, Villa, Zapata e Calles. Todos formam um mesmo amálgama: são heróis da pátria.[6]

## Os Casasola a serviço de Clio

Em uma entrevista realizada em 1979, Gustavo Casasola afirmou que a sua vida mudou por completo a partir do surgimento do primeiro fascículo do álbum *Historia gráfica de la Revolución Mexicana*: "deixei para sempre a fotografia, disposto a ordenar seriamente o Arquivo e estudar os documentos que o integravam. Isso deu por resultado que com o tempo, e quase sem querer, *me convertera em historiador*". Um pouco mais adiante, quando lhe perguntam sobre qual o método utilizado para escrever os textos e editar o material visual do "Arquivo", responde que fez

---

6  Cf. HGRM, v.VIII: "Ceremonias de homenaje a héroes de la Revolución y Porfirio Díaz", p.2930-3; v.IX: "Los restos de don Francisco I. Madero son trasladados al Monumento a la Revolución", p.3170-2; "Homenajes al Primer Jefe del Ejército Constitucionalista. El corazón de don Venustiano Carranza", p.3173-5; "Homenajes al general Álvaro Obregón", p.3176-7; "Homenajes al general Francisco Villa", p.3178-9; "Emiliano Zapata. El Plan de Ayala", p.3180-1; "Homenajes a los Revolucionarios", p.3184-9 e "Homenajes a los héroes de la patria", p.3190-4; v.X: "Homenajes a los revolucionarios, Porfirio Díaz, Madero, Carranza, Obregón, Calles, Zapata, Villa", p.3654-7.

232 CARLOS ALBERTO SAMPAIO BARBOSA

O mais simples, o mais natural. Fiz para o leitor o que meu pai fazia diante de mim: explicar as fotos, contar os fatos e suas inter-relações. Para não me equivocar, para ser mais justo e veraz, me dediquei a ler e investigar. Durante 42 anos fiz o mesmo: busco livros e documentos, os leio, os certifico, os comparo. Eu mesmo escrevo todos os textos, foi um trabalho colossal. (Pacheco, 1995, p.123)

Como o próprio Casasola argumentou, buscou "reconstituir" o passado por meio dos álbuns, baseou-se em uma idéia mais documental do que política. Questionado sobre a arbitrariedade da divisão dos álbuns, afirmou que não seguiu uma ordem cronológica estrita, e sim uma divisão por assuntos. Segundo ele, os trinta fascículos iniciais (que chamava de cadernos) tinham como objetivo abarcar meio século da vida mexicana, desde a quinta reeleição de Porfírio Díaz até a entrega da presidência de Miguel Alemán a Adolfo Ruiz Cortines (1952), demonstrando uma vinculação entre os cortes cronológicos dos álbuns e a história política mexicana do século XX. A noção de a sua atividade ser uma espécie de "olho da história", de "testemunha ocular" dos acontecimentos, esteve presente na concepção de trabalho para além da família, e de toda uma gama de fotógrafos e editores ao longo dos tempos. Encontramos aqui uma confusão entre a noção de memória e história, algo que pode ser explicado pela trajetória desses personagens que vivenciaram acontecimentos históricos de uma maneira tão próxima e que julgavam produzir um relato histórico objetivo.

Em 1948, um capítulo foi dedicado às comemorações do décimo ano do falecimento do patriarca da dinastia, fundador do "Arquivo" e iniciador dos álbuns: Agustín Víctor Casasola. Gustavo, seu filho e continuador, enviou cartas a diversas personalidades da sociedade mexicana pedindo que emitissem um "juízo franco, leal e desinteressado" sobre os álbuns. Encontramos várias respostas de embaixadores, juízes, políticos, intelectuais e militares, que permitem estabelecer um painel da repercussão social, política e cultural da publicação. Podemos destacar as de dois sindicalistas que participaram ativamente da vida política da primeira metade do século XX: Fidel Velázquez e Luis N. Morones. O primeiro foi membro da Crom até 1929, quando saiu dessa central sindical para fundar a CTM, e quando respondeu a Gustavo Casasola era senador da República. O segundo era líder sindical e secretário geral da antiga todo-poderosa Crom.

Entre os intelectuais que responderam, alguns afirmaram a importância da ligação entre história e fotografia, como foi o caso de Luis Cabrera, ex-ministro durante o governo de Porfirio Díaz, e Isidro Fabela: "Sua obra, deve-se julgar desde o ponto de vista da história, e neste sentido preenche o vazio que deixam milhões de páginas que se escrevem sem una só ilustração [...] complemento indispensável da história escrita da Revolução" (HGRM, v.VII, p.2321-34). Ambos destacaram que o trabalho dos Casasola preencheu uma lacuna deixada pelos trabalhos historiográficos, na medida em que apresentaram uma história ilustrada.

Abordando a temática de outro ponto de vista, Aureliano Urrutia afirmou que História não é uma ciência e sim uma arte, porque o historiador julga arbitrariamente os fatos segundo "seu gosto, segundo seu critério, e sobretudo, segundo seu próprio temperamento; julgo tudo com um critério de artista; e nisso consiste seu triunfo, porque a História no é uma ciência, é uma arte [...] Isso constitui, pois, a razão em que me baseio para considerar a *Historia gráfica de la Revolución* como obra digna de um grande historiador" (HGRM, v.VII, p.2327). Outros reafirmaram o valor didático-pedagógico dos álbuns na formação da consciência nacional e do patriotismo, como foi o caso de Francisco Olivares:

> A *Historia gráfica de la Revolución*, síntese de nossas convulsões político-sociais de algumas décadas, é sem duvida uma grande lição objetiva para a nova e as futuras gerações [...] tendem não só a formar a alma coletiva de um povo, se não a própria consciência de nacionalidade, de Pátria, que é muito mais: sincronismo de espíritos e de coração, templo uniforme para o esforço e homogênea disposição para o sacrifício, simultaneidade nas aspirações da grandeza, no pudor da humilhação e no desejo da glória. É obra com acontecimentos velhos e recentes, mas que inquestionavelmente será sempre nova e atrativa, sempre fascinante e semeada de amenidades... (ibidem, p.2328)

Foto 47   Agustín Victor Casasola, 1938.

Seguindo a mesma linha de raciocínio, Jaime Torres Bodet afirmou que: "Nas ilustrações que constituem esta coleção adquirem forma a História, para o ensino dos mexicanos de amanhã. Eles apreciam aí, objetivamente, quanto sangue e dor custou ganhar as refor-

A FOTOGRAFIA A SERVIÇO DE CLIO **235**

mas e liberdades [...] terras e escolas –, que nossos povos ansiavam; e saibam conservá-las invioláveis" (ibidem, p.2331).

Para Vito Alesio Robles, os álbuns tornaram-se verdadeiros "monumentos históricos da revolução mexicana", apoiados por "roteiros dos episódios históricos [...] dados documentais e visuais dos movimentos precursores..." (ibidem, p.2329). A referência a um recurso do cinema, o roteiro histórico, servia para realizar a ponte entre um acontecimento e outro e reforça a concepção de uma narrativa. As imagens eram os elementos principais da montagem, e os textos, documentos e gráficos eram guias e itinerários para o leitor. Miguel Angel Menéndez seguiu a mesma linha de argumentação ao afirmar que nos álbuns "parece que assistimos ao desenvolvimento de uma película narrada, em que os homens lutaram verdadeiramente e na que deveras houve um ideal" (ibidem, p.2330). Para o licenciado Manuel Aguirre Berlanga, a representação da Revolução que esses álbuns proporcionaram foi comparável a disputas medievais (justas revolucionárias) e permitiu uma visão "sinóptica da Revolução", assim como foi uma obra de um "artista da câmara fotográfica e simples historiador, unindo-o com laços indestrutíveis à memória da revolução" (ibidem, p.2332).

Essa noção de uma similitude entre a história e a fotografia já havia sido enfatizada por alguns escritores e historiadores. Segundo Paul Valéry (apud Trachtenberg, 1989, p.xiii e xiv), o surgimento das câmeras fotográficas alterou o nosso sentido de passado e do que era "suficiente" para a elaboração de um relato histórico. Com a imagem fotográfica, incorporou-se definitivamente em nós a impressão de sermos levados para o passado, ou ao momento original. Roland Barthes (1984, p.130, 132 e 142) diz que, com a fotografia, pela primeira vez, a resistência ao passado cessa, pois esse tornou-se tão seguro quanto aquilo que podemos tocar. A fotografia adquire um poder de autenticação, e que na fotografia histórica há um "esmagamento do tempo". Sigfried Kracauer (1969), estudioso da história do cinema, chegou a comparar Leopold von Ranke, símbolo da história objetiva, com Louis Daguerre, um dos inventores da fotografia. O autor enfatiza o papel da fotografia na interpretação dos

## 236 CARLOS ALBERTO SAMPAIO BARBOSA

acontecimentos e aproxima os historiadores dos fotógrafos, pois ambos deveriam selecionar e ordenar os acontecimentos, diante da "opaca massa de fatos", aprofundando a tensão entre fatos e a elaboração de seus significados. Para servir à história, os fatos devem ser tornados inteligíveis, ordenados, dando sentido ao aleatório e ao fragmentário. Enquanto os historiadores empregam palavras, o fotógrafo utiliza seu visor, ambos procurando um equilíbrio entre reprodução e construção. Os fotógrafos ainda podem utilizar, além do visor, outros recursos para dar sentido à sua narrativa: organizar as suas fotografias, arranjando-as em seqüências, compondo-as em certos sentidos, acompanhando-as com títulos, textos e legendas para expressar um sentido particular.

Existe também uma relação ambígua entre fotografia e memória, como muito bem argumentou Boris Kossoy (2000 e 2001); a fotografia pode ser uma perpetuação da memória coletiva ou individual, mas sempre é construída com base na ideologia do autor, e só pode ser revelada pela interpretação do processo da criação dessa segunda realidade. Deslocando o foco de atenção da produção da imagem para o da recepção, o historiador inglês Raphael Samuel (1994) revelou a existência de uma espécie de escopofilia, termo retirado de Freud, que significaria o desejo de ver. Esse prazer de olhar se aproximaria do *voyeurismo* e estaria ligado a desejos de um narcisismo primário e de identificação. Ainda segundo esse autor, essa linha de indagação nos levaria a entender a relação que estabelecemos com um passado que nunca existiu, mas que gostaríamos que tivesse existido, criando esse *pathos*, que as fotos antigas têm o poder de causar no observador. Philippe Dubois (1994), por sua vez, comparou a fotografia e a câmara fotográfica como uma máquina de memória, assim como Walter Benjamin (1987) afirmou que a fotografia permitia atingir um "inconsciente óptico".

A família Casasola e sua principal publicação, o álbum *Historia gráfica de la Revolución Mexicana*, ficam nesse campo movediço e nebuloso entre a história e a memória. Sua publicação tornou-se um "lugar de memória", material, simbólico e funcional, simultaneamente. Qual foi a "operação historiográfica", para utilizarmos uma

A FOTOGRAFIA A SERVIÇO DE CLIO  237

expressão de Michel de Certeau (1979), por meio da qual os Casasola "historiadores" se valeram para ordenar, tentar fixar e dar sentido à história mexicana das primeiras décadas do século XX? Julgamos que ao longo de nosso trabalho procuramos responder uma boa parte dessa questão, mas cabem algumas considerações quanto à noção de revolução e de periodização que os álbuns elaboram, e a partir das quais poderemos compreender o lugar social dessa família e da sua publicação.

O álbum *História gráfica de la Revolución Mexicana* é uma proposta de produzir um livro de história da Revolução Mexicana. A concepção de revolução que podemos apreender dos álbuns se aproxima muito de uma noção vigente no século XIX, nem um pouco restrita que poderia significar tanto: *"cuartelazo"*, como *"pronunciamento"*, ou um *"motim militar"*. Essa concepção foi muito forte no México, pelo menos até a década de 1940, quando começaram a ser editados os álbuns. A revolução não existia como um todo homogêneo, associava-se flexivelmente a cada revolta. Assim, encontramos capítulos que falam da "Revolução" orozquista, escobarista, zapatista, carrancista, maderista, felicista e demais levantes.[7]

Quanto à periodização, os recortes cronológicos dos álbuns funcionaram como balizas para compreendermos a revolução dos Casasola. O Volume I representou o Movimento Precursor da Revolução. Como já havíamos analisado antes, os volumes, em grande medida, foram estruturados em contraposições de líderes; nesse primeiro, a contraposição foi entre Díaz e Madero, e cobriu o período imediatamente anterior à revolução dos dez últimos anos do governo do presidente Porfirio Díaz.

O Volume II representou a Revolução Maderista e o governo Huerta, que abarcou desde a campanha eleitoral que no final elegeu o presidente Francisco I. Madero e o seu curto período como mandatário encerrado com o golpe de Estado e o governo de Victoriano Huerta. O Volume III representou a Revolução Constitucionalista do "Primer Jefe", Venustiano Carranza. Essa fase, segundo o ponto

---

7  Para essa discussão, ver Merchant (1995, p.526).

238 CARLOS ALBERTO SAMPAIO BARBOSA

de vista dos Casasola, retratou o período da fragmentação do conflito entre convencionistas e constitucionalistas. O enunciado apresentado deixou clara a visão política dos Casasola: uma desqualificação dos exércitos camponeses e a ascensão política inevitável das forças constitucionalistas. A partir do Volume IV, os períodos dos volumes se superpõem ao de predomínio político de determinados líderes militares saídos da revolução. O Volume IV cobriu o governo de Venustiano Carranza (1916-1920). O Volume V estampou o período do caudilho Álvaro Obregón (1920-1928). O Volume VI abrangeu o "Maximato" (1928-1934), fase em que se sucederam vários presidentes: Emilio Portes Gil, Pascual Ortiz Rubio e Abelardo Rodriguez, não obstante o poder ter permanecido na mão do "Jefe Maximo de la Revolución": Calles. É sintomático que esse volume não se encerre com a eleição e a posse de Lázaro Cárdenas em 1934, mas apenas com o rompimento entre esse e Calles, em 1935. O Volume VII abrangeu, além do governo de Lázaro Cárdenas (1935-1940), a presidência de Manuel Ávila Camacho (1940-1946), o que poderíamos denominar como a fase da consolidação da Revolução.

A partir do Volume VIII, os álbuns se tornam mais oficialistas, com capítulos dedicados às diversas ações das Secretarias de Estado. O Volume VIII abrange os governos de Miguel Alemán (1946-1952), Adolfo Ruiz Cortines (1952-1958) e os dois primeiros anos do governo de Adolfo López Mateos (1958-1964). O Volume IX estampa imagens dos quatro últimos anos da presidência de López Mateos e o início do governo de Gustavo Díaz Ordaz (1964-1970). O Volume X cobre os últimos anos do período do presidente Díaz Ordaz, a posse e a formação do gabinete do governo de Luis Echeverría (1970-1976).

Uma das conclusões que podemos chegar a partir desses cortes cronológicos dos álbuns é uma noção de continuidade da Revolução. Segundo Aguila Camín & Meyer (1994), desde a década de 1940 essa noção de continuidade revolucionária se impõe:

> A noção de continuidade e de etapas sucessivas agregou a de tarefas intermináveis, sempre renovadas pela história, as que a Revolução da-

A FOTOGRAFIA A SERVIÇO DE CLIO  239

ria em cada momento a solução pertinente. Olhando para trás, Cárdenas distinguiu certas "etapas" da Revolução como, propriamente, história quer dizer fatos passados que guardam uma relação de continuidade, mas não de simultaneidade com o presente. Instaurava-se assim una tradição revolucionária, com um presente progressista e um futuro de continuidade e incessante renovação. (ibidem, p.191)

A essa concepção temporal se agrega uma idéia de nação como uma herança histórica sem fissuras, que se consolidou no governo de Manuel Ávila Camacho. Os álbuns permitiram a conciliação de um passado tornado memória, bem distante do início dos anos 1920, quando o cheiro de pólvora e a consolidação do projeto hegemônico estavam em trânsito. A partir dos anos 1940, a preocupação se deu em torno de uma industrialização do país, ou seja, a chave de preocupação deixou de ser política para tornar-se principalmente econômica. Foi assim que tivemos o primeiro governador civil em 1946, quase que conjuntamente com a transformação do Partido da Revolução Mexicana (PRM) em Partido da Revolução Institucional (PRI). O período que vai de 1940 a 1968 marcou uma fase de estabilidade política e desenvolvimento econômico, assim como um retraimento dos focos tradicionais de oposição e a centralização da esfera política em torno do presidente da República. O que predominou foi o que se convencionou chamar de *Tapadismo*: a indicação pelo atual mandatário do seu sucessor. Esse sistema foi a marca de uma estrutura piramidal da política mexicana nesses anos.

Mas enquanto o sistema político mexicano ficava estagnado, a sociedade se transformava rapidamente, em parte pelo desenvolvimento econômico e pelas transformações do quadro demográfico, marcado pela mudança do perfil da população, de predominantemente rural para urbano. O aumento da contestação política teve como símbolo o acontecimento que redundou nas manifestações, repressão e mortes ocorridas na Praça das Três Culturas, em Tlatelolco, na noite de 2 de outubro de 1968. Como resultado, no período presidencial seguinte, de Luis Echeverría (1970-1976), foram instituídas uma prática política de caráter demagógica e uma tentativa de reafir-

*Gustavo Casasola empezó a trabajar al lado de su padre desde niño y con estos aparatos fotográficos, lo mismo estaba tomando escenas de la Revolución que de los actos cívico-sociales.*

En esta época del hambre y privaciones en la ciudad de México, para Agustín V. Casasola no había obstáculos ni escasez de elementos para trabajar; en muchas ocasiones se privó de dar el gasto en su casa para comprar material fotográfico y así poder tomar muchas interesantes escenas que publicamos en esta *Historia Gráfica de la Revolución*.

En 1921, el fundador del «Archivo Casasola» editó el *Álbum Histórico Gráfico*, cuyo contenido se iniciaba a partir del año de 1910; llegó a publicar cinco cuadernos en formato italiano. Los acontecimientos políticos que se sucedieron, contribuyeron a que no tuviera el éxito apetecido.

Agustín Víctor Casasola no se amilanó, y siempre soñó en llegar a publicar su obra.

Empero, continuó acrecentando más y más su archivo con los sucesos que siguieron.

Así transcurrieron diecisiete años, hasta que el cruel destino quiso que Agustín Víctor Casasola se fuera a mejor mundo el 30 de marzo de 1938.

Su hijo Gustavo, que desde el año de 1913 empezó a trabajar al lado de su padre, fue guiado e ilustrado de que conociera los asuntos, los personajes, los motivos de las gráficas, etc.

Gustavo trabajó día y noche durante varios años en su afán de poder llegar a publicar la obra iniciada por el autor de sus días.

Creyó prudente darle otro formato y retroceder diez años de la fecha en que se había iniciado el *Álbum Histórico Gráfico*, es decir, empezar desde el año de 1900, para contribuir a la Historia de México con el origen de la Revolución Mexicana.

El entusiasmo y cariño que pusieron Gustavo y Miguel V. Casasola lograron terminar con éxito la *Historia Gráfica de la Revolución*.

Al cumplirse el décimo aniversario del fallecimiento de don Agustín Víctor Casasola, los editores de la *Historia Gráfica de la Revolución* solicitaron de los lectores de esta obra su opinión franca, leal y desinteresada, contestándonos en los siguientes conceptos:

*Transcurridos los años, mejoró el equipo, y sus cámaras ya habían captado a los revolucionarios y políticos de 1913 a 1938, fecha en que Gustavo O. Casasola dejó la profesión para continuar la obra iniciada por su padre, don Agustín V. Casasola.*

*El autor de esta obra, con los conocimientos que le dio el autor de sus días y con los que adquirió en el periodismo, en bibliotecas, hemerotecas y el «Archivo Casasola», logró documentarse ampliamente, sin aceptar consejos ni ideas de nadie, para llevar a feliz término esta obra.*

Foto 48   Gustavo Casasola e família trabalhavam a serviço de Clio.

A FOTOGRAFIA A SERVIÇO DE CLIO  241

mar uma legitimidade ideológica fundada no legado da revolução, abalado pelos acontecimentos de 1968.

Por sua vez, a família Casasola, sem patrocínio ou anúncios e com pouco capital, passou a vender os fascículos em bancas de jornal e livrarias. Apenas no final dos anos 1960, por ocasião da comemoração do cinqüentenário da Revolução, Francisco Trillas, proprietário de uma editora, comprou os direitos dos álbuns, permitindo que Gustavo Casasola ficasse apenas com o trabalho de editar a obra, que continuava se ampliando. Foi nesse contexto que se publicou uma nova edição da *Historia gráfica de la Revolución Mexicana* em 1970-1972, pela Editora Trillas. Em 1976, ainda durante o governo de Echeverria, a família vendeu o "Arquivo Casasola" para o Estado, e com essa aquisição instituiu-se a Fototeca de Pachuca, vinculada ao Instituto Nacional de Antropologia e História.

Esse culto da continuidade revolucionária presente nos álbuns foi possível graças à elaboração de uma narrativa que, à sua maneira, buscou atualizar o passado para aquele momento. Criou um culto das origens por meio da veneração de um passado, que era fragmentário e caótico, o transformado em coeso e fundador. Essa operação foi possível pela eleição de acontecimentos e de heróis tornados visíveis pelas imagens que procuraram demonstrar uma continuidade com o presente pelo serviço prestado pelas milhares de fotografias estampadas nas páginas.

Para Gustavo Casasola e família, o álbum era a própria história, pois acreditavam que seus aparelhos fotográficos estavam trabalhando a serviço de Clio. Se no passado a musa da história registrava os feitos no campo de batalha dos heróis em combate em nome da honra, no México moderno produziu-se uma interpretação da história *revelada* e *fixada* à luz da memória de uma família de fotógrafos que vivenciou a Revolução Mexicana, com estreitos laços com o aparelho estatal mexicano.

# CONSIDERAÇÕES FINAIS

Agustín Víctor Casasola e seus descendentes viveram intensamente os acontecimentos de sua época e souberam tirar proveito do contexto político antes, durante e depois da Revolução Mexicana. No período de Porfirio Díaz, enquadraram-se nos ditames da representação imagética oficial e, durante o período armado, foram se aproximando dos grupos revolucionários. Na década de 1920, utilizaram, pela primeira vez, seu arquivo fotográfico para criar uma narrativa histórica. Esse projeto só se concretizou efetivamente na década de 1940, sob a direção de Gustavo Casasola, que posteriormente ampliou essa proposta, além de publicar outras obras com o mesmo perfil. Os Casasola criaram uma estratégia de representação que denominamos narrativa visual ou fotografia de representação da Revolução Mexicana, com personagens principais, secundários e coletivos. Assim, Porfírio Díaz, Francisco Madero, Victoriano Huerta, Venustiano Carranza, Álvaro Obregón, Emiliano Zapata e Francisco Villa, durante o período revolucionário, e Plutarco Elias Calles e Lázaro Cárdenas, na fase de consolidação da Revolução, são figuras simbólicas e emblemáticas que comandavam a estratégia narrativa do álbum. A interpretação dessas figuras permitiu compreender a visão da sociedade, da política e da história que orientou a atuação dos Casasola.

244 CARLOS ALBERTO SAMPAIO BARBOSA

Com relação aos protagonistas da revolução narrada pelos fotógrafos, os dois grandes líderes foram Francisco Madero e Venustiano Carranza. A substituição de homens no poder e a volta ao Estado de direito eram os objetivos únicos dessa revolução, na visão dos produtores do álbum. Essa posição justifica por que tanto Zapata como Villa foram sub-representados no álbum que privilegia Carranza. Podemos perceber a posição favorável a esse líder nas diversas críticas a Madero, Zapata, Villa e Obregón. Os Casasola procuraram neutralizar a força dos líderes camponeses, bem como desqualificálos. As tropas e a população em geral que participaram da Revolução aparecem nas imagens do álbum, mas sempre numa posição de subordinação aos grandes líderes.

Embora existam três discursos constituidores do álbum feitos a partir da fotografia, da legenda e do texto que compõem um todo indissociável na construção da narrativa, as fotografias predominam e estão relacionadas a uma estética do horror e da violência da guerra, auxiliando a elaborar um retrato mental, uma estética da proximidade e da observação visual, que realça a carga dramática da fotografia. Procuramos mostrar que o álbum foi feito segundo os objetivos da montagem de uma narrativa visual e não a partir de critérios de precisão histórica. As fotografias estavam subordinadas aos ditames de uma enunciação previamente estabelecida dos autores, de seus pressupostos políticos e estéticos.

No que se refere à caracterização da Revolução Mexicana, construída a partir da narrativa visual produzida pelos álbuns, o que se destacou foram os fatores endógenos em detrimento dos exógenos. Apesar da cobertura dos eventos diplomáticos e internacionais, ou mesmo da participação dos Estados Unidos na política mexicana nesse período, com as invasões e a participação no apoio ou não aos diversos grupos em luta, e também em relação à problemática do petróleo que tanto perturbou os norte-americanos, a narrativa do álbum foi apresentada levando em conta apenas os fatores internos dos mexicanos. Nesse sentido, a idéia de revolução narrada nos álbuns como acontecimento absoluto, contínuo e fundacional do novo México significou um parto violento do "México Moderno", e os

A FOTOGRAFIA A SERVIÇO DE CLIO  245

grandes líderes foram apresentados como heróis e pais fundadores do Estado moderno mexicano. A imagem final da Revolução foi construída a partir do olhar dos vencedores, os constitucionalistas; isso explica por que os Casasola se aproximaram mais de Carranza do que de qualquer outro líder revolucionário.

A passagem da década de 1920 para a de 1930 significou o surgimento de uma nova proposta fotográfica e uma alteração na edição do álbum. Privilegiou-se a reprodução de discursos dos personagens retratados na parte textual, assim como a inserção de reproduções de documentos, para realçar o sentido histórico.

Uma dessas mudanças foi a escolha de uma estratégia de representação do poder, presente especialmente nos volumes que abarcaram o período seguinte à luta armada. A segunda geração dos Casasola, em especial, foi artífice da construção dessa nova visualidade. Como nos eventos políticos, o ritual se apresenta intrinsecamente ligado a eles; a fotografia foi um instrumento eficaz de interpretação das mudanças da política mexicana nesse momento ao retratar mudanças nesse ritual que deixou de ser fechado, oligárquico, aristocrático e autoritário, para tornar-se um ritual de massas, procurando salientar a existência de uma democracia eleitoral. Essa representação fotográfica mostra a preocupação em legitimar uma suposta alternância no poder, mesmo que esse mecanismo pudesse ser questionado.

A representação fotográfica do ritual político democrático e dos presidentes como árbitros neutros não foi capaz de ocultar os profundos conflitos sociais e políticos do momento. Ocorreu, na década de 1930, uma gradativa mudança de visualidade, na qual passaram a predominar aspectos políticos em detrimento de preocupações sociais. Os conflitos sociais visualizados pelas fotografias, especialmente relacionado a problemas religiosos, do mundo do trabalho e dos grupos étnicos e camponeses, foram retratados de forma a se apresentarem sempre subordinados ao poder central – o presidente da República. Essa postura evidenciou-se durante o governo Cárdenas, quando esse voltou suas atenções para os grupos sociais em conflito.

246  CARLOS ALBERTO SAMPAIO BARBOSA

O álbum fotográfico *Historia gráfica de la Revolución Mexicana*, principal publicação da família, foi elaborado como um livro de história. Os Casasola julgavam-se a serviço de Clio e a fotografia era entendida como testemunha ocular da história, como fiel registro da realidade. O álbum pode ser entendido mais como sinônimo de crônica de governos, e a reconstrução dos fatos foi feita a partir da percepção de história do seu editor. Podemos afirmar também que, apesar da inquestionável importância de Agustín Casasola, o patriarca da família, foi seu filho e editor do álbum, Gustavo Casasola, quem construiu a narrativa fotográfica da Revolução que hoje conhecemos. Ele possuía plena consciência do potencial da narrativa fotográfica para a construção da história mexicana e soube elaborar com maestria essa visão particular sobre as origens do México moderno. As fotografias históricas criam uma espécie de vertigem nos observadores. O desejo de ver, de ser um observador ocular da história, da sensação de estar presente, desenvolveu essa escopofilia com relação ao passado. Isso ocorre porque a narrativa visual comove os espectadores, e só comove porque somos consumidores das imagens. Mas devemos ter cuidado, pois ela pode atrofiar e paralisar a nossa crítica. O exercício de interpretação do álbum procurou revelar essa estratégia de construção de história empreendida pelos Casasola nas milhares de páginas, compostas pelas fotografias que rememoram os episódios de um dos períodos mais intensos da história mexicana.

# Referências Bibliográficas

AGUILAR CAMÍN, H. *La fronteira nómada: Sonora y a Revolución Mexicana.* México: Siglo XXI, 1977.

AGUILAR CAMÍN, H.; MEYER, L. *A la sombra de la Revolución Mexicana.* México: Cal y Arena, 1994.

ALMEIDA, C. A. F. de. O sertão pacificado; ou o trabalho de Flávio de Barros no Front. *Cadernos de Fotografia Brasileira – Canudos,* São Paulo, n.1, p.270-99, dez. 2002.

AMAR, P.-J. *Le photojournalisme.* Paris: Nathan Université, 2000.

AMAYA, L. F. *La soberana Convención Revolucionária, 1914-1916.* México: Editorial F. Trilhas, 1966.

ANDERSON, B. *Nação e consciência nacional.* São Paulo: Ática, 1982.

ARNAL, A. Construyendo símbolos – fotografía política en México: 1865-1911. *Estudios Interdisciplinares de América Latina y el Caribe – EIAL,* Tel Aviv, v.9, n.1, p.55-73, ene.-jun., 1988.

BARBOSA, C. A. S. *Morte e a vida da Revolução Mexicana:* "Los de Abajo", de Mariano Azuela. São Paulo, 1996. Dissertação (Mestrado) – Programa de Pós-Graduação, Pontifícia Universidade Católica.

BARBOSA, C. A. S.; LOPES, M. A. de S. A historiografia da Revolução Mexicana no limiar do século XXI: tendências gerais e novas perspectivas. *História.* São Paulo, v.20, p.163-98, 2001.

BARTHES, R. *A câmara clara.* Rio de Janeiro: Nova Fronteira, 1984.

248 CARLOS ALBERTO SAMPAIO BARBOSA

_____. A retórica da imagem. In: ___. *O óbvio e o obtuso*: ensaios críticos III. Rio de Janeiro: Nova Fronteira, 1990. p.27-43.

BATRA, A. Ver para descrer. *Luna Córnea*, México, n.13, p.73-85, sep.-dic., 1997.

BECKER, K. E. Photojornalism. In: BARNOUW, E. (Ed.) *International Encyclopedia of Comunications*. s. l.: s. n., s. d. v.3, p.286.

BENJAMIN, W. *Obras escolhidas* – Magia e técnica, arte e política. São Paulo: Brasiliense, 1987.

BOURDIEU, P. et al. *Un art moyen*: essai sur les usages sociaux de la photographie. Paris: Minuit, 1965.

BRADING, D. *Orbe Indiano*: de la monarquia católica a la República criolla, 1492-1867. México: Fondo de Cultura Económica, 1992.

_____. (Comp.) *Caudillos y campesinos en la Revolución Mexicana*. México: Fondo de Cultura Económica, 1993.

BRENNER, A. *The Wind that Swept México*. The history of the Mexican Revolution 1910-1942. New York; London: Harper and Brothers, 1943.

_____. *La revolución en blanco y negro*. La historia de la Revolución mexicana entre 1910 y 1942. México: Fondo de Cultura Económica, 1985.

BURKE, Peter. *O renascimento italiano* – cultura e sociedade na Itália. São Paulo: Nova Alexandria, 2000.

_____. *Eyewitnessing: The Uses of Images as Historical Evidence*. Ithaca; New York: Cornell University Press, 2001.

CAMÍN, H. A.; MEYER, L. *A la sombra de la Revolución Mexicana*. México: Cal y Arena, 1984.

CAPELATO, M. H. R. *Os intérpretes das luzes* – liberalismo e imprensa paulista: 1920-1945. São Paulo, 1986. Tese (Doutorado em História) – Faculdade de Filosofia Letras e Ciências Humanas, Universidade de São Paulo.

_____. *Multidões em cena*: propaganda política no varguismo e no peronismo. Campinas: Papirus, 1998.

_____. Populismo latino-americano em discussão. In: FERREIRA, J. *O populismo e sua história*: debate e crítica. Rio de Janeiro: Civilização Brasileira, 2001.

CASANOVA, R. El primer ensayo editorial de los Casasola. *Alquimia*, año 9, n.25, p.29-34, sep.-dic. 2005.

CASASOLA, A. V. & HIJOS. *Álbum histórico gráfico*: contiene los principales sucesos acaecidos durante las épocas de Díaz, De la Barra, Madero, Huerta, Carvajal, La Convención, Carranza, De la Huerta y Obregón. Quinze Cadernos de 200 páginas, textos de Luis González Obregón y Nicólas Rangel. México: s. n., 1921.

CASASOLA, A. V. *Historia gráfica de la Revolución Mexicana*. México: Trillas, 1973. v.I, p.V.

CASASOLA, G. *La raza tarahumara*. México: Departamento del Trabajo, 1936.

CASASOLA, G.; CASASOLA, P. *Monografía de la Basílica de Santa Maria de Guadalupe*. México: Editorial Gustavo Casasola, 1953.

_____. *Historia gráfica de la Revolución Mexicana, 1910-1970*. México: Editorial Gustavo Casasola, 1963. (2.ed., Editorial Trillas, 1973)

_____. *Revolución mexicana*. Crónica ilustrada. México: Editorial Gustavo Casasola, 1966.

_____. *Seis siglos de historia gráfica de México, 1325-1976*. México: Editorial Gustavo Casasola, 1978.

CASASOLA, I. *La caravana del hambre*. Textos de José Revueltas e Victoria Novelo. México: Universidade Autonoma de Puebla, INAH, 1986.

CHARTIER, R. *A história cultural*: entre práticas e representações. Lisboa; Rio de Janeiro: Difel; Bertand Brasil, 1990.

CHEVALIER, J.; GHEERBRANT, A. *Dicionário de símbolos*. Rio de Janeiro: José Olympio, 1997.

CRUZ-RAMÍREZ, A. La imagen de una história. In: CASASOLA, A. *Agustín V. Casasola*. Paris: Centre National de la Photographie, 1992.

CUEVAS-WOLF, C. Guillermo Kahlo and Casasola – Architectural form and urban unrest. *History of Photography*, v.20, n.3, p.196-270.

DAMISCH, H. *La dénivelée*: à l'épreuve de la photographie. Paris: Seuil, 2001.

DE CERTEAU, M. A operação histórica. In: LE GOFF, J.; NORA, P. (Dir.) *História: novos problemas*. Rio de Janeiro: Francisco Alves, 1979.

DEBROISE, O. *Mexican Suite*: a history of photography in Mexico. Austin: University of Texas Press, 2001.

_____. *Fuga mexicana*: um recorrido por la fotografía em México. Barcelona: Gustavo Gili, 2005.

DELPIRE, R. et al. *Histoire de voir*. Paris: Centre National de la Photographie, 1989.

DUBOIS, P. Palimpsestos: a fotografia como aparelho psíquico (princípio de distância e arte da memória). In: ___. *O ato fotográfico*. Campinas: Papirus, 1994.

DUNN, H. H. *The Crimson Jester, Zapata of Mexico*. New York: s. n., 1934.

_____. *Zapata*. Rio de Janeiro: Civilização Brasileira, 1964.

FLORESCANO, E. *Etnia, Estado y nación* – ensayo sobre las identidades colectivas en Mexico. México: Aguilar, 1997.

FREUND, G. *La fotografía como documento social*. Barcelona: Gustavo Gili, 2001.

GARDNER, A. *Gardner's Photographic Sketch Book of the War*. Washington, DC: s. n., 1865-1866. 2v.

GAUTREAU, M. Rotográfico y el Archivo Casasola: una colaboración vanguardista. *Alquimia*, año 9, n.25, p..7-14, sep.-dic. 2005.

GONZÁLEZ, L. El liberalismo triunfante. In: COSÍO VILLEGAS, D. *Historia general de México*. México: Colmex, Harla, 1988.

GRUZINSKI, S. *La guerra de las imágenes*: de Cristóbal Colón a "Blade Runner" (1492-2019). México: Fondo de Cultura Económica, 1995.

GUERRA, F.-X. *México: del Antiguo Régimen a la Revolución*. México: Fondo de Cultura Económica, 1992.

GUZMÁN, M. L. *Memorias de Pancho* Villa. México: Fondo de Cultura Económica, 1987.

_____. *A Orillas del Hudson* – *Obras completas*. México: Fondo de Cultura Económica, 1992. v.I.

HALBWACHS, M. *A memória coletiva*. São Paulo: Vértice, 1990.

HART, J. M. *El México revolucionário*: gestación y proceso de la Revolución Mexicana. México: Alianza Editorial Mexicana, 1990.

HERRERA, C. *Francisco Villa en la historia*. México: s. n., 1981.

HOBSBAWM, E. *Nações e nacionalismo desde 1780*: programa, mito e realidade. Rio de Janeiro: Paz e Terra, 1991.

HOBSBAWM, E.; RANGER, T. (Org.). *A invenção das tradições*. Rio de Janeiro: Paz e Terra, 1984.

HU-DeHART, E. Rebelión campesina en el noroeste: los indios yaquis de Sonora, 1740-1976. In: KATZ, F. (Comp.) *Revuelta, Rebelión y revolución* — La lucha rural en México del siglo XVI al siglo XX. México: Era, 1990. v.1, p.135.

A FOTOGRAFIA A SERVIÇO DE CLIO  251

KANTOROWICZ, E. H. *Os dois corpos do rei*: um estudo sobre teologia política medieval. São Paulo: Companhia das Letras, 1998.

KATZ, F. *La guerra secreta en México*. México: Era, 1990.

_____. (Comp.) *Revuelta, rebelión y revolución: la lucha rural en México del siglo XVI al siglo XX*. México: Era, 1999. 2v.

_____. *Pancho Villa*. México: Era, 1999. 2v.

_____. O México: a República Restaurada e o Porfiriato, 1867-1910, in: BETHELL, L. (Org.) *História da América Latina*: de 1870 a 1930. São Paulo; Brasília: Edusp, Imesp, Funag, 2002. v.V, p.23-103.

KEEGAN, J. *Uma história da guerra*. São Paulo: Companhia das Letras, 1995.

KLAHR, F. L. Agustín Víctor Casasola, fotógrafo, celeccionista y editor. In: CASASOLA, A. V. *Jefes, héroes y caudillos*. México: Fondo de Cultura Económica, 1986.

KNIGHT, A. *La Revolución Mexicana*: del profiriato al nuevo régimen constitucional. México: Grijalbo, 1986. 2v.

KOSELLECK, R. *Le futur passé. Contribution à la sémantique des temps historiques*. Paris: s. n., 1990.

KOSSOY, B. *Realidades e ficções na trama fotográfica*. São Paulo: Ateliê, 1999.

_____. *Realidade e ficções na trama fotográfica*. São Paulo: Ateliê, 2000.

_____. *História & fotografia*. São Paulo: Ateliê, 2001.

KRACAUER, S. *History: the last things before the last*. New York: s. n., 1969.

KRAUZE, E. et al. *Historia de la Revolución Mexicana 1924-1928*: Estado y sociedade com Calles. México: El Colegio de México, 1981. v.11,

KRAUZE, E. *Emiliano Zapata – El amor a la tierra*. México: Fondo de Cultura Económica, 1992. (Série Biografia del Poder)

LACERDA, A. L. de. Fotografia e propaganda política: Capanema e o projeto editorial. *Obra getuliana*. In: GOMES, A. C. (Org.) *Capanema: o ministro e seu ministério*. Rio de Janeiro: Bragança: Editora FGV, 2000.

LE GOFF, J. *História e memória*. Campinas: Editora da Unicamp, 1994.

LEFORT, C. *A invenção democrática*: os limites da dominação totalitária. São Paulo: Brasiliense, 1987.

_____. *Pensando o político*: ensaios sobre democracia, revolução e liberdade. Rio de Janeiro: Paz e Terra, 1991.

## 252 CARLOS ALBERTO SAMPAIO BARBOSA

LEICHTON, G. R. Historia fotográfica de la Revolución Mexicana, in: BRENNER, A. *La revolución en blanco y negro.* La historia de la Revolución mexicana entre 1910 y 1942. México: Fondo de Cultura Económica, 1985. p.287-91.

LEMPÉRIÈRE, A. Los dos centenarios de la Independencia mexicana (1910-1921): de la historia patria a la antropologia cultural. *Historia Mexicana*, v.XLV, n.2, p.317-52, oct.-dic. 1995.

LIMA, S. F. de; CARVALHO, V. C. *Fotografia e cidade*: da razão urbana à lógica do consumo – álbuns da cidade de São Paulo, 1887-1954. São Paulo: Mercado de Letras, Fapesp, 1997.

LOPEZ, A. P. A. Organização de arquivos de documentos imagéticos. *História*, São Paulo, v.16, p.279-96, 1997.

MARINO, D. Dos miradas a los sectores populares: fotografiando el ritual y la política en México, 1870-1919. *História Mexicana*, México, v.XLVIII, n.2, p.209-76, oct.-dic., 1998.

MARTÍNEZ, J. L. México en busca de su expresión. In: VILLEGAS, D. C. *Historia general de México.* México: Harla, Colegio de México, 1988. v.II, p.1069.

MEDINA PEÑA, L. *Hacia el nuevo Estado: México, 1920-1993.* México: Fondo de Cultura Económica, 1994.

MENESES, U. T. B. de. A fotografia como documento – Robert Capa e o miliciano abatido na Espanha: sugestões para um estudo histórico. *Revista Tempo*, Rio de Janeiro, 2002.

MERCHANT, L. A. La construción de la memoria de la Revolución. *Historia Mexicana*, v.XLIV, n.4, p.525-36, abr.-jun., 1995.

MEYER, J. *La cristiada.* México: Siglo XXI, 1973-1974. 3v.

MEYER, L. *México y los Estados Unidos en el conflicto petrolero (1917-1942).* México: El Colegio de México, 1972.

————. *Su Majestad Británica contra la Revolución Mexicana, 1900-1950.* México: El Colegio de México, 1991.

MEYER, L. et al. *Historia de la Revolución Mexicana 1928-1934*: Los inicios de la institucionalización. México: El Colegio de México, 1981. v.12 e 13.

MILLER, F. T. (Ed.) *The Photographic History of Civil War.* New York: s. n., 1912. 10v.

MONFORT, R. P. Miguel Gil y Agustín Casasola se ocupan de la expropiación petrolera. *Alquimia*, ano 1, n.1, p.12-16, sep.-dic., 1998.

MONSIVAIS, Carlos. *Días de guardar*. México: Era, 1988.

MONSIVAIS, Carlos. "Notas sobre la história de la fotografia en México", In *Revista de la Universidade de México*, México, n. 35, 1980.

MRAZ, John. Foto Hermanos Mayo a mexican collective. *History Photography*, vol. 7, n. 1, spring 1993, p.81-89.

MRAZ, John. Nacho López: photojournalist of the 1950s. *History Photography*, vol. 20, n. 3, autumn, 1996, p.208-219.

MRAZ, John. Que tiene de nuevo la historia gráfica?. In: *Diálogos*, vol. 1, n. 1, 2003, Maringá: UEM/DHI.

NASR, R. M. Los Casasola: un destino de familia. *Alquimia*, ano 1, n.1, p. 17-23, sep.-dic. 1998.

NAVA, C.; FERNÁNDEZ, I. Huesos Ilustres. *Luna Córnea*, México, n.13, p.86-99, sep./dic., 1997.

NEWALL, B. *The history of photography*. New York: Museum of Modern Art, 1978.

NOBLE, A. Photography and vision in Porfirian Mexico. *Estudios Interdisciplinares de América Latina y el Caribe – EIAL*, Tel Aviv, v.9, n.1, p.121-31, 1998.

NOBLE, A. Zapatista in Sanborns (1914). Women at the bar. *History of Photography*, v.22, n.4, p.366-70, Winter 1998.

NORA, P. Entre mémoire et histoire. La problématique des lieux. In: ___. (Dir.) *Les lieux de mémoire*. Paris: Gallimard, 1991. t.1: "La République".

OBREGÓN, Á. *Ocho mil kilómetros en campaña*. México: s. n., 1966.

PACHECO, C. *La luz de México*: entrevista com pintores y fotógrafos. México: Fondo de Cultura Económica, 1995.

PAZ, O. *O labirinto da solidão*. Rio de Janeiro: Paz e Terra, 1992.

POLLACK, P. *Histoire mondiale de la photographie*. Paris: Hachete, 1961.

QUIRK, R. E. *La Revolución Mexicana*. La Convención de Aguascalientes, 1914-1915. México: Editorial Azteca, 1962.

REED, J. *México Insurgente*. Barcelona: Ariel, 1974.

RENDÓN, A. M. El revolucionário que construia violines. *Luna Córnea*, México, n.24, p.114-25, jul.-sep. 2002.

REYES, A. de los. *Com Villa en México*: testimonios de camarógrafos norteamericanos en la revolución 1911-1916. México: Unam, 1992.

RODRÍGUEZ, A. Ases de la cámara. Hijo, sobrino, hermano, padre y tío de fotógrafos. *Mañana*, n.157, p.21, 31 ago. 1946.

254 CARLOS ALBERTO SAMPAIO BARBOSA

RODRÍGUEZ, D. E. Las fotografías de Casasola publicadas em diários capitalinos durante 1913. *Alquimia*, año 9, n.25, p.35-40, sep.-dic., 2005.

RODRÍGUEZ, J. A. El fondo Casasola: difusión y memoria. *Alquimia*, ano 1, n.1, p.7-11, sep.-dic., 1998.

RUTHERFORD, J. *La sociedade mexicana durante la revolución*. México: El Caballito, 1978.

RUVALCABA, I. G. A Fresh look at the Casasola Archive. *History of Photography*, v.20, n.3, p.191-5, autumn 1996.

_____. Los Casasola durante la posrevolución. *Alquimia*, ano 1, n.1, p.37-40, sep.-dic. 1998.

SAMUEL, R. *Theatres of memory*. London: Verso, 1994. v.1: "Past and present in contemporary culture".

SANTAELLA, L.; NÖTH, W. *Imagem: cognição, semiótica, mídia*. São Paulo: Iluminuras, 1999.

SMIT, J. W. A representação da imagem. *Informare*, Rio de Janeiro, v.2, n.2, p.28-36, jul./dez. 1996.

SMITH, P. La politica dentro de la Revolución: el Congresso Constituyente de 1916-1917. *Historia Mexicana*, v.XXII, n.3, p.363-95, 1973.

SOUGEZ, M.-L. *Historia de la fotografia*. s. l.: s. n., 1991.

SOUSA, J. P. *Uma história crítica do fotojornalismo ocidental*. Chapecó/Florianópolis: Grifos, Letras Contemporâneas, 2000.

TIMOTEO ÁLVAREZ, J.; MARTÍNEZ RIAZA, A. *Historia de la prensa hispanoamericana*. Madrid: Editorial Mapfre, 1992.

TOBLER, H. W. *La Revoluión Mexicana*: transformación social y cambio político 1876-1940. México: Alianza Editorial, 1994.

TRACHTENBERG, A. *Reading American Photographs* – Images as History. Mathew Brady to Walker Evans. New York: Hill and Wang, 1989.

ULLOA, B. *História de la Revolución Mexicana 1914-1917*: la revolución escindida. México: El Colegio de México, 1981. v.4.

VASCONCELLOS, C. de M. *Representações da Revolução Mexicana no Museu Nacional de História da Cidade do México (1940-1982)*. São Paulo, 2003. Tese (Doutorado) – Faculdade de Filosofia, Letras e Ciências Humanas, Universidade de São Paulo.

VILCHES, L. *Teoria de la imagen periodística*. Barcelona: Paidós, 1997.

A FOTOGRAFIA A SERVIÇO DE CLIO   255

VILLEGAS, D. C. *História Moderna de México*. México: Editorial Hermes, 1988. (v.9 e 10: "Vida política interior")
VON CLAUSEWITZ, C. *Da guerra*. São Paulo: Martins Fontes, 1979.
VOVELLE, M. *Imagens e imaginário na história*: fantasmas e certezas nas mentalidades desde a Idade Média até o século XX. São Paulo: Ática, 1997.
WOMACK JUNIOR, J. *Zapata y la Revolución Mexicana*. México: Siglo XXI, 1992.
_____. A Revolução Mexicana, 1910-1920. In: BETHELL, L. (Org.) *História da América Latina*: de 1870 a 1930. São Paulo; Brasília: Edusp; Imesp; Funag, 2002. v.V, p.137.

## Fontes

BRENNER, A. *La revolución en blanco y negro. La historia de la Revolución mexicana entre 1910 y 1942*, México: FCE, 1985. (*The Wind that Swept México. The history of the Mexican Revolution 1910-1942*. New York/Londres: Harper and Brothers, 1943)
CASASOLA, A. V. *Agustín V. Casasola*. Paris: Centre Nacional de la Photographie, 1992.
_____. *Jefes, Héroes y Caudillos*. Fondo Casasola. México: FCE, 1990.
CASASOLA, G. *Historia Gráfica de la Revolución Mexicana*. México: Trillas, 1973.
*ZAPATA. Iconografía*. México: FCE, 1996.

# ANEXOS

## Anexo I

### Tabela geral dos álbuns

|  | Páginas | Fotografias | Média Fotos/Páginas | Capítulos Fotos/Capítulos | Média |
|---|---|---|---|---|---|
| Volume I | 368 | 879 | 2,38 | 158 | 5,56 |
| Volume II | 364 | 1.117 | 3,06 | 127 | 8,79 |
| Volume III | 349 | 998 | 2,85 | 123 | 8,11 |
| Volume IV | 385 | 790 | 2,05 | 112 | 7,05 |
| Volume V | 382 | 926 | 2,42 | 135 | 6,85 |
| Volume VI | 354 | 1.025 | 2,89 | 109 | 9,40 |
| Volume VII | 386 | 1.241 | 3,24 | 89 | 3,94 |
| **Total Parcial** | **2.588** | **6.976** | **2,69** | **853** | **8,17** |
| Volume VIII | 386 | 1.583 | 4,10 | 83 | 19,07 |
| Volume IX | 382 | 1.446 | 3,78 | 79 | 18,30 |
| Volume X | 349 | 1.478 | 4,23 | 79 | 18,30 |
| **Total Geral** | **3.711** | **11.483** | **2,69** | **1.065** | **8,17** |

## Anexo II

### Tabela formato das fotografias

| Volumes | Volume I | | Volume II | | Volume III | | Volume IV | | Volume V | | Volume VI | | Volume VII | | Total | |
|---|---|---|---|---|---|---|---|---|---|---|---|---|---|---|---|---|
| Descritores | Fotos | % | Foto | % | Fotos | % | Fotos | % | Fotos | % | Fotos | % | Fotos | % | Fotos | % |
| Retangulares Horizontais | 553 | 62,91 | 701 | 62,75 | 715 | 71,64 | 561 | 71,01 | 685 | 73,97 | 756 | 73,75 | 906 | 73,00 | 4877 | 69,91 |
| Retangulares Verticais | 317 | 36,06 | 319 | 28,55 | 253 | 25,35 | 208 | 26,32 | 212 | 22,89 | 239 | 23,31 | 291 | 23,44 | 1839 | 26,36 |
| Quadradas | 9 | 1,02 | 97 | 8,68 | 28 | 2,80 | 19 | 2,40 | 29 | 3,13 | 30 | 2,92 | 38 | 3,06 | 250 | 3,58 |
| Redondas | 0 | 0 | 0 | 0 | 0 | 0 | 1 | 0,12 | 0 | 0 | 0 | 0 | 6 | 0,48 | 7 | 0,10 |
| Oval | 0 | 0 | 0 | 0 | 2 | 0,20 | 1 | 0,12 | 0 | 0 | 0 | 0 | 0 | 0 | 3 | 0,04 |
| Total | 879 | 12,60 | 1117 | 16,01 | 998 | 14,30 | 790 | 11,32 | 926 | 13,27 | 1025 | 14,69 | 1241 | 17,78 | 6976 | 100 |

A FOTOGRAFIA A SERVIÇO DE CLIO  259

## Anexo III

Zonas de preferência da imagem
organização da imagem na página

Páginas pares - lado esquerdo

Páginas ímpares - lado direito

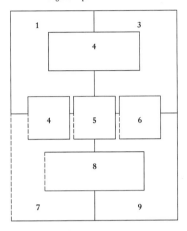

## Anexo IV

Zonas de preferência da imagem
organização da imagem na página

Volume I Páginas pares - lado esquerdo

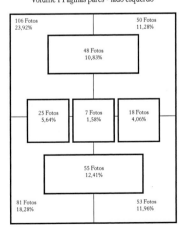

Volume I Páginas ímpares - lado direito

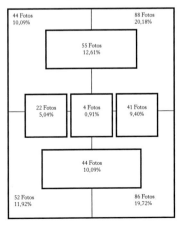

Volume II Páginas pares - lado esquerdo

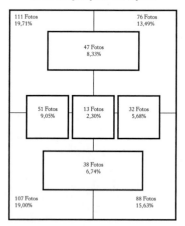

Volume II Páginas impares - lado direito

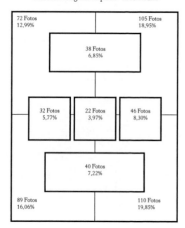

Volume III Páginas pares - lado esquerdo

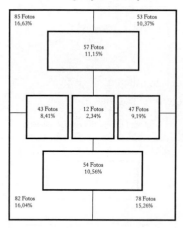

Volume III Páginas impares - lado direito

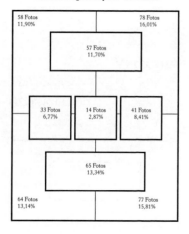

# A FOTOGRAFIA A SERVIÇO DE CLIO    261

Volume IV Páginas pares - lado esquerdo

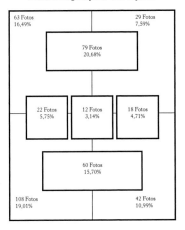

Volume IV Páginas impares - lado direito

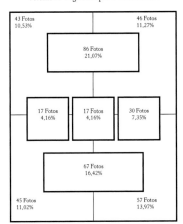

Volume V Páginas pares - lado esquerdo

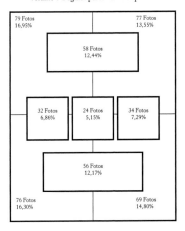

Volume V Páginas impares - lado direito

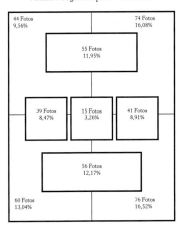

Volume VI Páginas pares - lado esquerdo

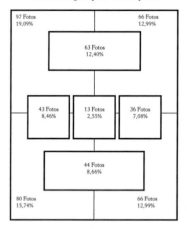

Volume VI Páginas impares - lado direito

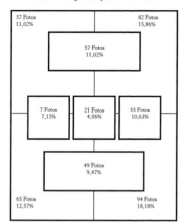

Volume VII Páginas pares - lado esquerdo

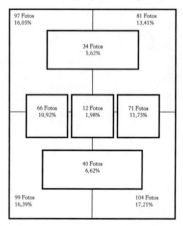

Volume VII Páginas impares - lado direito

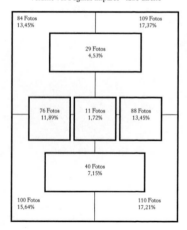

A FOTOGRAFIA A SERVIÇO DE CLIO 263

Total dos Volumes Páginas pares - lado esquerdo

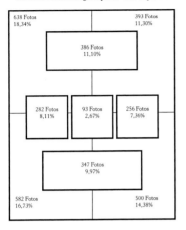

Total dos Volumes Páginas impares - lado direito

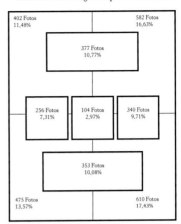

Total Geral Páginas pares e impares

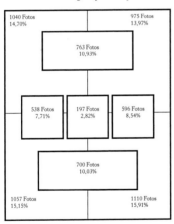

# Anexo V

## Tabela de localização geográfica das fotografias

| Volumes | Volume I | | Volume II | | Volume III | | Volume IV | | Volume V | | Volume VI | | Volume VII | | Ttl. Descr. | |
|---|---|---|---|---|---|---|---|---|---|---|---|---|---|---|---|---|
| Descritores | Fotos | % | Fotos | % | Fotos | % | Fotos | % | Fotos | % | Fotos | % | Fotos | % | Fotos | % |
| Cid. México D. F. | 189 | 42,85 | 223 | 39,67 | 200 | 47,50 | 133 | 42,08 | 248 | 58,21 | 316 | 87,77 | 207 | 59,31 | 1516 | 52,73 |
| Chihuahua | 78 | 17,68 | 55 | 9,78 | 10 | 2,37 | 11 | 3,48 | 33 | 7,74 | 1 | 0,27 | 8 | 2,29 | 196 | 6,81 |
| Veracruz | 26 | 5,89 | 30 | 5,33 | 60 | 14,25 | 20 | 6,32 | 9 | 2,11 | 1 | 0,27 | 16 | 4,58 | 162 | 5,53 |
| Morelos | 39 | 8,84 | 52 | 9,25 | 14 | 3,32 | 26 | 8,22 | 2 | 0,46 | 8 | 2,22 | 4 | 1,14 | 145 | 5,04 |
| Jalisco | 1 | 0,22 | 2 | 0,35 | 32 | 7,60 | 8 | 2,53 | 47 | 11,03 | 1 | 0,27 | 11 | 3,15 | 102 | 3,54 |
| Sonora | 16 | 3,62 | 33 | 5,87 | 12 | 2,85 | 14 | 4,43 | 16 | 3,75 | 4 | 1,11 | 5 | 1,43 | 100 | 3,47 |
| Coahuila | 4 | 0,90 | 58 | 10,32 | 15 | 3,56 | 4 | 1,26 | 5 | 1,17 | 1 | 0,27 | 1 | 0,28 | 88 | 3,06 |
| Queretato | 4 | 0,90 | 0 | 0 | 1 | 0,23 | 48 | 15,18 | 0 | 0 | 10 | 2,77 | 4 | 1,14 | 67 | 2,58 |
| Puebla | 15 | 3,40 | 1 | 0,17 | 6 | 1,42 | 15 | 4,74 | 6 | 1,40 | 1 | 0,27 | 6 | 1,71 | 50 | 1,73 |
| Guanajuato | 6 | 1,36 | 1 | 0,17 | 3 | 0,71 | 5 | 1,58 | 22 | 5,16 | 0 | 0 | 9 | 2,57 | 46 | 1,60 |
| Michoacan | 0 | 0 | 23 | 4,09 | 2 | 0,47 | 8 | 2,53 | 5 | 1,17 | 0 | 0 | 2 | 0,57 | 40 | 1,39 |
| Nuevo Leon | 1 | 0,22 | 9 | 1,60 | 7 | 1,66 | 7 | 2,21 | 3 | 0,70 | 2 | 0,55 | 10 | 2,86 | 39 | 1,35 |
| Taumalipas | 0 | 0 | 15 | 2,66 | 5 | 1,18 | 8 | 2,53 | 4 | 0,93 | 3 | 0,83 | 4 | 1,14 | 39 | 1,35 |
| Guerrero | 15 | 3,40 | 11 | 1,95 | 2 | 0,47 | 1 | 0,31 | 0 | 0 | 2 | 0,55 | 3 | 0,85 | 34 | 1,18 |
| San Luis Potosi | 6 | 1,36 | 3 | 0,53 | 2 | 0,47 | 1 | 0,31 | 1 | 0,23 | 1 | 0,27 | 15 | 4,29 | 29 | 1,00 |
| Sinaloa | 8 | 1,81 | 16 | 2,84 | 1 | 0,23 | 0 | 0 | 0 | 0 | 0 | 0 | 1 | 0,28 | 26 | 0,90 |

Tabela de localização geográfica das fotografias (continuação)

| Volumes | Volume I | | Volume II | | Volume III | | Volume IV | | Volume V | | Volume VI | | Volume VII | | Ttl. Descr. | |
|---|---|---|---|---|---|---|---|---|---|---|---|---|---|---|---|---|
| Descritores | Fotos | % | Fotos | % | Fotos | % | Fotos | % | Fotos | % | Fotos | % | Fotos | % | Fotos | % |
| Oaxaca | 9 | 2,04 | 2 | 0,35 | 2 | 0,47 | 1 | 0,31 | 2 | 0,46 | 2 | 0,55 | 7 | 2,00 | 25 | 0,86 |
| Yucatan | 8 | 1,81 | 1 | 0,17 | 9 | 2,13 | 0 | 0 | 1 | 0,23 | 1 | 0,27 | 2 | 0,57 | 22 | 0,76 |
| Aguascalientes | 1 | 0,22 | 0 | 0 | 16 | 3,80 | 0 | 0 | 0 | 0 | 3 | 0,83 | 1 | 2,57 | 21 | 0,73 |
| Hidalgo | 2 | 0,45 | 1 | 0,17 | 1 | 0,23 | 4 | 1,26 | 3 | 0,70 | 1 | 0,27 | 9 | 2,57 | 21 | 0,73 |
| Durango | 1 | 0,22 | 3 | 0,53 | 1 | 0,23 | 0 | 0 | 10 | 2,34 | 0 | 0 | 1 | 0,28 | 16 | 0,55 |
| Chiapas | 1 | 0,22 | 0 | 0 | 0 | 0 | 0 | 0 | 2 | 0,46 | 0 | 0 | 12 | 3,43 | 15 | 0,52 |
| Est. do México | 3 | 0,68 | 1 | 0,17 | 3 | 0,71 | 1 | 0,31 | 1 | 0,23 | 1 | 0,27 | 2 | 0,57 | 12 | 0,41 |
| Tabasco | 0 | 0 | 1 | 0,17 | 0 | 0 | 0 | 0 | 4 | 0,93 | 0 | 0 | 5 | 1,43 | 10 | 0,34 |
| Colima | 0 | 0 | 2 | 0,35 | 0 | 0 | 1 | 0,31 | 0 | 0 | 1 | 0,27 | 1 | 0,28 | 5 | 0,17 |
| Tlaxcala | 0 | 0 | 1 | 0,17 | 1 | 0,23 | 0 | 0 | 2 | 0,46 | 0 | 0 | 0 | 0 | 4 | 0,13 |
| B. California N. | 2 | 0,45 | 0 | 0 | 0 | 0 | 0 | 0 | 0 | 0 | 0 | 0 | 2 | 0,57 | 4 | 0,13 |
| Nayarit | 2 | 0,45 | 0 | 0 | 0 | 0 | 0 | 0 | 0 | 0 | 0 | 0 | 0 | 0 | 2 | 0,06 |
| B. California. Sul | 0 | 0 | 0 | 0 | 0 | 0 | 0 | 0 | 0 | 0 | 0 | 0 | 0 | 0 | 0 | 0 |
| Quintana Roo | 0 | 0 | 0 | 0 | 0 | 0 | 0 | 0 | 0 | 0 | 0 | 0 | 0 | 0 | 0 | 0 |
| Ttl. do Álbum | 441 | 15,33 | 562 | 19,54 | 421 | 14,64 | 316 | 10,99 | 426 | 14,81 | 360 | 12,52 | 349 | 12,13 | 2875 | |
| Ttl. de Fotografias | 879 | 12,60 | 1117 | 16,01 | 998 | 14,30 | 790 | 11,32 | 926 | 13,27 | 1025 | 14,69 | 1241 | 17,78 | 6976 | |

# Anexo VI

Tabela de temas e assuntos fotografados

| Volumes / Temas | Volume I Fotos | Volume I % | Volume II Foto | Volume II % | Volume III Fotos | Volume III % | Volume IV Fotos | Volume IV % | Volume V Fotos | Volume V % | Volume VI Fotos | Volume VI % | Volume VII Fotos | Volume VII % | Ttl. Descr. Fotos | Ttl. Descr. % |
|---|---|---|---|---|---|---|---|---|---|---|---|---|---|---|---|---|
| Movimento armado | 195 | 22,11 | 576 | 45,64 | 588 | 62,88 | 213 | 25,63 | 322 | 27,63 | 100 | 11,60 | 48 | 4,15 | 2042 | 28,79 |
| Político | 150 | 17,04 | 221 | 17,51 | 178 | 19,03 | 143 | 17,20 | 144 | 12,36 | 276 | 32,01 | 280 | 24,22 | 1392 | 19,63 |
| Eleitoral | 141 | 16,02 | 42 | 3,32 | 2 | 0,21 | 135 | 16,24 | 138 | 11,84 | 61 | 7,07 | 104 | 8,99 | 623 | 8,78 |
| Social | 29 | 3,29 | 80 | 6,33 | 34 | 3,63 | 56 | 6,73 | 117 | 10,04 | 106 | 12,29 | 186 | 16,08 | 608 | 8,57 |
| Militar | 79 | 8,97 | 150 | 11,88 | 32 | 3,42 | 52 | 6,25 | 42 | 3,50 | 44 | 5,10 | 199 | 17,21 | 598 | 8,43 |
| Comemorativos | 106 | 12,04 | 56 | 4,43 | 29 | 3,10 | 73 | 8,78 | 85 | 7,29 | 35 | 4,06 | 52 | 4,49 | 436 | 6,14 |
| Diplomacia | 40 | 4,54 | 12 | 0,95 | 9 | 0,96 | 17 | 2,04 | 66 | 5,56 | 15 | 1,74 | 96 | 8,30 | 255 | 3,59 |
| Inaugurações | 81 | 9,20 | 11 | 0,87 | 2 | 0,21 | 39 | 4,69 | 37 | 3,17 | 45 | 5,22 | 16 | 1,38 | 231 | 3,25 |
| Religião | 0 | 0 | 1 | 0,07 | 14 | 1,49 | 3 | 0,36 | 90 | 7,72 | 35 | 4,06 | 0 | 0 | 143 | 2,01 |
| Educacionais | 9 | 1,06 | 20 | 1,56 | 2 | 0,21 | 21 | 2,52 | 11 | 0,94 | 21 | 2,43 | 43 | 3,71 | 127 | 1,79 |
| Culturais | 6 | 0,68 | 39 | 3,09 | 9 | 0,96 | 4 | 0,48 | 27 | 2,31 | 13 | 1,50 | 25 | 2,16 | 123 | 1,73 |
| Etnia/Campesinato | 13 | 1,47 | 21 | 1,66 | 4 | 0,42 | 0 | 0 | 28 | 2,40 | 14 | 1,62 | 36 | 3,11 | 116 | 1,63 |
| Obituários | 12 | 1,36 | 7 | 0,55 | 21 | 2,24 | 22 | 2,64 | 24 | 2,06 | 15 | 1,74 | 10 | 0,88 | 111 | 1,56 |
| Justiça | 1 | 0,11 | 0 | 0 | 0 | 0 | 19 | 2,28 | 0 | 0 | 38 | 4,40 | 13 | 1,12 | 71 | 1,00 |
| Festivos | 6 | 0,68 | 0 | 0 | 0 | 0 | 29 | 3,48 | 2 | 0,17 | 18 | 2,08 | 4 | 0,34 | 59 | 0,83 |
| Esportivos | 5 | 0,56 | 9 | 0,71 | 0 | 0 | 0 | 0 | 21 | 1,80 | 17 | 1,97 | 7 | 0,60 | 59 | 0,83 |
| Económico | 0 | 0 | 0 | 0 | 0 | 0 | 0 | 0 | 4 | 0,34 | 7 | 0,81 | 25 | 2,16 | 36 | 0,50 |
| Doméstico/Privado | 3 | 0,34 | 3 | 0,23 | 5 | 0,53 | 3 | 0,36 | 1 | 0,08 | 0 | 0 | 0 | 0 | 15 | 0,21 |
| Comercial/Serviços | 0 | 0 | 6 | 0,47 | 6 | 0,64 | 0 | 0 | 0 | 0 | 0 | 0 | 0 | 0 | 12 | 0,16 |
| Saúde | 0 | 0 | 5 | 0,39 | 0 | 0 | 2 | 0,24 | 1 | 0,08 | 2 | 0,24 | 12 | 1,03 | 22 | 0,31 |
| Internacionais | 0 | 0 | 0 | 0 | 0 | 0 | 5 | 0,42 | 0 | 0 | 0 | 0 | 0 | 0 | 5 | 0,07 |
| Industrial | 3 | 0,34 | 1 | 0,07 | 0 | 0 | 0 | 0 | 0 | 0 | 0 | 0 | 0 | 0 | 4 | 0,05 |
| Turismo | 1 | 0,11 | 2 | 0,15 | 0 | 0 | 0 | 0 | 0 | 0 | 0 | 0 | 0 | 0 | 3 | 0,04 |
| Total do álbum | 880 | 12,41 | 1262 | 17,79 | 935 | 13,18 | 831 | 11,71 | 1165 | 16,42 | 862 | 12,15 | 1156 | 16,30 | 7091 | |
| Total de fotografias | 879 | 12,60 | 1117 | 16,01 | 998 | 14,30 | 790 | 11,32 | 926 | 13,27 | 1025 | 14,69 | 1241 | 17,78 | 6976 | |

# Anexo VII

## Tabela subtemas: movimento armado

| Volumes | Volume I | | Volume II | | Volume III | | Volume IV | | Volume V | | Volume VI | | Volume VII | | Ttl. Descr. | |
|---|---|---|---|---|---|---|---|---|---|---|---|---|---|---|---|---|
| Subtemas | Fotos | % | Fotos | % | Fotos | % | Fotos | % | Fotos | % | Fotos | % | Fotos | % | Fotos | % |
| Líderes irregulares | 47 | 24,10 | 92 | 15,97 | 100 | 17,00 | 76 | 35,68 | 12 | 3,72 | 10 | 10,00 | 4 | 8,33 | 341 | 16,69 |
| Tropas irregulares | 32 | 16,41 | 70 | 12,15 | 100 | 17,00 | 18 | 8,45 | 6 | 1,86 | 0 | 0 | 2 | 4,16 | 228 | 11,16 |
| Líderes regulares | 9 | 4,51 | 37 | 6,42 | 30 | 5,10 | 54 | 25,35 | 33 | 10,24 | 12 | 12,00 | 7 | 14,58 | 182 | 8,91 |
| Sublevação | 15 | 7,69 | 26 | 4,51 | 0 | 0 | 0 | 0 | 125 | 38,81 | 10 | 10,00 | 0 | 0 | 176 | 8,61 |
| Tropas regulares | 12 | 6,15 | 69 | 11,97 | 54 | 9,18 | 8 | 3,75 | 19 | 5,90 | 3 | 3,00 | 2 | 4,16 | 167 | 8,17 |
| Combate | 11 | 5,64 | 67 | 11,63 | 31 | 5,27 | 3 | 1,40 | 5 | 1,55 | 3 | 3,00 | 0 | 0 | 120 | 5,87 |
| Cadáver | 6 | 3,07 | 34 | 5,90 | 14 | 2,38 | 14 | 6,57 | 36 | 11,18 | 4 | 4,00 | 9 | 18,75 | 117 | 5,72 |
| Ocupação/Desocupação | 12 | 6,15 | 8 | 1,38 | 83 | 14,11 | 6 | 2,81 | 1 | 0,31 | 0 | 0 | 0 | 0 | 110 | 5,38 |
| Equipamento | 7 | 3,58 | 49 | 8,50 | 23 | 3,91 | 2 | 0,93 | 5 | 1,55 | 1 | 1,00 | 7 | 14,58 | 94 | 4,60 |
| Escombros | 6 | 3,07 | 51 | 8,85 | 15 | 2,55 | 3 | 1,40 | 7 | 2,17 | 4 | 4,00 | 5 | 10,41 | 91 | 4,45 |
| Fuzilamentos | 5 | 2,56 | 8 | 1,38 | 36 | 6,12 | 4 | 1,87 | 22 | 6,83 | 12 | 12,00 | 0 | 0 | 87 | 4,26 |

Tabela subtemas: movimento armado (continuação)

| Volumes | Volume I | | Volume II | | Volume III | | Volume IV | | Volume V | | Volume VI | | Volume VII | | Ttl. Descr. | |
|---|---|---|---|---|---|---|---|---|---|---|---|---|---|---|---|---|
| Subtemas | Fotos | % | Fotos | % | Fotos | % | Fotos | % | Fotos | % | Fotos | % | Fotos | % | Fotos | % |
| Desmobilização | 2 | 1,02 | 7 | 1,21 | 15 | 2,55 | 6 | 2,81 | 14 | 4,34 | 34 | 34,00 | 0 | 0 | 78 | 3,81 |
| Oficiais | 0 | 0 | 23 | 3,99 | 20 | 3,40 | 1 | 0,46 | 0 | 0 | 0 | 0 | 0 | 0 | 44 | 2,15 |
| Conferências | 9 | 4,61 | 0 | 0 | 31 | 5,27 | 0 | 0 | 0 | 0 | 0 | 0 | 0 | 0 | 40 | 1,95 |
| Tropas estrangeiras | 3 | 1,53 | 0 | 0 | 21 | 3,57 | 9 | 4,22 | 0 | 0 | 0 | 0 | 0 | 0 | 33 | 1,61 |
| Feridos | 3 | 1,53 | 9 | 1,56 | 4 | 0,68 | 3 | 1,40 | 1 | 0,31 | 6 | 6,00 | 7 | 14,58 | 33 | 1,61 |
| Prisioneiros | 9 | 4,61 | 8 | 1,38 | 2 | 0,34 | 2 | 0,93 | 6 | 1,86 | 1 | 1,00 | 4 | 8,33 | 32 | 1,56 |
| Acampamento | 6 | 3,07 | 9 | 1,56 | 9 | 1,53 | 4 | 1,87 | 0 | 0 | 0 | 0 | 0 | 0 | 28 | 1,37 |
| Terrorismo | 0 | 0 | 0 | 0 | 0 | 0 | 0 | 0 | 21 | 6,52 | 0 | 0 | 0 | 0 | 21 | 1,02 |
| Enforcamentos | 1 | 0,51 | 9 | 1,56 | 0 | 0 | 0 | 0 | 2 | 0,62 | 0 | 0 | 1 | 2,08 | 13 | 0,63 |
| Assassinato | 0 | 0 | 0 | 0 | 0 | 0 | 0 | 0 | 7 | 2,17 | 0 | 0 | 0 | 0 | 7 | 0,34 |
| Total do álbum | 195 | 9,54 | 576 | 28,20 | 588 | 28,79 | 213 | 10,43 | 322 | 15,76 | 100 | 4,89 | 48 | 2,35 | 2042 | |
| Total de fotos | 879 | 12,60 | 1117 | 16,01 | 998 | 14,30 | 790 | 11,32 | 926 | 13,27 | 1025 | 14,69 | 1241 | 17,78 | 6976 | |

# LISTA DE FOTOS

Foto 1    *Historia Gráfica de la Revolución Mexicana*, vol. 1, p.246-247. Coleção Biblioteca Latino-americana Victor Civita, Memorial da América Latina.

Foto 2    Coleção SINAFO-FN-INAH. Inventário 33625

Foto 3    Coleção SINAFO-FN-INAH. Inventário 37181

Foto 4    *Historia Gráfica de la Revolución Mexicana*, vol. 2, p. 518-519. Coleção Biblioteca Latino-americana Victor Civita, Memorial da América Latina

Foto 5    *Historia Gráfica de la Revolución Mexicana*, vol. 3, páginas 1024-1025. Coleção Biblioteca Latino-americana Victor Civita, Memorial da América Latina

Foto 6    Hugo Bhreme. Coleção SINAFO-FN-INAH. Inventário 63464

Foto 7    Coleção SINAFO-FN-INAH. Inventário 197988

Foto 8    *Historia Gráfica de la Revolución Mexicana*, vol. 4, páginas 1320-1321. Coleção Biblioteca Latino-americana Victor Civita, Memorial da América Latina

Foto 9    *Historia Gráfica de la Revolución Mexicana*, vol. 1, páginas, 226-227. Coleção Biblioteca Latino-americana Victor Civita, Memorial da América Latina

Foto 10    *Historia Gráfica de la Revolución Mexicana*, vol. 1, p.228-229. Coleção Biblioteca Latino-americana Victor Civita, Memorial da América Latina

Foto 11    Coleção SINAFO-FN-INAH. Inventário 6194.

Foto 12    Coleção SINAFO-FN-INAH. Inventário 66199.

Foto 13    *Historia Gráfica de la Revolución Mexicana*, vol. 3, página, 942. Coleção Biblioteca Latino-americana Victor Civita, Memorial da América Latina.

270 CARLOS ALBERTO SAMPAIO BARBOSA

Foto 14 Coleção SINAFO-FN-INAH. Inventário 5656
Foto 15 *Historia Gráfica de la Revolución Mexicana*, vol. 1, p.2. Coleção Biblioteca Latino-americana Victor Civita, Memorial da América Latina.
Foto 16 Coleção SINAFO-FN-INAH. Inventário 5764.
Foto 17 *Historia Gráfica de la Revolución Mexicana*, vol., 2, páginas 602-603. Coleção Biblioteca Latino-americana Victor Civita, Memorial da América Latina.
Foto 18 *Historia Gráfica de la Revolución Mexicana*, vol. 3, páginas 766-767. Coleção Biblioteca Latino-americana Victor Civita, Memorial da América Latina.
Foto 19 *Historia Gráfica de la Revolución Mexicana*, vol. 3, p.926-927. Coleção Biblioteca Latino-americana Victor Civita, Memorial da América Latina
Foto 20 Coleção SINAFO-FN-INAH. Inventário 63465
Foto 21 Coleção SINAFO-FN-INAH. Inventário 6040
Foto 22 *Historia Gráfica de la Revolución Mexicana*, vol. 2, páginas 522-523. Coleção Biblioteca Latino-americana Victor Civita, Memorial da América Latina
Foto 23 *Historia Gráfica de la Revolución Mexicana*, vol. 2, páginas 532-533. Coleção Biblioteca Latino-americana Victor Civita, Memorial da América Latina.
Foto 24 *Historia Gráfica de la Revolución Mexicana*, vol. 2, páginas 538. Coleção Biblioteca Latino-americana Victor Civita, Memorial da América Latina.
Foto 25 Coleção SINAFO-FN-INAH. Inventário 68190
Foto 26 *Historia Gráfica de la Revolución Mexicana*, vol. 1, páginas 54-55. Coleção Biblioteca Latino-americana Victor Civita, Memorial da América Latina.
Foto 27 *Historia Gráfica de la Revolución Mexicana,* vol. 3, páginas 890-891. Coleção Biblioteca Latino-americana Victor Civita, Memorial da América Latina.
Foto 28 Coleção SINAFO-FN-INAH. Inventário 39837
Foto 29 *Historia Gráfica de la Revolución Mexicana,* vol. 4, paginas 1208-1209. Coleção Biblioteca Latino-americana Victor Civita, Memorial da América Latina.
Foto 30 *Historia Gráfica de la Revolución Mexicana,* vol. 4, p.1432. Coleção Biblioteca Latino-americana Victor Civita, Memorial da América Latina.
Foto 31 Coleção SINAFO-FN-INAH. Inventário 41623.
Foto 32 *Historia Gráfica de la Revolución Mexicana,* vol. 5, páginas 1700-1701. Coleção Biblioteca Latino-americana Victor Civita, Memorial da América Latina.
Foto 33 *Historia Gráfica de la Revolución Mexicana,* vol. 6, p.2170. Coleção Biblioteca Latino-americana Victor Civita, Memorial da América Latina.

A FOTOGRAFIA A SERVIÇO DE CLIO  271

Foto 34  *Historia Gráfica de la Revolución Mexicana*, vol. 5, páginas 1668-1669. Coleção Biblioteca Latino-americana Victor Civita, Memorial da América Latina.

Foto 35  *Historia Gráfica de la Revolución Mexicana*, vol. 7, páginas 2222-2223. Coleção Biblioteca Latino-americana Victor Civita, Memorial da América Latina.

Foto 36  "Chato" Montes de Oca. Coleção SINAFO-FN-INAH. Inventário 50960.

Foto 37  *Historia Gráfica de la Revolución Mexicana*, vol. 5, páginas 1834-1835. Coleção Biblioteca Latino-americana Victor Civita, Memorial da América Latina.

Foto 38  *Historia Gráfica de la Revolución Mexicana*, vol. 5, páginas 1840-1841. Coleção Biblioteca Latino-americana Victor Civita, Memorial da América Latina.

Foto 39  Coleção SINAFO-FN-INAH. Inventário 45117.

Foto 40  *Historia Gráfica de la Revolución Mexicana*, vol. 7, páginas 2304-2305. Coleção Biblioteca Latino-americana Victor Civita, Memorial da América Latina.

Foto 41  Coleção SINAFO-FN-INAH. Inventário 51597.

Foto 42  *Historia Gráfica de la Revolución Mexicana*, vol. 5, páginas 1788-1789. Coleção Biblioteca Latino-americana Victor Civita, Memorial da América Latina.

Foto 43  *Historia Gráfica de la Revolución Mexicana*, vol. 7, páginas 2262-2263. Coleção Biblioteca Latino-americana Victor Civita, Memorial da América Latina.

Foto 44  Coleção SINAFO-FN-INAH. Inventário 644046

Foto 45  Coleção SINAFO-FN-INAH. Inventário 6219.

Foto 46  Coleção SINAFO-FN-INAH. Inventário 35937.

Foto 47  *Historia Gráfica de la Revolución Mexicana*, vol. 7, p.2321. Coleção Biblioteca Latino-americana Victor Civita, Memorial da América Latina.

Foto 48  *Historia Gráfica de la Revolución Mexicana*, vol. 7, p.2324. Coleção Biblioteca Latino-americana Victor Civita, Memorial da América Latina.

SOBRE O LIVRO

*Formato*: 14 x 21 cm
*Mancha*: 23,7 x 42,5 paicas
*Tipologia*: Horley Old Style 10,5/14
*Papel*: Offset 75 g/m² (miolo)
Cartão Supremo 250 g/m² (capa)
*1ª edição*: 2005

EQUIPE DE REALIZAÇÃO

*Coordenação Geral*
AM Produções

*Capa:* Fachada da Agência e Estúdio Fotográfico Casasola, ca. 1914
© Col. Sinafo – FN-INAH. Inventário 6397

Impressão e acabamento